中国俄罗斯东欧中亚学会年度报告（2019）

Ежегодник Всекитайской Ассоциации по изучению России, Восточной Европы и Центральной Азии

主　编◎李永全
副主编◎王晓泉　刘　娟　王晨星

世界知识出版社

中国苏联东欧学会成立大会暨首届年会
一九八二年九月二十一日于上海

2018年12月27日，中国俄罗斯东欧中亚学会、上海大学、中国社会科学院俄罗斯东欧中亚研究所及上海大学上海合作组织公共外交研究院在上海共同举办“第十届俄罗斯东欧中亚与世界高层论坛”。

2019年11月27日，中国俄罗斯东欧中亚学会、北京师范大学、中国社会科学院俄罗斯东欧中亚研究所联合主办，教育部区域和国别研究基地北京师范大学俄罗斯研究中心、中国社会科学院“一带一路”研究中心承办的“中国俄罗斯东欧中亚学会会员大会暨第十一届俄罗斯东欧中亚与世界高层论坛”在北京师范大学珠海校区举行。

2019年5月17日，中国社会科学院俄罗斯东欧中亚研究所、中国社会科学院“一带一路”研究中心在北京举办“共建亚洲命运共同体国际研讨会”。

2019年5月29—30日，中国社会科学院和俄罗斯国际事务委员会联合主办的“中俄智库高端论坛：新时代的中俄合作暨中俄建交70周年”在俄罗斯莫斯科顺利举办。

2019年7月6日，中国社会科学院大学、中国俄罗斯东欧中亚研究所在北京举办“中俄新时代全面战略协作伙伴关系暨纪念中俄建交70周年”国际会议。

2019年7月6日，中国社会科学院原院长王伟光、中国俄罗斯东欧中亚学会会长李永全在北京会见俄罗斯国际事务委员会执行主席科尔图诺夫和俄罗斯驻华大使杰尼索夫。

2019年10月25日，中国社会科学院国际合作局、中国社会科学院俄罗斯东欧中亚研究所在北京举办“中国与哈萨克斯坦‘永久全面战略伙伴关系’研讨会”。

2019年10月28—29日，中国社会科学院主办、中国社会科学院俄罗斯东欧中亚研究所承办的“中国社会科学论坛第四届中国—中东欧论坛”在北京举行。

2018年11月24日，中国俄罗斯东欧中亚学会俄语教学研究分会、北京大学、北京大学出版社在北京大学召开“博雅大学堂——第四届全国高校俄语专业学科建设高端论坛”。

2018年12月6日，中国俄罗斯东欧中亚学会俄语教学研究分会、广东外语外贸大学在广外召开“第二届中国与俄语世界国际论坛——新时代中的跨文化交际：理论与实践”。

2019年3月29日，中国俄罗斯东欧中亚学会俄语教学研究分会、教育部外指委俄语分委员会、大连外国语大学在大连召开“新时代全国高校俄语专业建设高端论坛”。

2018年 10月16—20日，中国国际问题研究院戚振宏院长率欧亚所研究人员赴莫斯科参加莫斯科国际关系学院主办的第18届中俄双边学术研讨会。

2018年9月13—16日，兰州大学中亚研究所联合清华大学“一带一路”战略研究院在阿拉山口市举办“助力丝绸之路经济带建设，阿拉山口开放与发展”系列讲座活动。

2019年2月25日，上海国际问题研究院、上海社会科学院国际问题研究所、哈萨克斯坦世界经济与政治研究所举办“‘一带一路’框架下中国—哈萨克斯坦全方位合作”国际学术研讨会。

2019年2月26日，上海社会科学院国际问题研究所与哈萨克斯坦学者代表团进行学术座谈。

2019年3月28日，上海社会科学院国际问题研究所主办“欧亚研究方法论研讨会”。

2019年4月11日，中国现代国际关系研究院冯仲平副院长率欧亚所研究人员与外交部欧亚司在北京举办“习近平新时代外交思想、中美俄关系发展态势”研讨会。

2019年4月20—21日，北京师范大学与莫斯科国立师范大学在北京共同举办第四届“奔向莫斯科”2019年俄语奥林匹克竞赛。

2019年4月20日，中国人民大学—圣彼得堡国立大学俄罗斯研究中心在深圳举办“欧亚大讲堂暨《俄罗斯经济发展研究》（2018—2019）发布会”。

2019年4月30日，华东师范大学俄罗斯研究中心在上海举办“主要大国、区域国家与世界秩序”国际研讨会。

2019年5月17日，中国现代国际关系研究院冯仲平副院长率欧亚所研究人员在土库曼斯坦与联合国中亚地区预防外交中心座谈。

2019年5月22日，中国人民大学—圣彼得堡国立大学俄罗斯研究中心在北京举办“欧亚大讲堂第十四讲——俄中关系70年之路”。

2019年5月23日，第二届“长江—伏尔加河”高校联盟校长论坛与智库论坛在俄罗斯切博克萨雷市成功举办。

2019年6月6日，中国国际问题研究院欧亚所在北京举办“中国—乌兹别克斯坦落实第二届‘一带一路’国际合作高峰论坛成果研讨会”。

2019年6月1日，辽宁大学转型国家经济政治研究中心在沈阳举办“中东欧国家转型30年与中国—中东欧国家合作的新机遇”国际会议。（1）

2019年6月1日，辽宁大学转型国家经济政治研究中心在沈阳举办“中东欧国家转型30年与中国—中东欧国家合作的新机遇”国际会议。（2）

2019年6月19日，由教育部区域和国别研究基地北京师范大学俄罗斯研究中心、北京师范大学外国语言文学学院和莫斯科国立大学俄语语言与文化学院联袂策划的“俄语教师联合发展中心”成立大会暨揭牌仪式在北京举行。(1)

2019年6月19日，由教育部区域和国别研究基地北京师范大学俄罗斯研究中心、北京师范大学外国语言文学学院和莫斯科国立大学俄语语言与文化学院联袂策划的“俄语教师联合发展中心”成立大会暨揭牌仪式在北京举行。(2)

2019年7月4日，河北师范大学与莫斯科历史、经济与法律研究所在俄罗斯莫斯科共同举办“中俄关系回顾与展望”国际学术会议。

2019年7月17日，中信改革发展研究基金会中俄战略协作中心成立大会暨“新时代中俄全面战略协作伙伴关系”研讨会在北京举行。

2019年8月12日，中亚国家法官代表团在西北师范大学中亚研究院和法学院进行访问交流。

2019年8月16—18日，兰州大学举办“百年国际关系学与安全问题研究”学术研讨会。

2019年10月12日，教育部区域和国别研究基地北京师范大学俄罗斯研究中心在北京举办“第八届‘俄罗斯学’研究生国际学术论坛”。

本期报告获教育部国别和区域研究基地
北京师范大学俄罗斯研究中心特别支持

序 言

《中国俄罗斯东欧中亚学会年度报告》（以下简称《年度报告》）由中国俄罗斯东欧中亚学会编写，是中国俄罗斯东欧中亚研究学界交流学术信息和深化友谊的平台。《年度报告》出版以来得到学术界的普遍支持和好评。

中国俄罗斯东欧中亚学会的前身是中国苏联东欧学会，于1982年9月成立，是研究俄罗斯、东欧和中亚问题的全国性学术团体，其宗旨是在马克思主义立场、观点和方法指导下，发扬实事求是、理论联系实际的学风，团结和组织全体会员，认真开展对俄罗斯、东欧和中亚问题研究，增进人民之间的了解和友谊，加强国内外学术交流，为中国改革开放事业和中国特色社会主义事业，实现中国梦的伟大目标服务。

对苏联、俄罗斯、东欧和中亚研究的历史可以追溯到新中国成立之时，它与共和国同行。虽然每个学科起步的时间不同，但都紧跟时代步伐，与时俱进，不断丰富国家社会科学并为外交事业的发展提供支持。

改革开放时期，俄罗斯东欧中亚学界在介绍和研究国外经济发展经验和教训，促进中国与世界的融合方面发挥重要作用，成为中国改革开放事业的重要促进力量。

“一带一路”倡议向俄罗斯东欧中亚研究学术界提出了新的时代课题。随着“一带一路”倡议的实施，各界对学术研究成果的需求急剧上升。学术研究不仅要服务国家、服务社会、服务人民、也要服务实业。“一带一路”沿线国家的国情、投资条件、人文环境等都需要学术研究支持。随着“一带一路”建设的推进，培养人才问题从来没有像今天这样迫切。不仅应用研究，基础研究也受到高度重视。

当今世界面临百年未有之大变局，处于大发展、大变革、大调整时期，国际形势发展日新月异，大国关系扑朔迷离。如何认识世界，判断世界发展大势，为外交决策提供有价值的参考，成为学界面临的新课题。

欧亚问题是俄罗斯东欧中亚学界主要研究方向。中华人民共和国成立70年来，中国外交取得长足进步，为中国特色社会主义事业创造了必要的外部环境。可以说，新中国外交的几个亮点大都在欧亚地区或者与欧亚地区有关。在某种意义上，欧亚地区稳定，中国周边就稳定；处理好与欧亚国家的关系，是解决国家社会经济建设外部环境问题的主要因素之一。因此加强俄罗斯东欧中亚学术界学者和单位之间的交流，促进研究、教学和智库工作的开展，具有重要意义。

《中国俄罗斯东欧中亚学会年度报告》是学会提供的交流平台。《年度报告》收录了大部分会员单位的信息，包括学术活动、教学活动、科研、教学成果以及各会员单位的人员变化情况，而且不仅仅是各单位当年的学术信息，还包括部分学科发展简史。

《年度报告》可以使我们及时了解俄罗斯东欧中亚学界的动态，《年度报告》不仅可以扩大我们的影响，也可以启发我们的思路，促进我们的合作，拉近我们的距离。

与此同时，《年度报告》也在不断“发现”新的伙伴，每年都有新伙伴加入《年度报告》的撰写工作。从这个意义上说，《年度报告》在努力展现俄罗斯东欧中亚学界全景图。我们热切希望不断有新伙伴加入这项工作。

《年度报告（2019）》由中国俄罗斯东欧中亚学会与教育部国别和区域研究基地北京师范大学俄罗斯研究中心联合推出！希望《年度报告》今后的出版工作能够得到学界其他学术机构的大力支持。

李永全

中国俄罗斯东欧中亚学会会长

2020年2月10日于北京

目 录

会长单位及分会

中国社会科学院俄罗斯东欧中亚研究所......3
中国俄罗斯东欧中亚学会俄语教学研究分会......10

常务理事单位

国务院发展研究中心欧亚社会发展研究所......25
北京师范大学俄罗斯研究中心......31
中国社会科学院大学中俄关系高等研究院......54
中信改革发展研究基金会中俄战略协作中心......57
华东师范大学俄罗斯研究中心......63
黑龙江大学俄罗斯语言文学与文化研究中心......82
辽宁大学转型国家经济政治研究中心......98
兰州大学中亚研究所......108
四川大学当代俄罗斯研究中心......126

理事单位

中国现代国际关系研究院欧亚研究所......137
国务院发展研究中心民族发展研究所......141
中国人民大学—圣彼得堡国立大学俄罗斯研究中心......144
中央财经大学俄罗斯东欧中亚研究中心......161
北京第二外国语学院白俄罗斯研究中心......170

上海社会科学院国际问题研究所......176
上海国际问题研究院俄罗斯中亚研究中心......182
南京大学俄罗斯学研究中心......190
山东大学俄罗斯与中亚研究中心......205
河北师范大学中俄远东研究中心......211

会员单位

中国国际问题研究院欧亚研究所......219
中国上海合作组织研究中心......226
中国石油大学（北京）俄罗斯中亚研究中心......231
上海外国语大学俄罗斯研究中心......235
上海大学上海合作组织公共外交研究院......242
南开大学俄罗斯中亚研究中心......254
陕西师范大学"一带一路"建设与中亚研究协同创新中心......271
西北大学丝绸之路研究院......277
西北师范大学中亚研究院......299
西南政法大学俄罗斯法研究中心......311

附　件

中国俄罗斯东欧中亚学会第九届理事会名单......323
中国俄罗斯东欧中亚学会第九届理事会理事名单及所在单位......325
中国俄罗斯东欧中亚学会会员名单......328
中国俄罗斯东欧中亚研究优秀论文（2019）......330
"中国俄罗斯东欧中亚研究优秀论文（2019）"入围论文......333

CONTENTS

President Unit & Branch

Institute of Russian, East European and Central Asian Studies, Chinese Academy of Social Sciences 3
The Association of Chinese Teachers of Russian Language and Literature............10

Executive Director Unit

Euro-Asian Social Development Research Institute, Development Research Center of the State Council of the People's Republic of China..........25
Center for Russian Studies of Beijing Normal University......................................31
UCASS Institute for Advanced Study of the Relations between China and Russia 54
Center of China-Russia Strategic Coordination, CITIC Foundation for Reform and Development Studies..57
Center for Russian Studies of East China Normal University.................................63
Center for Russian Philology and Cultural Study of Heilongjiang University.........82
Research Center for the Economies and Politics of Transitional Countries, Liaoning University 98
Institute for Central Asian Studies of Lanzhou University....................................108
Center for Contemporary Russian Studies of Sichuan University..........................126

Director Unit

Institute of Eurasian Studies of China Institutes of Contemporary International Relations......137
Ethnic Minority Groups Research Institute, Development Research Center of the State Council of the People's Republic of China......141
Center for Russian Studies of Renmin University of China-Saint Petersburg State University......144
Center for Russian, East European and Central Asian Studies of Central University of Finance and Economics......161
Center for Belarusian Studies of Beijing International Studies University......170
Institute of International Relations, Shanghai Academy of Social Sciences......176
Institute for Russian and Central Asian Studies of Shanghai Institutes for International Studies......182
Russian Studies Center of Nanjing University......190
Center for Russian and Central Asian Studies of Shandong University......205
Russian Far East Research Center of Hebei Normal University......211

Member Unit

Department for European-Central Asian Studies of China Institute of International Studies......219
China Center for SCO Studies......226
Center for Russian and Central Asian Studies of China University of Petroleum (Beijing)......231
Center for Russian Studies of Shanghai International Studies University......235
Public Diplomacy Institute of Shanghai Cooperation Organization of Shanghai University......242
Center for Russian and Central Asian Studies of Nankai University......254

The Collaborative Innovation Center for "the Belt and Road" and
Central Asian Studies of Shaanxi Normal University 271
Institute of "Silk Road" Studies of Northwest University......................................277
Institute of Central Asian Studies of Northwest Normal University 299
Russian Law Research Center, Southwest University of Political Science & Law...311

会长单位及分会

President Unit & Branch

中国社会科学院俄罗斯东欧中亚研究所

Institute of Russian, East European and Central Asian Studies, Chinese Academy of Social Sciences

2018年9月至2019年9月，中国社会科学院俄罗斯东欧中亚研究所（以下简称“俄欧亚所”）努力完善科研管理的体制机制，积极推动课题研究与学术交流，在学术研究和智库建设方面取得了良好成绩，主要情况如下：

一、基础科研工作

2019年俄欧亚所科研人员共发表专著3部，学术论文112篇，研究报告4篇，译著2部，译文10篇，学术普及读物4部，内部研究报告60篇，三报一刊理论文章2篇，一般文章26篇，论文集文章19篇。获批国家社科基金项目1项，2个创新工程项目进入结项评审阶段。

俄欧亚所高度重视学科建设，组织各学科编写学科发展报告，推进“三大体系”建设和人才队伍建设，对学科设置进行调整。学科调整之后，俄欧亚所共有9个研究室，分别为：俄罗斯政治与社会研究室、俄罗斯经济研究室、俄罗斯外交研究室、俄罗斯历史与文化研究室、战略研究室、中亚研究室、乌克兰研究室、转型与一体化理论研究室、多边与区域合作研究室。

二、智库建设工作

2019年，俄欧亚所在智库建设方面取得较好成绩，完成多项中央级内部研究报告。俄欧亚所多名专家应邀赴中办、中宣部、外交部、商务部等部门参加国际问题咨询会议或作报告，对相关部门决策起到积极影响。俄欧亚所积极利用“中俄战略协作高端合作智库”的平台开展智库研究与交流工作，召开了中俄战略协作高端合作智库第四次理事会会议。中俄战略协作高端合作智库举办两次大型会议。

（一）第五届中俄智库高端论坛

2019年5月29—30日，第五届中俄智库高端论坛在莫斯科举行，由中国社会科学院和俄罗斯国际事务委员会共同主办，论坛主题是“中国与俄罗斯：新时代的合作”。论坛配合中俄建交70周年系列活动，得到中俄两国政府高度重视，两国高级别官员及著名学者出席论坛。原国务委员，中俄友好、和平与发展委员会中方主席戴秉国，中国社会科学院院长、中国社会科学院中俄战略协作高端合作智库理事长谢伏瞻，中国驻俄罗斯特命全权大使李辉，俄罗斯原外交部长和安全会议秘书、俄罗斯国际事务委员会主席伊戈尔·伊万诺夫，俄罗斯政府副总理马克西姆·阿基莫夫、俄罗斯国家杜马外事委员会主席斯卢茨基，以及来自中俄两国智库的专家、学者、企业界、教育界人士300余人参会。

与会者就国际形势、中俄关系、政治合作、经济及人文合作等重大问题进行了坦诚交流，有效推动了两国政府间、学术界的沟通。

新华社、中央电视台、俄罗斯国家电视台、俄罗斯消息报等60多家中俄主流媒体进行了全方位的采访和报道，在中俄两国产生较大社会影响力。

中俄战略协作高端合作智库与俄罗斯国际事务委员会联合发布了智库报告——《新时代的中俄农业合作：现状与问题》。

（二）第四届理事会会议暨中俄关系与地区合作研讨会

第四届理事会会议暨中俄关系与地区合作研讨会于2019年4月25日在北京举行，中俄战略协作高端合作智库常务理事、理事，以及特约代表80余人出席会议。会议选举中国社会科学院院长谢伏瞻为智库新一届理事长。

与会专家围绕中俄关系发展历程进行了深入研讨，认为当今中俄关系堪称大国关系的典范，特别是在两国领导人的决策和关怀下，“一带一路”与欧亚经济联盟对接合作、地区合作不断取得新成果，为两国关系注入了新内容。

会后形成了智库专报——《中俄关系70年：历史回顾与前景展望》并上

报院智库办。

三、国际学术交流

2019年俄欧亚所的国际交往活动有序开展、稳步推进，进一步加强了与境外合作伙伴的关系，有效地拓宽了国际交流渠道，保障了国际交流工作的有序高效，实现了年初制定的国际交流目标。

（一）国际调研

2019年，俄欧亚所共有67批次、134人次出访了10多个国家，接待了来自俄罗斯、哈萨克斯坦、塔吉克斯坦、亚美尼亚等国的专家学者，在国际学术界积极宣传“一带一路”倡议，有效扩大了俄欧亚所的国际学术影响力。务实高效的国际调研和广泛的国际交流为俄欧亚所学者提供了数据采集、资料搜集等方面的支持。

（二）国际会议

1. 第四届丝绸之路“天山论坛”

由中华人民共和国驻哈萨克斯坦大使馆、中国丝绸之路“天山论坛”组委会、中国中信改革发展基金会、中国社会科学院“一带一路”研究中心联合哈萨克斯坦中国研究中心，共同主办的第四届丝绸之路“天山论坛”于2018年9月14日在哈萨克斯坦首都阿斯塔纳举办。

本届“天山论坛”邀请了中国和哈萨克斯坦的政府官员、专家学者和企业精英共计150余人参加，为中哈两国的智库、学者、政府官员和企业家提供全方位的交流对话平台。与会嘉宾围绕“‘一带一路’框架下的中哈全面战略合作”主题，就中哈两国经济政策对接，促进双方政治互信和民心相通，提高贸易投资自由化、便利化水平，加强风险管控，安全保障等内容进行深入探讨和交流。

2. 第三届中白合作与人文交流论坛国际学术研讨会

2018年10月15—16日，第三届中白合作与人文交流论坛“‘一带一路’与中白合作：新发展、新前景”国际学术研讨会在北京师范大学珠海校区举行。

本次活动由中国社会科学院与白俄罗斯科学院共同主办，中国社会科学院国际合作局、中国社会科学院俄罗斯东欧中亚研究所和北京师范大学“一带一路”学院联合承办，共设立中白合作的新机遇，“一带一路”建设与中白合作，中白经贸合作，中白科技、教育及文化领域合作，“一带一路”中白投资合作的机遇与挑战，中白商贸合作新亮点等六项研讨议题。

来自白俄罗斯科学院、中国社会科学院、北京师范大学、国内高校白俄罗斯研究中心等科研学术机构的专家学者、政府官员、企业界人士、媒体代表、留学生等约100人参加论坛。

3.“一带一路”人文交流与文化产业合作国际研修班

2018年10月29日，中国社会科学院“‘一带一路’人文交流与文化产业合作”国际研修班开班仪式在河北廊坊市举行。研修期间，来自俄罗斯、哈萨克斯坦、白俄罗斯、乌克兰等国职能部门，以及高端智库、科研及文化机构的学员们，通过学习交流，深入理解中华文化和“一带一路”精神内涵，推动各国文化交流与产业融合。

本次研修班由中国社会科学院丝绸之路研究院、中国社会科学院国际合作局主办，由中国社会科学院俄罗斯东欧中亚研究所、中国社会科学院“一带一路”研究中心承办，廊坊丝绸之路国际文化交流中心协办。

“国之交在于民相亲，民相亲在于心相通”。“一带一路”要行稳致远，需要实施好“增进民心相通”这项基础性工程，而智库资源、智库交流是民心相通的题中之义。中国社会科学院丝绸之路研究院在参与“一带一路”建设民心相通方面有着天然的优势，充分依托中国社会科学院的高端智库平台，紧扣“民心相通”，举办以人文交流与文化产业合作为主题的国际研修班。本次研修班学员来自俄罗斯、哈萨克斯坦、白俄罗斯、乌克兰、乌兹别克斯坦、吉尔吉斯斯坦、塔吉克斯坦、格鲁吉亚、阿塞拜疆、亚美尼亚和摩尔多瓦。学员来自职能部门、高端智库、科研及文化机构。来自中国社会科学院、新奥集团及北京相关研究机构、大学代表和研修班学员共计60余人出席了仪式。

4. 承办“中俄新时代全面战略协作伙伴关系暨纪念中俄建交70周年”国际会议

2019年7月6日，俄罗斯东欧中亚研究所承办的“中俄新时代全面战略协作伙伴关系暨纪念中俄建交70周年”国际会议在北京举行，中国社会科学院原院长王伟光、中国现代国际关系研究院前院长季志业、俄罗斯驻华大使杰尼索夫、俄罗斯国际事务委员会执行主席科尔图诺夫、俄罗斯全球化研究所所长杰利亚金等中俄两国近百名领导和专家回顾历史，把握现在，展望新时代中俄关系的发展路径。与会者表示，经历了中苏关系的起伏后，双方开创性建立“不结盟、不对抗、不针对第三方”的新型中俄关系,《中俄睦邻友好合作条约》将“世代友好、永不为敌”的理念以法律形式确定下来，这些都为两国关系长远发展奠定了坚实基础。与会者认为，新时代的中俄关系，需要进一步将当前的政治优势转化为务实合作，更加充分地挖掘两国合作潜力。

5. 承办“共建亚洲命运共同体国际研讨会”

2019年5月17日下午，由中国社会科学院俄罗斯东欧中亚研究所主办、中国社会科学院“一带一路”研究中心承办的“亚洲文明互鉴与人类命运共同体构建”分论坛——“共建亚洲命运共同体国际研讨会”在北京举行。会上，来自中国、亚美尼亚、乌克兰、塔吉克斯坦等国的几十名中外专家代表就如何拓展亚洲文明交流互鉴、携手共建亚洲命运共同体建言献策。俄罗斯东欧中亚研究所副所长李进峰在致辞中表示，亚洲文明应当有自信。亚洲是当前世界经济增长的新动力，世界经济增长的活力和希望在亚洲。在数千年的历史发展进程中，从宗教到哲学，从道德到法律，亚洲人民作出了重要贡献。从古丝绸之路、茶叶之路到香料之路等古老商道，到共建“一带一路”倡议、“两廊一圈”、欧亚经济联盟等多边机制，拓展了亚洲文明交流互鉴新的途径。亚洲各国应把握大势、顺应潮流，携手共建亚洲命运共同体。亚美尼亚全球和地区合作研究中心主任斯蒂芬·格里戈里安认为，在当前国际形势下，共建“一带一路”、共建亚洲命运共同体的意义更加凸显，各国应加强合作，不仅是联合国框架下的合作，更要积极参与共建“一带一路”，提高互联互通水平。

四、教学管理工作

2019年度，中国社会科学院俄罗斯东欧中亚研究系主任由俄罗斯东欧中亚研究所孙壮志所长调整为柴瑜副所长担任。该系坚持学习贯彻习近平新时代中国特色社会主义思想，全面贯彻党的教育座谈会精神，把立德树人作为研究生教育的根本任务，严格落实研究生培养制度，支持和配合中国社会科学院大学和全所科研工作，在研究生日常教学管理、人才培养、师资队伍建设等方面取得了显著成绩。2019年研究生的报考人数、招生人数和在校人数都超过往届。

（一）研究生日常管理

截至2019年11月，俄罗斯东欧中亚研究系圆满完成了2019级研究生新生注册和导师信息配对工作，以及各专业研究生培养方案和个人培养计划制定工作。同时也较好地完成了2017级硕士研究生中期筛选和2018级博士研究生学科综合考核工作，在读研究生选课开课、成绩录入、培养计划管理、导师遴选、研究生招生和论文答辩等工作。积极参加中国社会科学院大学组织的各类活动。

（二）人才培养

2019年度，俄罗斯东欧中亚研究系在校研究生39人，其中博士研究生25人，硕士研究生14人。年度新招博士研究生8人，硕士研究生6人。研究生论文开题报告会：2014级博士2人次、2017级博士5人次、2017级硕士1人次。6名博士研究生答辩并获得学位，3名硕士研究生答辩并获得学位，共计9人完成学业。完成学业的研究生中，2人继续深造，另外7人分别在国家机关、教育科研机构等单位就业。8名研究生获得年度奖学金。

（三）师资建设

2019年度，俄罗斯东欧中亚研究系新遴选硕士生导师2人。目前，该系在任硕士生导师24人，博士生导师12人，共计36名研究生导师。硕博学位分别开设国际政治专业和世界经济专业。该系学科研究方面齐全，涵盖俄罗斯政治、经济、外交、历史，中亚和上海合作组织研究，乌克兰研究，中东欧研究等多个领域。

中国俄罗斯东欧中亚学会
俄语教学研究分会

The Association of Chinese Teachers of
Russian Language and Literature

中国俄罗斯东欧中亚学会俄语教学研究分会，在国际交往中仍沿用“中国俄语教学研究会”的名称，俄文为Китайская ассоциация преподавателей русского языка и литературы，俄文简称КАПРЯЛ，相对应的英文名称为The Association of Chinese Teachers of Russian Language and Literature，英文简称为ACTRLL。

一、重要沿革

2019年俄语教学研究分会在册会员单位包括98所高校。

目前研究分会主席团成员：会长：宁琦；副会长：戴桂菊、孙超、许宏、王宗琥；秘书长：张冰。

二、研究方向

第一，以研究分会为平台，组织专业俄语学术研究及俄罗斯学的研究，指导、支持会员单位开展相关的研究工作；

第二，举办各类学术研讨会、交流会、座谈会、报告会和讲习班，组织学术调研和科研协作；

第三，对俄语教学和研究中的学科教学情况及学术成果进行评审、奖励和推广；

第四，加强与国内其他有关学术团体的联系并开展学术交流活动；

第五，加强同国外俄语教学和研究机构以及俄语教学工作者之间的联系与合作，积极参加和举办国际学术会议，开展学术和信息资料交流，邀请国外专家来中国讲学；

第六，出版会刊《中国俄语教学》和学术论文专集；

第七，组织符合本研究分会宗旨的其他活动。

三、人员情况

现任领导：

第九届理事会（2019年10月至今）

会长：宁琦

副会长：许宏、孙超、戴桂菊、王宗琥

秘书长：张冰

历任领导：

第一届理事会（1981年5月—1986年6月）

顾问：曹靖华、师哲、姜椿芳、王季愚、杨化飞、赵洵

会长：胡孟浩

副会长：田宝齐、李鑫、李越然、陈楚祥、周春祥、赵辉、赵云中、倪波、鲍恺、群懿

秘书长：胡宏骏

第二届理事会（1986年6月—1990年1月）

会长：胡孟浩

副会长：王超尘、王福祥、华劭、吴贻翼、沈友泰、余绍裔、赵云中、倪波、祝肇安、葛澹云、群懿

秘书长：阮福根

第三届理事会（1990年2月—1994年4月）

会长：王福祥

副会长：王超尘、华劭、吴贻翼、沈友泰、余绍裔、杨藻静、张洪良、赵云中、倪波、祝肇安

秘书长：刘光准

第四届理事会（1994年5月—1999年5月）

会长：王福祥

副会长：丁昕、孔延庚、沈友泰、杨藻静、张洪良、阎家业、倪波

秘书长：刘光准

第五届理事会（1999年5月—2003年11月）

会长：王福祥

副会长：邓军、刘利民（常务）、李勤、吴国华

秘书长：刘光准

第六届理事会（2003年11月—2008年3月）

会长：刘利民

副会长：李英男、李勤、吴国华、郝斌

秘书长：王铭玉

第七届理事会（2008年3月—2014年6月）

会长：刘利民

副会长：王松亭、王铭玉、史铁强、郑体武

秘书长：杜桂枝

第八届理事会（2014年6月—2016年3月）

会长：刘利民

副会长：王松亭、白文昌、张国有、黄玫、章自力

秘书长：杜桂枝

第八届理事会（2016年4月—2019年9月）

会长：张国有

副会长：王松亭、黄玫、隋然、章自力、白文昌

秘书长：宁琦

四、主办刊物

研究分会会刊《中国俄语教学》，每年4期，每期刊登12篇学术论文，由北京大学出版社出版。《中国俄语教学》正式创刊于1982年5月20日，2005年

起扩大为大16开本。《中国俄语教学》是国内外公开出版发行的关于俄语教学与研究的学术性刊物，CSSCI扩展版来源期刊。由研究分会会长单位负责出版发行，主编原则上由研究分会会长兼任，并由会长任命常务副主编并组成会刊编委会。主管单位为国家教育部。

五、学术活动

1. 2018年10月12—14日，第十四届全国俄语语言与文化学术研讨会在大连外国语大学举行。来自国内外30多所高校的60余位专家学者出席了此次研讨会。全国俄语语言与文化学术研讨会每两年举办一届，自1990年至今已经举办了十四届，是中国俄罗斯东欧中亚学会俄语教学研究分会旗下最有影响的“品牌”学术活动。本届会议的主题是：“新时代背景下的俄语语言文化学——路径与问题”。会议由大连外国语大学俄语学院院长任雪梅教授主持，教育部高等学校外语教学指导委员会俄语分委会主任孙玉华教授、中国俄罗斯东欧中亚学会俄语教学研究分会秘书长、北京大学外国语学院院长宁琦教授分别在大会上致辞。与会专家学者紧紧围绕会议主题进行了热烈研讨。莫斯科大学克拉斯内赫教授，苏州大学赵爱国教授，南京大学王加兴教授，北京大学张冰教授、褚敏教授，北京外国语大学李向东教授，大连外国语大学校长刘宏教授，上海外国语大学杨士章教授等做主旨报告。

2. 2018年10月26—28日，全国高校俄语大赛在上海外国语大学虹口校区举行。来自全国的147所高校的349名本科生、研究生角逐低年级组（本科1—2年级）、高年级组（本科3—4年级，含五年制的5年级）、研究生组（硕士1—3年级）三个组别60个名次的奖项，获奖同学由国家留学基金管理委员会秘书处全额资助赴俄罗斯进修或攻读学位。作为中俄两国人文合作领域框架内机制化项目，由教育部国际合作与交流司主办的“全国高校俄语大赛”（Всекитайский конкурс по русскому языку）自2008年起至今已成功举办10届。开幕式由中国俄罗斯东欧中亚学会俄语教学研究分会副会长、上海外国语大学俄罗斯东欧中亚学院院长许宏主持。出席大赛开幕式的主要领导嘉宾有：国家留学基金委秘书长生建学、欧亚非事务部副主任王哲，教育部外指委俄语分委会副主任、天津外国语大学副校长王铭玉，上海外国语大学党委书记姜锋等。

3. 2018年10月29日，第二届中俄文学翻译国际论坛开幕式暨第二期《作家·俄罗斯当代文学专号》（中文版）与《冰与火·中国当代短篇小说专号》（俄文版）出版首发式在长春大学隆重举行。此次活动为期3天，由长春大学与俄罗斯叶赛宁梁赞国立大学、俄罗斯叶赛宁自然保护博物馆、俄罗斯作家协会和吉林省《作家》杂志社联合举办。中俄学者、作家、翻译工作者、出版人围绕“文学翻译理论问题”论坛主题以及六场“圆桌论坛”主题进行发言，旨在促进中俄高校的交流与合作，增进中俄俄语学者之间的对话与合作。长春大学副校长张代治、俄罗斯驻沈阳总领事馆随员叶卡捷琳娜·阿德里阿诺娃代表总领事契尔年科、吉林省教育厅国际合作与交流处处长胡仁友、俄罗斯作家协会理事会主席瓦西连柯·斯维特兰娜·弗拉基米罗夫娜女士、吉林省作家协会副会长《作家》杂志总编辑宗仁发分别在开幕式上致辞。长春大学科研处处长肖玉山宣读了来自中国俄罗斯东欧中亚学会俄语教学研究分会秘书长、北京大学外国语学院院长宁琦教授，齐齐哈尔大学教授、俄罗斯科学院外籍院士、普京总统亲授友谊勋章者李延龄，南开大学外国语学院教授、资深翻译家、圣彼得堡作协会员、俄罗斯文化部普希金奖章获得者谷羽的贺信。中央人民广播电台、吉林电视台、中国新闻网、国际在线、中国吉林网、人民网、新浪网、搜狐网、《新文化报》《城市晚报》等多家媒体对此次活动给予了关注和报道。

4. 2018年11月3日，第四届“白俄罗斯形势与中白关系”学术研讨会在北京第二外国语学院召开。研讨会由北京第二外国语学院俄语系白俄罗斯研究中心和中国社会科学院中白发展分析中心联合主办，旨在进一步推进学术界对白俄罗斯问题的研究与交流。来自白俄罗斯驻华使馆的官员、高校从事白俄罗斯问题研究的学者、相关领域的企业代表等50余人参加了此次研讨会。北京第二外国语学院副校长张严，中国社会科学院俄罗斯东欧中亚研究所副所长、中白发展分析中心主任孙力，白俄罗斯驻华大使馆参赞韦尔盖奇科·谢尔盖出席开幕式并致辞。会议以白俄罗斯形势与中白关系为主要议题，分别聚焦“一带一路”与中白工业园建设、中白经贸领域实践研究以及白俄罗斯民族文学与中白文化合作等主题，围绕白俄罗斯政治、经济、文化等各领域的新态势和新特点，以及中白两国在政治、经贸、文化、教育、科技等各领域合作的现状、问题与对策进行深入研讨。中国驻白俄罗斯前大使于振起、吴虹滨出席此次研讨会。与会专家一致认为，中白各领域合作成果显著，双边关系发展前景广阔；未来重点是进一步充实中白全面战略伙伴关系的内涵，扎扎实实推进务实合作；白俄罗斯是“一带一路”框架下中国重要的合作伙伴，加强双方各领域，特别是人文领域的交流与合作，对于解决信息不足、增进共识、促进技术与人才流通、实现互利共赢都将具有积极的意义。

5. 2018年11月9—11日，“现当代俄罗斯文学跨学科研究”国际会议暨俄罗斯文学研究会年会在浙江大学紫金港校区举行。来自俄罗斯、哈萨克斯坦、捷克的近30位学者代表和来自北京大学、北京师范大学、北京外国语大学、上海外国语大学、南京大学、黑龙江大学等40多所国内院校的100余位俄语界学者参加本次会议。开幕式由浙江大学人文学部副主任、浙江大学外语学院俄语语言文化研究所所长王永教授主持。浙江大学外语学院党委书记姚信教授及俄罗斯文学研究会会长刘文飞教授分别致辞。俄罗斯知名学者И. В. Кондаков院士、М.М.Голубков教授、С.Н.Андреев教授、К.А.Баршт教授、В.И.Карасик教授、М.В.Скороходов教授、中国知名学者张建华教授、张冰教授分别从文化学、语言学、诗学、历史学、翻译学等角度做大会主旨报告。在以“俄罗斯文学与哲学”“俄罗斯文学与文化学”“俄罗斯文学与诗学”“俄罗斯文学与艺术学”“俄罗斯文学与语言学及翻译学”“俄罗斯文学与其他学科”为主题的分组会议上，近80位国内外学者分享了自己的学术研究成果。会议闭幕式上，上海外国语大学文学院院长、俄罗斯文学研究会副会长郑体武教授宣读了俄罗斯文学研究会本年度的任免情况，并宣布安徽师范大学为下一届中国俄罗斯文学研究会年会的举办地点，中国俄罗斯东欧中亚学会俄语教学研究分会秘书长、北京大学外国语学院院长宁琦教授致闭幕词。

6. 2018年11月11日，“现当代俄罗斯文学：跨学科研究方法”高级研修班在浙江大学举办。此次研修班由中国俄罗斯东欧中亚学会俄语教学研究分会、俄罗斯文学研究会、浙江大学外语学院主办，浙江大学外语学院俄语所承办，这是浙江大学外语学院举办的“新世纪俄罗斯文学研究前沿”系列研修班的第2期。来自北京大学、南京大学、南开大学、上海外国语大学、西安外国语大学、山东大学、首都师范大学等全国十多个兄弟院校，近40名青年学者、研究生参加了为期两天的研修活动。外语学院院长程工教授及中国俄罗斯东欧中亚学会俄语教学研究分会秘书长、北京大学外国语学院院长宁琦教授在研修班开幕式上分别致辞。本期研修班紧扣跨学科这一关键词，分为三大板块：第一，浙江大学世界文学跨学科研究中心主任聂珍钊教授与浙江大学世界文学与比较文学研究所所长吴笛教授分别作有关文学跨学科研究方法的报告；第二，北京外国语大学长青学者张建华教授和莫斯科大学语文系20世纪俄罗斯文学教研室主任戈卢布科夫教授从小说文本细读层面分别作有关文学研究的报告；第三，俄罗斯知名学者康达科夫院士与安德烈耶夫教授分别作讲座，从文化学与语言学视角向学员呈现如何进行文学作品分析。

7. 2018年11月9—11日，“第九届全国高校俄语翻译理论与翻译教学研讨会”在黑龙江大学召开。本次研讨会由中国俄罗斯东欧中亚学会俄语教学研究分会主办，黑龙江大学承办。来自南京大学、复旦大学、武汉大学、山东大学、厦门大学、上海外国语大学、广东外语外贸大学、延边大学、黑龙江大学、新华通讯社、科大讯飞股份有限公司等国内高校，翻译机构，翻译企业的代表60余人参加此次研究会。本次研讨会的宗旨是加强我国高校俄语专业翻译理论研究和翻译教学经验的总结与交流，促进俄语翻译人才的培养。研讨会特邀黑龙江大学张家骅教授、新华通讯社陈启民教授作主旨演讲。上海外国语大学杨仕章教授、南京大学张俊翔副教授、科大讯飞股份有限公司慎镛乐总工程师、武汉大学胡谷明教授、黑龙江大学赵为教授、延边大学朴哲浩教授、厦门大学顾鸿飞教授、山东大学袁新副教授、黑龙江大学关秀娟教授分别就俄汉翻译理论、翻译教学与翻译人才培养、文学翻译、俄译口译、大数据技术在俄汉翻译中的应用等问题作大会发言。研讨会还特邀浙江外国语学院李磊荣副教授、黑龙江大学白文昌教授作“交传基础”“文学翻译：风格与再创造”公开课，获得与会代表的一致好评。研讨会期间还举办了《新华字典》俄译工作坊、青年学者论坛。

8. 2018年11月16日，“天津外国语大学与伏尔加格勒国立社会师范大学合作20周年暨语言意识与交际实践中的语言文化价值国际学术研讨会”在天津外国语大学成功召开。来自俄罗斯和国内10余所高校的60余名专家、学者参会。天津外国语大学校长陈法春出席开幕式并在会前与来访嘉宾亲切会谈，王铭玉教授致开幕辞。研讨会期间，12位中外专家作了主旨发言。与会专家学者围绕“价值观”这个核心议题，对学术前沿问题进行了交流，深入探讨了语言和文化的相互关系，内容涉及语言文化学、跨文化交际学、心理语言学、话语理论和外语教学等方面。值得注意的是，近年来俄罗斯对汉语和中国文化的研究得到了明显的加强，不少俄罗斯参会代表对中国成语、谚语、寓言、诗歌中的传统语言文化观念进行研究或进行中俄对比研究。

9. 2018年11月24—25日，第四届全国高校俄语专业学科建设高层论坛在北京大学召开。本次高层论坛是在中俄综合性大学联盟框架下开展的活动，得到了教育部国际司和北京大学国际合作部等机构的大力支持。论坛由中国俄罗斯东欧中亚学会俄语教学研究分会、北京大学外国语学院、《中国俄语教学》杂志、北京大学出版社联合举办，邀请国际俄语教师联合会（МАПРЯЛ）秘书长Наталья Брунова女士、秘书处主任Александр Коротышев博士，俄罗斯圣彼得堡国立师范大学Юлия Меньшикова教授，以及来自全国70余所高校近百名俄语专业负责人、学科带头人和教师参加讨论，围绕“一带一路”倡议背景下的俄语专业的人才培养、俄语专业的教学与课程改革等议题进行发言和交流，借鉴国内外俄语专业办学的成功经验，思考我国俄语专业的定位、发展与方向。开幕式由中国俄罗斯东欧中亚学会俄语教学研究分会秘书长、北京大学外国语学院院长宁琦教授主持。中国俄罗斯东欧中亚学会俄语教学研究分会会长、北京大学张国有教授，北京大学出版社王明舟社长出席开幕式并致辞。国际俄语教师协会（МАПРЯЛ）秘书长Наталья Брунова女士宣读了МАПРЯЛ主席Л. А. Вербицкая的贺信。北京外国语大学黄玫教授、首都师范大学隋然教授和南京大学王加兴教授分别进行了主题发言，МАПРЯЛ秘书长Наталья Брунова、俄罗斯赫尔岑师范大学应用俄语研究所研究员Юлия Меньшикова和МАПРЯЛ秘书处主任Александр Коротышев就世界俄语研究的发展方向，俄语作为外语教学中的词汇结构和俄语文学在当代世界图景中的责任体现等作了学术报告。24日和25日论坛进行了两天的主题发言和分组讨论，70余所高校近百名俄语专业负责人、学科带头人和教师参加讨论。北京大学出版社外语编辑部张冰主任主持论坛闭幕式，西安外国语大学邓滢教授、安徽师范大学任立侠教授、厦门大学徐琪教授、中国石油大学（华东）孙大满教授等几位分组讨论主持人，代表各自小组向大会作了总结发言。北京大学外国语学院宁琦院长在闭幕致辞中概括了本次会议与会者发言中有代表性的观点，并针对各院校俄语专业学科建设中发现的问题和面临的困难提出建议。

10. 2018年11月24日晚，中国俄罗斯东欧中亚学会俄语教学研究分会理事会议在北京大学召开。中国俄罗斯东欧中亚学会俄语教学研究分会秘书长宁琦汇报了研究分会2017—2018年工作开展、网站建设、成员单位信息更新以及秘书处建设的情况。张国有会长就研究分会的发展方向和面临的问题进行了总结，全体代表就2019年的活动计划、研究分会的组织建设和制度建设等问题展开了讨论和交流。

11. 2018年12月6日，《中国俄语教学》杂志编委会会议在广东外语外贸大学召开。16位编委参加会议，共同探讨杂志建设问题。会议由中国俄罗斯东欧中亚学会俄语教学研究分会秘书长、《中国俄语教学》副主编宁琦教授主持。宁琦教授首先通报了杂志建设面临的现实压力、杂志发展现状以及未来展望等相关情况。北京大学出版社外语编辑部主任、《中国俄语教学》副主编张冰教授介绍了杂志建设的规范性要求、国内学术期刊评价系统、稿源及稿件质量等情况。与会编委围绕杂志定位、栏目建设、质量管理、合作机制等事项进行了广泛热烈的讨论。与会编委认为，需要进一步明确杂志定位，与国际学术期刊接轨。编委们积极建言献策，一致表示，召开此次会议非常及时和必要，并建议定期举行编委会会议，进行各类专题研讨，把杂志建设作为一项共同的事业，集思广益，群策群力，共谋发展。

12. 2018年12月5—8日，第二届“中国与俄语世界”国际学术论坛在广东外语外贸大学国际学术交流中心召开，国内外数十位专家学者与广东外语外贸大学俄语系全体师生齐聚一堂，共同研讨新形势下跨文化交际的理论和实践。广东外语外贸大学校长石佑启、俄罗斯驻广州总领事馆副总领事斯米尔诺夫、中国俄罗斯东欧中亚学会俄语教学研究分会秘书长宁琦在开幕式上分别致辞，世界俄语教师协会主席维尔比茨卡娅、中国教育部外语指导委员会俄语分委员会主任刘宏发来贺信。在本届论坛上，北京大学教授宁琦和张冰、莫斯科大学教授 A．B.巴甫洛夫斯卡娅、北京外国语大学教授黄玫、北京师范大学教授刘娟、广东外语外贸大学西方语言文化学院院长杨可、云山讲座教授拉费尔·古斯曼分别就新时代跨文化交际的理论问题、外语教学与跨文化交际的双向互动、作为外语的俄语教学中的母语文化等热点问题作了主旨报告。来自国内外的专家学者在分论坛上就上述议题进行了全面深入的研讨。杨可在闭幕式上作总结发言。

13. 2019年3月29日，由教育部教学指导委员会和中国俄罗斯东欧中亚俄语教学研究分会主办、北京大学出版社和外语教育与研究出版社协办的“新时代全国高校俄语专业建设高端论坛”在大连外国语大学召开。新一届教育部高等学校外语教学指导委员会（简称“外指委”）俄语分委会成员和来自全国各高校俄语专业负责人及骨干教师近百名代表参加了此次论坛。教育部外指委俄语分委会主任委员、大连外国语大学校长刘宏教授致开幕词并进行了主旨发言。外指委俄语分委会各位副主任委员及中国俄罗斯东欧中亚俄语教学研究分会主要负责人分别发言，他们是北京大学外国语学院院长宁琦教授、南京大学外国语学院王加兴教授、天津外国语大学原副校长王铭玉教授、北京外国语大学俄语学院院长黄玫教授、中国人民解放军战略支援部队信息工程大学研究生院院长王松亭教授以及上海外国语大学俄罗斯东欧中亚学院院长许宏教授。各位专家分别以俄语专业的人才培养、俄语专业教学标准制定与人才培养方案修订、课程建设要求、俄语专业等级测试、外语教师的能力、外语专业课程思政等问题为视角在论坛上作了主旨发言。在分组讨论中，各位专家、学者们就“新时期中国高校俄语专业教育教学改革新方向”“外语专业国标的实施与俄语专业指南的制定”和“俄语专业金课建设与实践”等议题进行了充分的交流。与会代表纷纷表示，此次论坛为提高我国高校俄语专业的交流与合作水平创造了更加有利的条件，也为新时期全国的俄语专业发展指明了方向。

14. 2019年4月22—23日，2019年全国高校俄语教师语音教学精研营在北京外国语大学俄语学院举办。本次活动在教育部高等学校外语教学指导委员会俄语分委员会和中国俄罗斯东欧中亚学会俄语教学研究分会的指导下组织并召开，由北京外国语大学俄语学院承办。来自全国14所院校的17名俄语教师参加了语音教学精研营。开幕式由中国俄罗斯东欧中亚学会俄语教学研究分会副会长、北京外国语大学俄语学院院长黄玫主持。黄玫院长指出此次语音教学精研营是响应新时代全国高等学校本科教育工作会议关于“坚持以本为本，推进四个回归，建设一流本科教育”的要求，旨在提升我国俄语专业教学理论与实践创新能力，提高俄语教师专业素养及教学水平。北京外国语大学历来重视外语学生的语音问题，并在多年教学实践中积累了丰富的经验，希望借此次精研营的机会，与大家互相交流、共同进步。

15. 2019年7月6—7日，第九届《俄罗斯文艺》国际学术前沿论坛“20—21世纪俄罗斯文学研究”在复旦大学举行。此次论坛由复旦大学外文学院、《俄罗斯文艺》编辑部主办，中国俄罗斯文学研究会、中国俄罗斯东欧中亚学会俄语教学研究分会合办，来自中俄英美等国130多位专家学者参加了此次会议。此外，为了在高校俄语专业学生中推广当代俄罗斯文学的阅读和研究，第九届《俄罗斯文艺》国际学术前沿论坛“20—21世纪俄罗斯文学研究”特别设立“阅读当代俄罗斯文学”大赛征文，大赛从85篇参赛论文中评选出35篇优秀论文，并在会议开幕式上举行授奖仪式，由俄罗斯驻上海总领事馆代总领事尤尔金、副领事斯莫利尼科夫为获奖者颁发获奖证书和奖品。

中国俄罗斯东欧中亚学会俄语教学研究分会目前有101个会员单位，全部为开设俄语专业的高校，各个高校结合自己专业建设需要，还举办了非常多的专业性活动，包括学术会议、讲座报告、学术沙龙、文化节、各类竞赛等，未在研究会工作统计之列。

六、科研成果

《中国俄语教学》是中国俄罗斯东欧中亚学会俄语教学研究分会科研成果发表的重要平台。2018年9月至2019年9月，《中国俄语教学》出版季刊杂志4期、共计47篇学术论文，从语言学研究、哲学研究、文学研究、翻译研究、教学研究、文学文化研究、区域与国别研究、新国标等多角度、全方位对俄罗斯语言文化、俄语教学、俄罗斯社会发展、语言交叉学科等问题进行研究分析。所讨论的主要问题列举如下：

1. 俄罗斯功能语法理论与西方系统功能语言学的学术思想对比及互补性；
2. 再论动词语义配价、支配模式与句子题元结构；
3. 表达人物视角的隐身手法；
4. 俄语形容词定语与名词定语的对比——兼论汉语定语中词组的俄译；
5. 斯特拉霍夫论屠格涅夫；
6. 文学史研究的先锋之作——评蒂尼亚诺夫的《仿古者与普希金》；

7. 博加特廖夫及其民间文学研究；

8. 尘世与彼岸的抉择——再解“奥勃洛莫夫性格”；

9. 新时代《国标》实施与俄语专业教育教学改革面临的新方向和新任务；

10. 俄罗斯学:《高等学校俄语专业本科教学质量国家标准》的重要内涵；

11. 试论新国标语境下的俄语专业教师发展；

12. 俄罗斯东方学的发展历程；

13. “词的诗学”——К.阿克萨科夫的斯拉夫主义语言哲学思想；

14. 汉俄语义语序对比与翻译转换；

15. 论汉俄语程度副词+形容词组合的发展变化；

16. 论человек与люди的异根交替；

17. 东方主义的东方界限——文化史背景下的迪利亚拉-比克奇与香妃传说比较分析；

18. 经典的戏仿和戏仿的经典——论俄罗斯后现代主义文学对19世纪经典文学的戏仿；

19. “一带一路”背景下俄语MTI口译人才培养模块化研究；

20. 基于语料库的俄语学习者词块分类特征分析及教学反思；

21. 关于旅游翻译研究的几点思考；

22. 卡扎科娃的心理符号学翻译模式思想探析；

23. 路开始的地方——1920年代文学中的革命观（亚·勃洛克、米·布尔加科夫、弗·马雅可夫斯基）；

24. 俄语词素语义配价探究；

25. 关于观念分析中“观念阈”学说的几个问题；

26. “功能”及其在功能语言学理论构建中的作用——以俄罗斯语言学家邦达尔科和佐洛托娃的功能研究为例；

27. 政治话语视角下的俄语新年致辞话语功能分析；

28. 文化翻译机制研究；

29. 白银时代的几幅果戈理文学肖像；

30.《返回埃及》：重写的历史；

31. 大学生俄语学习动机与自我认同研究；

32. 俄语专业八级水平测试对新闻听力教学的正面反拨作用；

33. 俄语二外公共选修课程需求分析及其课程设置探究；

34. 俄语专业国别与区域方向硕士学位论文选题研究——基于2002—2017年201篇硕士学位论文的统计分析；

35. “一带一路”背景下俄语专业区域国别人才培养的现状、问题及建议；

36. 从борьба联想场看俄罗斯大学生词汇提取的语义特征及其语言意识；

37. 基于НКРЯ的俄语同义词量化研究——以俄语“完全、十分”类副词为例；

38. 以实证主义分析方法为主导的民族文化观念对比研究——以俄汉“солнце/太阳”观念为例；

39. 语型在篇章布局动态展开中的作用；

40. 舍斯托夫论黑格尔宗教哲学；

41.《卡拉马佐夫兄弟》中三位一体性的关联性研究；

42. 一生爱恨纠缠：瓦·罗赞诺夫评果戈理；

43. 文学性增译双刃效果论；

44. 汉字“中”的汉俄对比及语言文化的解读；

45. 翻译的等值性、等同性、代表性论说；

46. 屏幕教学界面语境空缺现象研究；

47. 在线互动平台在“俄语国家概况”教学中激励效应的发生机制。

七、教学成果

本年度共有8位教师在《中国俄语教学》杂志发表关于人才培养、教学模式、教学法、考试测评、课程设置等教学研究类文章，即《“一带一路”背景下俄语MTI口译人才培养模块化研究》《基于语料库的俄语学习者词块分类特征分析及教学反思》《关于旅游翻译研究的几点思考》《大学生俄语学习动机与自我认同研究》《俄语专业八级水平测试对新闻听力教学的正面反拨作用》《俄语二外公共选修课程需求分析及其课程设置探究》《屏幕教学界面语境空缺现象研究》《在线互动平台在“俄语国家概况”教学中激励效应的发生机制》。

常务理事单位

Executive Director Unit

国务院发展研究中心欧亚社会发展研究所

Euro-Asian Social Development Research Institute, Development Research Center of the State Council of the People's Republic of China

国务院发展研究中心欧亚社会发展研究所根据李鹏总理批示于1989年7月1日成立，最初定名为国务院发展研究中心世界社会主义研究所。在东欧剧变和苏联解体之后，经国务院发展研究中心领导研究决定，开始使用“欧亚社会发展研究所”的名称。

一、研究方向

根据中央领导指示，国务院发展研究中心欧亚社会发展研究所的研究方向主要有两个方面：一是研究和跟踪社会主义国家的政治经济发展情况；二是重点研究社会主义的发展史，包括对北欧和西欧国家的社会党和社会民主党的发展史研究。东欧剧变和苏联解体后，研究方向有所调整：一是研究和跟踪俄罗斯、中亚和其他独联体、中东欧和巴尔干地区国家的政治经济发展，并对欧盟的政治经济发展予以适当的跟踪和研究；二是继续对苏联和东欧社会主义国家的兴亡史进行研究，侧重对其经验和教训进行探讨和研究。到20世纪90年代后期，对世界社会主义的研究逐渐淡化，中心对研究所的组织机构也作了相应的调整，先后撤销了科技研究室和社会主义理论研究室。目前研究所集中力量跟踪、分析和研究欧亚地区，即俄罗斯、中亚和高加索地区等独联体国家、欧盟、中东欧和巴尔干地区国家的政治、经济和社会发展状况，对外政治经济合作、内外政策、热点重大问题，为政府提供信息咨询和政策建议，以促进中国与该地区各国友好关系的发展，并为中国经济建设和社会发展服务。

二、人员情况

研究所历任所长：

金挥（1989年7月—1998年10月）；

陈之骅（1998年10月—2004年1月）；

李凤林（2004年1月至今）。

科研团队：目前研究所设有学术委员会和五个研究室，分别为俄罗斯国内问题研究室、俄罗斯外交研究室、中亚问题研究室、上海合作组织研究室和欧洲问题研究室。另外还设有编辑出版部和办公室。除本所研究人员外，研究所还聘用国内各大科研院所等研究机构的60余人为特约研究员。

三、主办刊物

1.《欧亚社会发展动态》（1994年前刊名为《世界社会主义发展动态》）：至2019年9月1日已出版发行了1164期。

《欧亚社会发展动态》主要是对俄罗斯、中亚和其他独联体国家、中东欧和巴尔干地区国家以及欧盟的政治、经济、社会发展状况，对外政治、经济合作，内外政策，重大热点问题等进行概述和综述，并提出初步的分析意见和看法。

2.《欧亚社会发展研究》（1994年前刊名为《世界社会主义发展研究》）：至2019年9月1日已出版发行了810期。

《欧亚社会发展研究》是对俄罗斯、中亚和其他独联体国家、中东欧和巴尔干国家以及欧盟国家的政治、经济社会发展状况，对外政治、经济合作，内外政策，重大热点问题进行分析、探讨，并对事件和问题的发展趋势提出预测和建议。

以上两种刊物均为不定期的单篇刊物，即文章一完稿，立即单篇刊登，长期保持及时、新颖的特点。两刊至今一直为内部刊物。

3.《欧亚社会发展研究》（年刊）：1995年创刊，到2012年共出版发行了

18期。是研究所免费对内、对外公开发行的杂志。

正如时任国务院发展研究中心主任孙尚清同志于1995年7月1日在《欧亚社会发展研究》杂志问世的贺词中所强调的那样，欧亚社会发展研究所是国务院发展研究中心直属的一个研究机构，自1989年成立以来，取得了较好的成绩。1989—1995年，苏联和东欧地区发生了巨大的变化。然而，这些情况并没有降低这一地区的重要性，继续加强这一地区的研究，仍然十分必要。创办《欧亚社会发展研究》杂志，发表研究人员的研究成果，便于与同行们共同交流、共同推进对这一地区的研究。

从2013年开始,《欧亚社会发展研究》改版为由中国发展出版社正式公开出版的年度形势研究报告集。研究报告集主要介绍和分析俄罗斯、中亚、其他独联体国家、中东欧和巴尔干地区国家前一年度的形势发展特点、发展趋势及其对我国的影响，以及对欧亚地区重大和热点问题的研究成果研究报告集。所选文章主要由参加每年年会的专家、学者提供，部分文章由其他特约知名专家、学者撰写。截至2019年9月1日研究报告集已出版了7集。

4.《欧亚形势与展望》文集：文集是研究所每年举行的年会研究成果的集中反映。目的是将年会的成果与有关部门和单位共享，以扩大与有关学术研究机构的内部交流，也是对《欧亚社会发展研究》的补充。文集从2004年至2018年已出版了13集。此文集为内部发行。

5. 白皮书：不定期的专供中央有关领导参阅的论文集。主要内容是对欧亚地区发生的热点、重大问题进行研究分析，并提出处置意见和建议，部分受到中央领导的重视和批阅。

6. 中亚要闻：2019年1月始，国务院发展研究中心欧亚社会发展研究所与中国社科院俄罗斯东欧中亚研究所、观澜智库、西北大学丝绸之路研究院、浙江财经大学哈萨克斯坦经济社会研究中心、中国俄罗斯东欧中亚学会联合组编。其形式为网络版，每月一期。

四、学术活动

1. 年会。研究所于2018年11月9—10日举行年会，邀请外交部、商务部、社科院、各大院校研究人员与研究所研究员共同总结2018年一年来欧亚地区形势发展，前瞻未来地区热点，研讨我国与欧亚地区国家关系的发展。

2. 全所研究员大会。大会于2019年1月25日举行，李凤林所长作2018年全所工作总结，并针对2019年国际形势研究作指导。高中毅副所长就2018年全所刊物出版情况作总结。各研究室分别研讨2019年本室研究方向需关注的国际问题。

3. 国际学术交流。

2018年10月14—27日，李少捷副所长、朱晓中研究员和张宁研究员一行赴马其顿、匈牙利、西班牙进行学术交流。

2018年12月14日，学术委员会主任李永全会见乌兹别克斯坦战略与地区间研究所所长阿里波夫。双方就中乌关系、中亚形势等问题进行座谈。参加座谈的有：乌兹别克斯坦前驻华大使库尔班诺夫，乌驻华使馆参赞努利金，研究员许涛、赵会荣，学术秘书杜宁、卢擘等。

2019年1月3日，学术委员会主任李永全会见俄罗斯莫斯科国际关系学院教授萨夫兰丘克，双方就美国退出《中导条约》等问题交换意见。参加座谈的有：研究室主任盛世良、万成才研究员、学术秘书王晓亮、卢擘、张森瑶等。

2019年1月16日，李凤林所长会见格鲁吉亚驻华大使阿尔奇尔·卡岚迪亚。双方就格俄（罗斯）关系现状、中格开展务实合作的设想进行研讨。参加座谈的有：研究员李永全、许涛、张宁，学术秘书王晓亮、卢擘、张森瑶等。

2019年3月13日，学术委员会主任李永全会见乌兹别克斯坦总统国家安全会议代表团一行。乌兹别克斯坦国家安全会议副秘书乌斯曼诺夫，乌兹别克斯坦驻华使馆公使衔参赞图尔松诺夫，研究室主任盛世良、万成才，研究员张宁、赵会荣等参加会见，双方就在中亚地区推进“一带一路”务实合作等问题交换意见。

2019年3月18日，李少捷副所长、朱晓中研究员应邀赴波兰大使官邸，参加纪念波兰加入北约40周年活动，就波兰对北约的定位和期待等问题交换意见。

2019年3月25日，李凤林所长会见来访的哈萨克斯坦专家伊尔兰·卡林，研究员李永全、许涛、张宁，学术秘书王晓亮、卢擘、张森瑶等参加。双方就哈萨克斯坦政治经济形势、中亚地区反恐局势等问题进行座谈。

2019年3月28日，学术秘书卢擘、张森瑶参加在中国社科院俄罗斯东欧中亚研究所举办的塔吉克斯坦总统战略中心对外关系处处长哈基姆·阿卜杜拉·拉赫纳莫关于《塔吉克斯坦当前安全形势》的讲座。

2019年4月9日，李凤林所长会见土库曼斯坦驻华大使杜尔德耶夫，双方就进一步促进中国与土库曼斯坦双边互信以及两国在天然气领域的能源合作等问题交换意见。参加座谈的有：土库曼斯坦驻华使馆参赞亚马多夫·阿克库拉特、武官纳扎尔·萨帕罗夫、商务参赞巴特洛夫·邵赫拉特，研究所研究员李永全、胡振华、殷松龄、许涛、张宁，学术秘书王晓亮、卢擘、张森瑶等。

2019年5月10日，李少捷副所长会见亚美尼亚驻华大使谢尔盖·马纳萨良，双方就中国和亚美尼亚在“一带一路”框架下开展务实合作问题进行探讨。参加座谈的有：亚美尼亚驻华使馆参赞格兰特·阿巴江，研究所研究员许涛、佟刚，学术秘书姜云鹏、王晓亮、卢擘、李辰卓等。

2019年5月23日，俄罗斯国内问题研究室主任盛世良研究员和俄罗斯外交问题研究室主任万成才研究员会见波兰东方研究所专家维托尔德·罗德克耶维奇、米凯尔·博古兹，双方就波兰和北约关系、波俄（罗斯）关系、中俄关系等问题交换意见。学术秘书王晓亮、卢擘参加座谈。

2019年5月29日，李凤林所长会见前上海合作组织秘书长伊马纳利耶夫，双方就进一步巩固和深化中吉战略合作伙伴关系交换意见。学术秘书王晓亮、杜宁参加会见。

2019年5月31日，李少捷副所长和学术秘书王晓亮出席格鲁吉亚驻华大使阿尔奇尔·卡岚迪亚在凯宾斯基酒店举办的格鲁吉亚独立日招待会。

2019年6月6日，学术委员会主任李永全会见乌兹别克斯坦总统战略与地区间研究所所长阿里波夫、乌兹别克斯坦前驻华大使库尔班诺夫、乌兹别克斯坦驻华使馆参赞努利金一行，研究员许涛、赵会荣，学术秘书杜宁、卢擘参加座谈。双方就中乌关系、中亚地区形势等问题进行座谈。

2019年6月20日，李凤林所长会见格鲁吉亚驻华大使阿尔奇尔·卡岚迪亚，双方就格中、格美和格俄关系等问题交换意见。参加座谈的有：格鲁吉亚前驻华大使大卫·阿普恰乌利、格鲁吉亚驻华使馆一秘舒塔，研究员许涛、赵会荣，学术秘书杜宁、王晓亮。

2019年7月2日，李凤林所长会见亚美尼亚大使谢尔盖·马纳萨良，双方就亚美尼亚内政形势及与中国双边合作等问题交换意见。亚美尼亚驻华使馆参赞格兰特·阿巴江、一等秘书苏连·巴格达萨良，研究员许涛、张宁、赵会荣参加座谈。

2019年7月6日，李凤林所长、赵常庆副所长等出席中国社会科学院大学“中俄新时代全面战略协作伙伴关系暨纪念中俄建交70周年国际学术会议”。

2019年7月9日，李凤林所长会见吉尔吉斯斯坦驻华使馆大使巴克特古洛娃·卡纳伊姆，双方就吉政局形势、中吉务实合作等问题交换意见。吉尔吉斯斯坦驻华使馆公使衔参赞阿达诺夫·拉何曼、参赞伊杂耶夫·爱别克，研究员胡振华、许涛、张宁、王晓亮参加座谈。

2019年8月16日，上海合作组织研究室主任许涛研究员会见乌克兰政治冲突所专家丹尼斯·基留辛，双方就乌克兰内政形势、俄乌关系、俄美关系等问题交换意见。研究员张宁、佟刚，学术秘书王晓亮、杜宁、姜云鹏、卢擘等参加座谈。

五、科研成果

近一年来公开出版发行的主要科研成果是《欧亚社会发展研究2019》，于2019年4月出版。其主要内容为：2018年俄罗斯、中亚、中东欧等欧亚地区国家的内政和外交形势发展特点，上海合作组织的发展状况，“一带一路”在欧亚地区取得的进展和面临的挑战等。

北京师范大学俄罗斯研究中心

Center for Russian Studies of Beijing Normal University

一、重要沿革

2018—2019年，教育部区域和国别研究基地北京师范大学俄罗斯研究中心（以下简称“俄罗斯研究中心”）在科学研究、人才培养、社会服务、国际交流与合作等方面开展了大量的工作，取得了令人瞩目的成绩。俄罗斯研究中心坚持不断为国家提供关于俄罗斯及周边区域的研究支持，增强智库作用，服务国家战略。

俄罗斯研究中心作为新型高校智库，2018—2019年持续为国家各大部委机关提供咨政报告和咨询服务，推进“一带一路”倡议，助力中俄人文合作。报告涵盖国际重点、热点问题，为教育部、外交部、中央外事办公室、北京外国问题研究所、区域国别研究基地等各级党政机关制定相关政策和应对措施提供了有力的依据和可行性建议。

2019年4月我国召开“一带一路”国际合作高峰论坛之际，俄罗斯研究中心受教育部的委托，为“一带一路”国际合作高峰论坛定期提供外宣材料。俄罗斯研究中心集全中心成员力量，充分发挥中心平台作用，用“一带一路”沿线国家的语言，讲述中国故事。共向各相关部门提供8期“一带一路”外宣材料，包括视频材料、留学生调研日记、影评、“一带一路”青年倡议书等，为促进“一带一路”沿线国家了解中国青年的观点起到了积极推动作用。

俄罗斯研究中心立志于培养跨学科俄语人才，打破学科壁垒，为区域国别研究不断输送“语言+”人才。俄罗斯研究中心将向北师大俄语专业本科生增设第二导师制度，本科生可以选择中心成员中其他专业领域的老师作为第二导师，从本科起培养学生跨学科学习意识，锻炼跨学科思维能力，提升跨学科科研兴趣，为“俄语+”人才梯队建设开创了新方法和新思路。

俄罗斯研究中心作为全国“俄罗斯学”及俄罗斯周边区域的“研究重镇”，始终立足基础学科研究，坚持走在科研最前沿。2018年俄罗斯研究中心团队共完成了三项教育部指向性课题，取得了丰硕的研究成果，对进一步推进“一带一路”倡议和“金砖国家”人文交流具有重大现实意义。2018年年底，俄罗斯研究中心专家张百春教授获得国家社科基金重大项目立项。

俄罗斯研究中心在与各国高校及智库性研究机构的交流中，秉承“引进来，走出去”的开放态度，与俄罗斯及其周边区域众多高校以及具有智库性质的机构建立正式和非正式的合作关系，并与智库高度发达的国家和地区深入交流，与世界各国不同领域学者专家深化互识互鉴。

2018年12月，俄罗斯研究中心主任刘娟教授受教育部委派，赴美参加“教育对外开放——国别和区域研究人才研修计划”。该研修计划是教育部进一步提高教育国际交流水平，加强高校智库建设，开展国别和区域人才研究的实际举措。研修期间刘娟教授完成了由加州州立理工大学、加州大学河滨分校、加州大学圣地亚哥分校、乔治梅森大学的专家制定的学习任务和课程内容，围绕区域国别研究的方法和内容、美国区域国别研究的历史与现状、美国智库的类型与运作模式、美国区域研究中心的运行与管理等内容进行研修，了解高校在区域国别研究领域的情况以及区域国别人才的培养经验。

俄罗斯研究中心积极开展基地信息化建设，与时俱进。俄罗斯研究中心上线了“北师大俄罗斯研究中心”微信公众号，定时对俄罗斯研究中心新闻进行报道，推出“俄罗斯学”专家系列专访及推介“俄罗斯学”领域著作和优秀论文。该公众号在“俄罗斯学”专业学生中已有不小的影响力，推出文章160余篇，关注人数超过1500人。

俄罗斯研究中心重视基地建设工作。2018—2019年，中心共举行八次基地工作会议。中心学术委员会制定了严格的规章制度，由李兴教授担任学术委员会主任，中心的科研项目审批、科研经费使用，以及中心学术成果的评定都坚持标准化，体系化。

为培养区域国别研究人才，夯实后备力量，选拔优秀苗子，推动跨学科研究的发展，2018年年底俄罗斯研究中心学术委员会制订了《北京师范大学俄罗斯研究中心学生发展基金草案》，向全国级别俄语、俄罗斯研究竞赛中获得奖项的学生开放俄罗斯研究中心课题，目前已有三名在“全国高校俄语大赛”中获奖的学生申请了该发展基金。

二、研究方向

1. 国际关系与国际政治；
2. 俄语语言文学；
3. 俄罗斯历史学；
4. 俄罗斯哲学；
5. 俄罗斯教育学、比较教育学；
6. 俄罗斯法学；
7. 俄罗斯电影、戏剧；
8. 俄罗斯艺术学；
9. 对外汉语教学；
10. 基于交叉学科研究的俄罗斯学。

三、人员情况

北京师范大学俄罗斯研究中心主任：刘娟（2012年至今）

北京师范大学俄罗斯研究中心学术委员会主席：李兴（2012年至今）

科研团队：

1. 刘娟：博士（后）、教授、博导，俄罗斯语言文学及俄罗斯文化

2. 李兴：博士（后）、教授、博导，国际关系与中国外交

3. 肖甦：博士、教授、博导，苏俄教育理论、教育制度研究

4. 张建华：博士、教授、博导，俄国（苏联）思想文化史，俄国（苏联）外交史，中俄关系史与俄国汉学史

5. 张百春：博士、教授、博导，俄罗斯哲学、宗教学

6. 贾放：博士、教授、博导，对外汉语教学及中国文化教学，民俗文化学，俄罗斯民间文化

7. 张冰：博士、教授、博导，俄罗斯文学批评

8. 夏忠宪：博士、教授、博导，俄罗斯语言文学

9. 李正荣：博士、教授、博导，俄罗斯文学

10. 杨衍春：博士、教授、硕导，俄罗斯语言文学

11. 古棕：博士、教授，俄罗斯视觉艺术，油画人物技法，油画静物技法

12. 穆新华：硕士、副教授、硕导，俄罗斯语言文学

13. 吴萍：博士、副教授、硕导，俄罗斯语言文学

14. 赵路：博士、副教授、硕导，俄罗斯法律、比较刑法

15. 张晓东：博士（后）、副编审，俄罗斯文学、电影学

16. 刘溪：博士（后）、讲师，俄罗斯文学、戏剧

17. 张时雨：硕士、助理研究员，俄罗斯语言与文化、比较媒体

四、主办刊物

《俄罗斯文艺》创刊于1980年，是教育部主管、北京师范大学主办的全国中文核心学术期刊（CSSCI），前身是内参刊物《苏联文学研究资料》。1979年，经教育部批准，杂志定名为《苏联文学》。1994年，杂志更名为《俄罗斯文艺》，沿用至今。

《俄罗斯文艺》作为学术期刊，秉承为教育、科研服务的原则，近年来，通过策划学术前沿研究专题，出版专刊，举办学术前沿论坛，举办征文大赛、翻译大赛等多种形式，不断推动国内的俄罗斯文学科研与教学工作。杂志在俄罗斯文学研究领域、国内外读者中一直有着较高的声誉。

《俄罗斯文艺》也是中俄文化交流的重要桥梁。该杂志是俄罗斯境外唯一此类专业学术期刊。苏联时期，作家、艺术家代表团来访交流频繁。俄罗斯时期，历任俄罗斯联邦驻华大使：罗高寿、拉佐夫、杰尼索夫都对《俄罗斯文艺》作出高度评价，并欣然题词。罗高寿评价道，《俄罗斯文艺》在增进俄中两国人民相互了解与友谊的事业中作出了重要贡献。2001年，《俄罗斯文艺》杂志获得中国对外友协授予的“中俄友谊纪念奖章”。该杂志不断拓宽国际交流渠道，与俄罗斯权威学术期刊《哲学问题》《旗》《俄罗斯与当代世界》《阿里翁》（专业诗歌刊物）、《各民族友谊》等建立了联系，与俄罗斯科学院俄罗

斯文学研究所“普希金之家（Пушкинский дом）”、俄罗斯科学院世界文学研究所（ИМЛИ）的学者展开学术交流，并刊登了俄罗斯学者的系列优秀学术成果。

五、学术活动

（一）“京师亚欧名家讲坛”

1. 第一讲：“中俄风雨历程70年：回顾与展望”

2019年3月22日，由教育部区域和国别研究基地北京师范大学俄罗斯研究中心、中国俄罗斯东欧中亚学会与中国社会科学院“一带一路”研究中心联合主办的“京师亚欧名家讲坛”成功开讲，第一讲题目为“中俄风雨历程70年：回顾与展望”。

“京师亚欧名家讲坛”是由北京师范大学俄罗斯研究中心与中国俄罗斯东欧中亚学会共同打造的高层次学术论坛，旨在推进高水平学术研究、培养复合型人才。中国俄罗斯东欧中亚学会会长、中国社会科学院大学国际关系学院院长李永全教授成为本讲坛的开讲嘉宾。北京师范大学俄罗斯研究中心主任、北京师范大学外文学院党委书记刘娟教授担任讲座主持，中国俄罗斯东欧中亚学会秘书长王晓泉及俄罗斯研究中心的专家们出席了此次讲座。

李永全教授从中俄关系的开端、发展与升华、不同时期的中俄（苏）外交关系等方面为我们解读了70年来中俄（苏）两国外交关系发展的历史进程。在讲座中，李永全教授通过分析中俄两国的国家体制构成、国家特征等，结合重大历史事件和史实重现了历史转折期两国为双边关系所做出的改变，以及中俄双边关系推进与发展的历程，生动形象地说明，为何目前中俄两国间建立的全面战略协作伙伴关系为当今世界大国关系树立了典范，以及中俄两国在各个领域开展交流合作是如何取得显著成绩，实现互利共赢的。

针对中俄人文交流领域中的现状，李永全教授着重强调了新时期中国高校俄语人才的培养问题，他指出高校需要结合“一带一路”战略的大背景，培养优秀的专业人才，更好地和俄语国家进行对接，服务“一带一路”建设。

2. 第二讲：“俄罗斯戏剧文化及其影响力”

2019年4月21日，由北京师范大学俄罗斯研究中心、中国俄罗斯东欧中亚学会与中国社会科学院“一带一路”研究中心联合主办的“京师亚欧名家讲坛”第二讲成功开讲，讲坛题目为“俄罗斯戏剧文化及其影响力”。

国家一级导演、中国国家话剧院前副院长、莫斯科国立戏剧学院俄罗斯哲学（导演学）博士查明哲导演为本次讲坛的主讲嘉宾。刘娟教授担任本次讲座的主持人。

中俄建交70周年以来，两国在文化教育领域的发展合作也逐步加深。查明哲导演从专业的角度追溯与解析了俄罗斯戏剧文化的发展历程及其对中国戏剧文化的影响。

查明哲导演回忆了自己在俄罗斯的学习经历，带领大家回顾俄罗斯的历史，历数了普希金、列夫·托尔斯泰、屠格涅夫、莱蒙托夫、高尔基等俄国大家具有俄罗斯民族特性的文学杰作，认为在俄罗斯的历史进程中俄罗斯文化发挥了举足轻重的作用。查明哲导演还谈及了人们对俄罗斯形象认识的变化和自己对于俄罗斯文化在当代社会的影响的理解。

查明哲导演认为俄罗斯戏剧文化的重要贡献之一是建立了斯坦尼斯拉夫斯基体系。在文化交流的过程中，中国戏剧文化也受到了该体系的影响，依此形成了中国独特的，具有现实性、批判性和人道主义色彩的戏剧表演方法与文化风格。查明哲导演指出，当前深受俄罗斯戏剧文化影响的留俄戏剧从事者在中国的戏剧界大放异彩，发挥着中流砥柱的作用。

通过本次讲坛，老师和同学们都对俄罗斯的戏剧文化有了进一步的了解，产生了极大的兴趣。

3. 第三讲：“当代人的言语肖像”

2019年6月19日，由北京师范大学俄罗斯研究中心、中国俄罗斯东欧中亚学会与中国社会科学院“一带一路”研究中心联合主办的“京师亚欧名家讲坛”第三讲成功开讲，本次讲座题目为“当代人的言语肖像”，主讲人为莫斯科国立大学副校长、俄罗斯教育科学院通讯院士、世界俄语教师联合会副主席塔·弗·科尔塔娃教授。中国俄罗斯东欧中亚学会会长、中国社会科学院大学国际关系学院院长李永全教授担任讲座主持人。中国俄罗斯东欧中亚学会秘书长王晓泉、北京师范大学外文学院党委书记、俄罗斯研究中心主任刘娟教授、北京大学宁琦教授、西安外国语大学邓滢教授、北京俄罗斯文化中心代表宋颖及北京师范大学外文学院的老师们出席了此次讲座。

科尔塔娃教授指出，各个国家、民族之间文化上存在的显著差异大多体现在言语交际中，并且通过列举大量生动形象的例子阐释了俄罗斯人在言语交际中独特的肖像特征，例如集体主义、自我表现意识强、率真坦诚、习惯性悲观及以自我为中心等。当然，随着时代的发展和文明的进化，当代人的语言品味在逐渐变化，各类词汇也迅速增多，这需要我们未来的语言学家和俄语教师们不断探索。

李永全教授高度评价此次讲座。2019年6月5—7日习近平主席对俄罗斯进行国事访问，中俄建交70周年之际，中俄全面战略协作伙伴关系步入新时代。我们要紧随其后，响应号召，以高校为依托，积极开展两国教育领域的合作，培养新时代复合型人才。而北京师范大学和莫斯科大学在此方面迈出了重要的一步。

4. 第四讲："多极世界的地缘政治：被划分的心脏地带与中国作用"

2019年7月4日，"京师亚欧名家讲坛"第四讲在北京师范大学顺利开讲。俄罗斯著名社会活动家、哲学家、政治学家、翻译家、社会学家、Царьград电视频道主编亚历山大·杜金教授作了题为"多极世界的地缘政治：被划分的心脏地带与中国作用"的讲座。俄罗斯研究中心专家、哲学学院教授张百春担任本次讲座的主持人。俄罗斯研究中心主任刘娟教授、俄语系专家及学生们参加了本次讲座。

讲座上，亚历山大·杜金教授为大家梳理了"地缘政治"这一概念产生的历史渊源、地位与发展、转化历程，在多极世界的背景下，阐释区分了"陆地力量（心脏地带）"和"海洋力量"等概念，并划分了其各自的具体范畴。

亚历山大·杜金教授以俄罗斯和欧洲为例，指出俄罗斯和欧洲的地缘政治中陆地力量占据主体地位，俄罗斯在这一发展过程中采取了划分心脏地带这一措施。

多极化世界是一个不断发展的过程，中国和俄罗斯作为世界大国，要不断加强两国间交流与交往，发挥各自的作用，促进世界多极化进程的前进。

讲座的最后，亚历山大·杜金和张百春教授探讨了哲学思维在多极世界的地缘政治这一理论中的地位以及发挥的作用，并对其他老师和同学们提出的问题进行了详尽的回答。

（二）第七届“俄罗斯学”研究生国际学术论坛

2018年10月14日，由北京师范大学俄罗斯研究中心主办，俄罗斯留学生协会协办的第七届“俄罗斯学”研究生国际学术论坛在北京师范大学成功举办。北京师范大学俄罗斯研究中心致力于打破学术壁垒，培养复合型、创新型的“俄罗斯学”青年人才。本次论坛吸引了来自北京师范大学、清华大学、北京外国语大学、北京航空航天大学、对外经贸大学、北京语言大学、中央民族大学、黑龙江大学、吉林大学，以及俄罗斯高等经济大学、哈萨克斯坦国立大学等国内外知名高校的青年学者前来参加。

为纪念“一带一路”倡议提出五周年，本次论坛的主题为“交流互鉴：‘俄罗斯学’青年学者的新视野”。出席本次论坛的有北京师范大学副校长周作宇，俄罗斯大使馆教育处代表Ivan Vlasov，北京俄罗斯文化中心代表Andrew Kashin，莫斯科国立大学教授Victoria Krasnykh，北京师范大学专家Anastasia Kosmach，俄罗斯留学生协会主席Victoria Faizulina，外文学院党委书记、俄罗斯研究中心主任刘娟，俄罗斯研究中心学术委员会主席李兴，以及北京师范大学俄罗斯研究中心来自九个院系和专业的专家们。

周作宇副校长在开幕辞中对“俄罗斯学”研究生国际学术论坛的举办表示了高度的赞赏，指出由北京师范大学俄罗斯研究中心举办的“俄罗斯学”研究生论坛已经成为北京师范大学对俄交流的品牌论坛之一，在推动中俄人文合作与交流中发挥着重要的作用。周作宇副校长指出，两国青年一代应加强交流，互鉴共进，齐心协力，努力参与不同文明交流对话，为构建人类命运共同体贡献青春、智慧和力量。

刘娟教授在致辞中指出，“一带一路”倡议提出五周年以来，世界对中国有了更多的了解，中国面向世界也越来越开放，能够取得这样的成果要得益于不同国家人民的相互理解和相互配合。青年是世界的未来，能够倾听他人、理解他人并向他人学习这是青年人的重要品质，希望“交流互鉴”将不只作为本次论坛的主题，而是真正成为青年朋友们的座右铭。

在论坛下设两个平行分论坛的发言中，不同学科的专家和学者各抒己见，共同探讨中俄青年的交流互鉴，对同学们的发言进行了精准的点评，现场讨论气氛十分热烈。

在论坛闭幕式上北京师范大学研究生代表宣读了“一带一路”青年倡议书，倡议“一带一路”青年发挥语言的优势，从小事做起，化解傲慢与偏见，促进对话与理解，做沟通“一带一路”各国文化的使者。

（三）第五届“奔向莫斯科”俄语奥林匹克竞赛

2019年4月20—21日，由中国和俄罗斯两国师范类高校最高学府——北京师范大学和莫斯科国立师范大学联合主办，北京师范大学俄罗斯研究中心、北京师范大学外文学院、中俄师范类高校联盟共同承办的“奔向莫斯科”俄语奥林匹克竞赛在北京师范大学成功举办。人民日报、光明日报、科技日报、中国青年报对本次竞赛进行了报道。

北京师范大学副校长周作宇、北京俄罗斯文化中心主任梅利尼科娃、莫斯科国立师范大学语言学院副院长萨拉帕斯在开幕式上致以热情洋溢的贺词。

周作宇副校长指出，北京师范大学一贯高度重视俄罗斯研究工作，目前已经形成了“一个中心（俄罗斯研究中心）、一份期刊（《俄罗斯文艺》）、一个联盟（中俄师范类高校联盟）、一系列活动”的蓬勃发展的局面。这首先要得益于俄罗斯研究中心的全力投入与热情工作。令人惊喜的是，在俄罗斯中心的推动下，这项赛事“两地开花”：“奔向北京”中文奥林匹克竞赛从2019年开始将在莫斯科师范大学举办。

梅尔尼科娃主任强调，俄语是联合国通用语言，是很多国家的官方语言，目前有1.8亿人在境外学习俄语，因此举办这项赛事具有非常重要的意义。

莫斯科国立师范大学校长卢博科夫通过视频表达了对这项赛事的高度评价。他指出：两国学生对学习彼此国家语言的兴趣是衡量两国关系发展的重要指标，学习中文和俄语，就是学习中国和俄罗斯的文化和历史。在当今政治经济背景下，这对于了解两国人民的伟大传统，加深互识与互信，有着不容忽视的意义。莫斯科国立师范大学高度评价与北京师范大学的伙伴关系，而共同的语言将使这种关系更为紧密。

本次“奔向莫斯科”俄语奥林匹克竞赛吸引了来自全国15所师范大学的近百名学子，最终共有19名学生获得奖项，其中来自北京师范大学、西南大学、陕西师范大学的三名毕业生组优胜者赢取了赴莫斯科国立师范大学公费攻读研究生的机会。

在“一带一路”国际合作高峰论坛召开前夕，“奔向莫斯科”俄语奥林匹克竞赛迎来了五周年纪念，这项赛事的不断发展壮大不仅显示了中俄两国高校间日益密切的国际合作交流，也凸显了“一带一路”背景下的民心相通，以及中俄两国青年之间互相了解、交流、友谊的不断加深。

（四）“中俄关系70年：亚欧视阈”国际工作坊

2019年5月18日，由教育部区域和国别研究基地北京师范大学俄罗斯研究中心主办的“中俄关系70周年：亚欧视阈”国际工作坊圆满落幕。

德国汉堡大学德裔文化历史研究所副所长维·多宁豪斯教授，俄罗斯西伯利亚联邦大学人文学院世界历史系主任弗·达旗升教授，中国国际问题研究所石泽研究员，中国俄罗斯东欧中亚学会秘书长王晓泉教授，首都师范大学外文学院院长王宗琥教授以及俄罗斯研究中心的各位专家们出席了本次工作坊。

2019年度工作坊共设有专家发言和圆桌讨论两个环节，共有6位中外专家就“中俄关系”这一主旨话题进行发言。各位专家立足于各自的研究领域，从不同的专业视角阐释了70年来中俄关系历程，同时结合当下的社会现状，放眼国际，对中俄未来关系的发展以及多领域合作前景提出了独到的见解。

在18日下午的圆桌会议上，专家们从历史文化的角度就中俄关系70年展开自由讨论。李兴教授做了有关中美俄三角关系的简短发言，指出现阶段中俄、中美、美俄三角关系的本质。张建华教授指出，目前中俄在能源、安全、航天等领域合作密切，人文领域合作有待加强，两国间文化互识、互信对推动两国关系进一步发展至关重要。与会专家就此主题展开热烈讨论。随着时代的发展，“文化外交”的作用进一步凸显。王晓泉秘书长表示，中俄两国文化上存在相通点，近年来两国更加注重优秀传统文化的回归，秉持着共同的价值观念，我们应该着重发掘这一点，在此基础上推动中俄友好关系不断前行。

（五）“俄语教师联合发展中心”成立大会

2019年6月19日，由北京师范大学俄罗斯研究中心、北京师范大学外国语言文学学院和莫斯科国立大学俄语语言与文化学院联袂策划的“俄语教师联合发展中心”成立大会暨揭牌仪式于北京师范大学举行。

北京师范大学副校长周作宇、莫斯科国立大学副校长塔季扬娜·卡尔塔娃(Tatiana Kortava)、莫斯科国立大学俄语语言与文化学院副院长瓦列里·切斯内赫(Valeriy Chastnykh)、中国俄罗斯东欧中亚学会会长李永全、中国俄罗斯东欧中亚学会秘书长王晓泉、北京师范大学孔子学院管理处处长肖铠、北京俄罗斯文化中心代表宋颖、北京师范大学外文学院党委书记兼俄罗斯研究中心主任刘娟以及北京师范大学俄文系师生出席了本次活动。

本次活动共包括四项议程：开幕仪式，莫斯科国立大学副校长塔季扬娜·卡尔塔娃客座教授聘书授予仪式，“俄语教师联合发展中心”揭牌仪式和卡尔塔娃教授专题讲座。

周作宇副校长在开幕致辞中指出，北京师范大学与莫斯科国立大学有着深厚的渊源，在人才培养和文化交流方面一直保持着密切的联系。2019年是中华人民共和国成立70周年，也是中俄建交70周年，在此重要历史节点，莫斯科国立大学俄语语言与文化学院与北京师范大学外国语言文学学院进一步深化合作，共同促成“俄语教师联合发展中心”的合作意向，为莫斯科国立大学与北京师范大学的交流合作开启了新的篇章。

开幕式之后，周作宇副校长为莫斯科国立大学副校长塔季扬娜·卡尔塔娃颁发客座教授聘书。卡尔塔娃副校长在致谢词中援引儒家经典，指出尊师重教是“中国奇迹”的根源；她回溯了莫斯科国立大学与北京师范大学的历史渊源，她强调，莫斯科国立大学是中俄科教合作发展的发源地，21世纪是联合科研和共同教学的时代，莫斯科国立大学愿积极响应习近平主席共同建立多层次人文科教交流机制的呼吁，与中国高校的教学系统交流互鉴、共同发展。

随后，周作宇副校长和卡尔塔娃副校长共同为“俄语教师联合发展中心”揭牌。该中心的成立将为加强中俄教育领域的合作，提高中国俄语教学的水平，提升中国俄语教师的专业素养，革新俄语人才发展方式提供服务，将助力中俄人文交流机制的工作开展，为“一带一路”倡议的施行，“一带一盟”的对接培养精通语言及国别知识的复合型人才。

六、教学成果

在“一带一路”倡议付诸实施的背景下，培养既熟练掌握外语，又具备扎实专业知识的复合型国际化区域国别人才是国家战略的需要。北京师范大学俄罗斯研究中心具有跨学科、多专业、开放性的鲜明特点。来自校内9大学科的16位中心专家发挥各自优势和专业特长，协力打破学科壁垒，在复合型国际化区域国别人才的教育教学探索中取得显著成效，培养了一批国家急需的战略人才及“一带一路”沿线国家的外国学生。

俄罗斯研究中心遵循智库建设与人才培养并举的原则，构建多元立体、开放综合的培养模式，使独立培养与联合指导相贯通，国内培养与国外研修相辅助，课堂教学与线上课程相补充，实现了传统教学与创新式教学相结合。俄罗斯研究中心组织来自9个院系的老师开设与俄罗斯学相关的课程，构建“俄语+俄罗斯学”课程结构，并通过鼓励开设新生研讨课和通识课，面向全校学生开设相关课程，建设开放性、跨学科课程体系。这一体系涵盖“俄语语言文化学”“俄罗斯与东欧中亚研究”“俄国历史与文化”“俄国诗歌史”“俄国文学批评史”“区域国别教育研究”“苏俄文化教育”“俄苏戏剧研究”“俄罗斯概况”等47门课程，涉及俄罗斯政治、历史、文化、文学、教育、哲学、法律等学科，并有多名中心成员制作了慕课和精品线上课，其中张建华教授在“喜马拉雅”平台上开设的“世界历史大师课——俄国史30讲”已有超过百万的点击率。

七、科研成果

（一）著作

1. 刘娟:《普通高中俄语课程标准（2017年版）解读》，高等教育出版社，2018年版。

内容摘要:《普通高中俄语课程标准（2017年版）解读》是对《普通高中俄语课程标准（2017年版）》的权威解读。由教育部基础教育课程教材专家工作委员会组织编写，普通高中俄语课程标准修订组编写。全书共九章，详细阐述了高中俄语课程改革十年成就，面临的问题与挑战，学科课程改革背景，立德树人与核心素养，课程结构与课程内容，课程实施与教学方式变革，学业质量与评价改革，实施保障，学科课程展望等内容。

2. 李兴:《“一带一路”与欧亚经济联盟对接合作研究》，红旗出版社，2018年版。

内容摘要：本书分“历史与理论”“实践与比较”“思考与对策”三部分。首先从历史的角度梳理丝绸之路经济带与亚欧古丝绸之路以及俄罗斯欧亚主义思想的渊源，继而从理论上剖析互联互通与亚欧发展共同体的关系，指出丝绸之路经济带不仅是支撑“中国梦”的策略，也是支撑“中国梦”的战略。

3. 张冰译:《骑兵军》，上海译文出版社，2019年版。

内容摘要:《骑兵军》是苏联作家巴别尔的代表作，创作素材取自巴别尔26岁时作为战地记者跟随布琼尼统率的苏联红军第一骑兵军进军波兰的行军过程中的战地日记。此次大战是世界历史上最后一次大规模骑兵会战，历时三个月，作者在书中用最直接、最简练却华丽的语言，通过35篇散记描绘出了在波兰的苏联骑兵军最真实的军旅生活。

4. 张冰译:《莎士比亚及其批评者勃兰兑斯》，商务印书馆，2019年版。

内容摘要：列夫·舍斯托夫第一部哲学著作。在这部著作中，舍斯托夫反对泰恩的实证主义和勃兰兑斯的怀疑主义，主张理想主义和高尚道德，提出了贯穿他后来全部哲学创作的中心问题:“当个体存在露出可怕的情景时，是俯首听命客观规律还是诉诸圣经信仰?”可以看出，舍斯托夫明显对思辨哲学的必然性体系不信任，反而把具体的人生及其悲剧等问题放在首位。

5. 张冰译:《托尔斯泰与尼采学说中的善》，商务印书馆，2019年版。

内容摘要：列夫·舍斯托夫的第二部著作。舍斯托夫批评俄国文论家梅列日科夫斯基对于托尔斯泰与陀思妥耶夫斯基作品的评价。舍斯托夫直言，托尔斯泰把自己的文学作品当成了宣扬善观念的工具。尼采则主张超越善恶之争，尼采的主张，被舍斯托夫理解为一条通往信仰之路的思想准备。

6. 张冰译:《无根据颂——非教条主义思维的一次尝试》，商务印书馆，2019年版。

内容摘要：列夫·舍斯托夫的创作生涯中的一部阶段性著作，而其哲学思想之所以被世界所认可，也正是因为其思想的“非教条主义思维”特征。

舍斯托夫最初动笔时是想写成“正经”的专著的，可是，越写越觉得自己的思想复杂而又矛盾，很难被硬性塞进既定的思维框架中去。作者意识到必须去掉“中心思想”和“体系化”的束缚，才能获得思想的自由，因而创造出一种适合表达思想的文体——格言警句体。

7. 张冰译:《伟大的前夜》，商务印书馆，2019年版。

内容摘要:《伟大的前夜》收录了舍斯托夫探讨托尔斯泰、易卜生、威廉·詹姆士等思想家作品的论文多篇。在这些论文中，舍斯托夫批评了那些试图以逻辑推理的方式推导人生始终的努力，也即批评简单地使用希腊哲学所推崇的理性精神来解决永恒的生命之谜的努力，认为人的自由无法用哲学认识论来加以解释。从托尔斯泰作品所描绘的庸常世界中，舍斯托夫读出了作者对于信仰和别样世界的倾听。

8. 张冰译:《钥匙的统治》，商务印书馆，2019年版。

内容摘要：在舍斯托夫看来，以希腊哲学为传统的西方，乃至于以宣称“太初有道”著称的传统基督教哲学，无不歪曲了哲学的根本问题。他们把人们带离了对于永恒的存在与人的生存自由的追寻。批评这些传统，回到真正地依凭信仰而生活的自由之境，就成为了舍斯托夫在本书中所要展开的主要线索。

9. 张冰:《俄罗斯形式主义诗学》，中国社会科学出版社，2019年版。

内容摘要：本书主要研究具有世界影响的俄罗斯形式主义诗学。俄罗斯形式主义被西方文论认为是20世纪文论的开端。本书内容包括形式主义诗学的美学渊源，主要代表人物什克洛夫斯基、艾亨鲍姆、迪尼亚诺夫和雅科勃松等人的专题研究，形式主义的核心概念“文学性”“陌生化”等的阐释，形式主义诗学同其他诗学的关系，以及它对20世纪俄罗斯诗学发展的影响。作者既肯定形式主义诗学重视文学特性的重要意义，又指出其忽视社会历史文化语境的不足。

10. 张冰:《洛特曼的结构诗学》，中国社会科学出版社，2019年版。

内容摘要：本书主要研究俄罗斯结构诗学代表人物洛特曼的结构诗学理论，包括结构诗学形成的社会文化背景、结构诗学的基本理论、诗歌结构和诗歌意义的生成、诗歌结构的微观分析、诗歌文本和诗歌外文本的关系等问题，以及他对文化符号学的贡献。

11. 贾放:《普罗普的故事诗学》，中国社会科学出版社，2019年版。

内容摘要：本书主要研究具有世界影响的俄罗斯民间文艺学家普罗普的三部专著《故事形态学》《神奇故事的历史根源》和《俄罗斯故事论》，指出他的研究是如何从结构形态的角度回答故事是什么，如何从历史的角度回答故事怎么来的，以及其他的相关问题，并着重探讨他如何将结构形态研究同历史研究结合起来，为故事学和叙事研究做出重要贡献。

12. 肖甦:《世界主要国家教育督导的历史与现状——基于21世纪初国际比较的视野》，山西教育出版社，2019年版。

内容摘要：教育督导是现代教育管理体系的重要组成部分，是国家对教育实行监督与指导的必要手段和有效机制。拓展教育督导的国际视野有助于我国教育督导制度的完善和可持续性发展。本书由三部分组成：第一部分是在辨析教育督导理论和相关研究现状的基础上，对我国21世纪前后教育督导的政策与实践所进行的专题调查和现状分析；第二部分是国别研究，即对英、法、俄、美等9个国家的教育督导理论、政策及实施体系分别进行的系统考察；第三部分是比较分析，通过梳理、比较不同国家教育督导理念、制度与实践的特点、优势及问题，总结世界教育督导制度发展趋势及各国经验中可借鉴之处，反思我国教育督导发展面临的挑战。

13. 吴萍译:《秘密走廊》,（俄罗斯）安德烈·沃龙佐夫著，群众出版社，2019年版。

内容摘要:《秘密走廊》是俄罗斯当代作家安德烈·沃龙佐夫继《请叫我先知》之后的又一部力作。作品由两个部分构成：第一部分叙述的内容是苏联时期，第二部分叙述的内容是当代现实。它们的中间即是作家构造出的“秘密走廊”。主人公经历了痛苦的游荡之后，有幸找到了秘密走廊的出口。可出口究竟通往何处？从不甚发达的社会主义通往野蛮的资本主义？每个国家、每个民族、每个人都有自己的发展道路，而地下通道或是秘密走廊尽管是捷径，但却是虚幻的。作家站在历史的高度，以自己的责任感和使命感对人类进行昭示：如果有人走上这条道路，那么“另一个世界”将成为可怕的现实。这也是作家给世人的忠告。

14. 张建华:《帝国幻象：俄罗斯国家形象变迁与他者视野》，社科文献出版社，2019年版。

内容摘要：国家形象是文化软实力的构成要素之一，其集中体现为国家文化、价值观和意识形态的国际影响力和竞争力，苏联作为第一个社会主义国家并自视为“灯塔”，它的国家形象需要深入研究。本书通过俄文和英文文献，从历史学、政治学、心理学和传播学等学科的综合视角进行研究。

15. 古棕主编：《传承与创新——2018第四届全国师范大学美术教师展作品集》，北京工艺美术出版社，2018年版。

内容摘要：本书为2018年第四届全国师范大学教师作品展的作品集，涉及绘画类、设计类、雕塑类作品，全面地反映了全国师范大学有代表性的教师的整体水平。本书由北师大艺术与传播学院牵头编撰，收入约30所师范类大学150位美术教师的作品，是一本高水平、高质量的作品集。

16. 古棕、甄巍主编：《2018 · 传承与创新——全球化视角下的美术教育与创作》（论文集），中国轻工业出版社，2018年版。

内容摘要：本书收录了全国范围内五十多所师范类高校美术与设计专业教师的一百多篇专业论文，以“全球化视角下的美术教育与创作思辨”为主题，对当代高等院校的美术教育与创作进行了深入的探索和全面的思考。

（二）论文

1. 刘娟：《语言文化学——当代俄罗斯女性文学研究的新视角》，《俄罗斯文艺》2018年第3期。

内容摘要：当代俄罗斯女性文学在继承和发扬俄罗斯文学传统的基础上，在叙事风格、语篇建构、语言表达等方面独具特色。女性文学的诸多特点直接反映在作品的语言表达和文化体现方面，并涉及语言与文化的各个层面。女性文学的多变性潜力及多元互文性要求研究者探讨新的、符合女性文学特点和发展趋势的研究方法。本文基于俄罗斯语言文化学理论，提出语言文化学视角下当代俄罗斯女性文学研究的方法和内容。

2. 李兴：《“一带一路”框架下的金砖合作机制与中俄关系》，《国外理论动态》2019年第4期。

内容摘要：在发达国家出现“逆全球化”思潮的背景下，中国提出的“一带一路”倡议成为推动全球化的核心方案之一，体现了中国作为一个负责任的大国，致力于提高参与全球治理的能力和推动全球治理体制更加公正合理的担当。为了推动“一带一路”建设和区域与全球治理，中国很需要借助金砖合作机制和中俄合作。金砖合作机制是推动“一带一路”共建的关键力量，俄罗斯是“一带一路”建设的节点国家，“一带一盟”对接合作是“一带一路”建设的亮点，中俄关系是推动“一带一路”共建的核心关系。“一带一路”倡议契合金砖国家引领区域与全球治理的需要，成为其重要的抓手。作为金砖机制的共同引领者，中俄关系是金砖合作机制中最关键、最重要的双边关系。

3. 李兴：《中俄关系中的中亚因素对“一带一盟”对接的影响》，《学术探索》2019年第1期。

内容摘要：中俄与中亚的关系是相互联系、相互影响的。中亚是“丝绸之路经济带”和“欧亚经济联盟”建设的重点区域，中亚因素会对“一带一盟”对接产生影响。一方面，中亚推动了中俄双方的合作，并为对接提供了合作领域；另一方面，中亚的内外部因素也对对接产生了不利影响。在对接过程中，中国与俄罗斯和中亚国家的往来应突出重点，中国应利用互补优势和文化优势促进在经济领域和人文领域的合作。

4. 李兴：《“一带一路”框架下中俄媒体合作的问题与对策》，《贵州省党校学报》2019年第3期。

内容摘要：“一带一路”下的中俄媒体合作主要效果与问题分析研究。论文对中俄媒体关系与合作问题进行了具体的阐述，认为中俄媒体合作长效框架尚未建立，市场活力未充分释放，文化传统与经营理念的差异阻碍了中俄媒体长期的发展。

5. 李兴：《以产能合作助力“一带一盟”国家对接深化》，《国家治理》2018年第12期。

内容摘要：产能，即生产能力。所谓国际产能合作，笔者认为是指通过将生产诸要素（包括生产者、生产技术、资金等）国际优化组合，以达到单个国家独立生产所达不到的生产能力和经济效益。“一带一路”是国际经济合作的重要平台，其基础和核心就是互联互通。产能合作是经济合作的抓手，是“一带一路”建设的重要内容和升级表现，也是“一带一路”建设的“黏合剂”。

6. 李兴：《新中国成立初期打破封锁的过程和启示》，《人民论坛》2019年第16期。

内容摘要：中华人民共和国成立后，经历了美国、苏联两个大国的敌对和封锁，其中有一段时期美苏的封锁还是叠加的。但是中国凭借着独立自主，艰苦奋斗，不断增强国家实力，一次又一次打破了封锁，在实现了与大国关系正常化的同时，也促进了自身政治地位和综合国力的全面提升。

7. 李兴:《西式民主的对外霸权》,《人民论坛》2018年第27期。

内容摘要：西式民主对外霸道，论据充足。西式民主对外霸道的原因是西方民主的标准具有双重甚至多重标准，民主是幌子、是手段，民主的操作在实践中往往走样、异化，西式民主的本质是以我划线。西方以民主之名，对外进行了一系列干涉别国内政的霸道行径。

8. 李兴:《论西方盟国之间关系的基调与演变》,《人民论坛·学术前沿》2018年09下（总第154期）。

内容摘要：西方国家之间的关系，取决于三个方面的综合与互动：第一，冷战后国际结盟形式和内容的变化；第二，建立在力量对比变化基础上的美国国内政治与对外政策及其互动；第三，西方盟国对美政策的变化与互动。如果说在冷战格局下东西方阵营泾渭分明，那么当前国际结盟的特点是不稳定、不紧密，对抗不明显，机制化水平不高，相对松散，可变性大。美欧日等西方国家（地区）之间是“分合关系”，而美国与中俄等“战略竞争对手”之间则是“竞合关系”。因此，对于中国外交来说，要用利益、道义分化美国与其盟国的关系，但不要使其盟国陷入“选边站”的窘境。中国对外工作的重点应在周边。地跨欧亚的俄罗斯是西方中的东方，东方中的西方，在东西之间具有特殊地位和战略意义，因此，要积极主动地推进中俄“准同盟”关系发展和“一带一盟”的对接合作。

9. 李兴:《亚欧中心跨区域合作体制机制比较分析:“丝绸之路经济带”、欧亚经济联盟和“新丝绸之路”》,《人文杂志》2018年第9期。

内容摘要:“丝绸之路经济带”、欧亚经济联盟和“新丝绸之路”是冷战后亚欧中心地区最具影响力的一体化体制机制。中国丝绸之路经济带与俄罗斯主导的欧亚经济联盟尽管有很多不同，但两者不仅客观上存在对接合作的必要性和可能性，而且在主观上两国最高层达成了共识，在实践中取得了早期收获，并在努力继续推进。美国“新丝绸之路计划”尽管名称与丝绸之路经济带相似，但两者历史背景、包含区域、具体内容、地缘目标等都很不相同。丝绸之路经济带的空间范围、包容性和吸引力都大于“新丝绸之路”。

10. 李兴:《美国全球领导力为何减弱》,《人民论坛》2018年第29期。

内容摘要：作为当今世界唯一的超级大国，美国的综合实力不容小觑，但近年来美国的全球领导力也在不断削弱。总体来看，这些因素大大增加了国际政治的不确定性和不稳定性。造成美国全球领导力下降有其主客观的原因，比如，相对实力的下降，前期政策的失误，孤立主义和民粹主义回归的历史惯性，国际多边机制的新发展，自由主义在全球遭遇挫折，美国传统联盟关系的弱化等。但削弱并不意味着美国已经衰落，衰落只是总体趋势，美国某些实力和优势还在加强。

11. 李兴:《加强国别与区域研究——建设一流“俄罗斯学”》,《中国社会科学报》2019年6月13日。

内容摘要：2019年是国际关系作为一个独立学科建立100周年。改革开放40多年来，随着综合国力和国际影响力的增强和提升，我国的国际问题研究取得了长足的进步。国际关系的知识体系主要包括国际关系理论、国际关系史、区域与国别研究三个部分的内容。到目前为止，翻译、介绍、研究西方国际关系理论，研究国际关系史以及编写近现代国际关系历史教科书的工作可以说取得了不菲成果，一批有志者正在致力于构建中国特色的国际关系理论。相比之下，区域与国别研究尤其显得不足，迫切需要依据“一带一路”倡议推进趋势强化这一研究。

12. 肖甦:《美国密歇根大学教师薪酬管理影响因素分析——“三角协调模式”的视角》,《比较教育研究》2019第2期。

内容摘要：高校的教师薪酬系统是其人力资源管理的重要模块。在政府、市场和学术权力三方共同作用下，密歇根大学逐渐形成了市场导向、分权管理的教师薪酬管理体系。政府通过法律形式赋予大学开展教师薪酬管理的合法权，同时保留监管权和调控权。市场是密歇根大学教师薪酬水平的决定性因素，直接影响不同职级、不同学科教师的薪酬水平。各类学术权力主体是学校教师薪酬管理的重要参与者和院系教师薪酬管理的直接责任者。多样化教授治校形式是制衡市场力量的重要因素。

13. 肖甦:《21世纪俄罗斯推进公民爱国主义教育发展特点研究》,《比较教育研究》2019第3期。

内容摘要：21世纪以来，俄罗斯已经连续颁布4个公民爱国主义教育的五年规划，重建并持续完善国家爱国主义教育新体系。从政策纲领到全民行动，具有传统价值观和时代特色的爱国主义教育从顶层设计逐步落实到公民的日常生活。多层次、多形式的爱国主义教育活动在俄罗斯全国范围内广泛开展，不仅使纪念卫国战争胜利、崇尚英雄主义、关爱老战士的传统得以弘扬，而且也成为集聚社会正能量、加强民族团结、推动经济发展、振兴俄罗斯民族精神的重要动力。

14. 肖甦:《跨越时空的教育思想宝库》,《中国德育》2018第14期。

内容摘要：苏霍姆林斯基是苏联著名教育家，也是享誉世界的教育家，更是中国基础教育界知名度最高的外国教育家。他的教育思想全面，教育实践丰富，教育著作等身。他逝世时虽年仅52岁，但留下了50多部教育专著、600多篇论文和1500多篇寓言故事。他的重要著作被翻译成世界30多种文字出版，而被翻译成中文出版的著作已超过了40种。就外国教育家汉译名著在我国的出版发行而言，苏霍姆林斯基的教育译著无论从翻译种类还是发行数量上都位居前列。

15. 肖甦:《穿越时空的人道主义教育学——纪念苏霍姆林斯基诞辰一百周年》,《比较教育研究》2018第11期。

内容摘要：苏霍姆林斯基的全面和谐发展教育体系形成于20世纪60年代前后。彼时的社会背景及自身经历都对其“教育学首先就是人学”的人道主义教育观产生重要影响。苏氏教育思想体系的核心是培养全面和谐发展的人；其人学教育观的精髓是教育以人为本、育人以德为先；其体系的实现路径是以立德为导向、实施德智体美劳各项相互渗透的和谐教育。苏霍姆林斯基的人道主义教育观超越了他所处的时代，不仅影响了相同社会制度国家的教育，也超越了制度与意识形态，受到世界不同国家的共同关注。

16. 肖甦:《走进“活的教育学”——纪念苏霍姆林斯基诞辰一百周年》,《中国教师》2018第10期。

内容摘要：2018年是苏霍姆林斯基诞辰一百周年，为纪念这位世界级教育家，联合国教科文组织于2017年10月20日第39次大会通过决议，号召2018年开展世界性的苏霍姆林斯基诞辰100周年纪念活动。苏霍姆林斯基对中国基础教育界的影响尤其突出，他的全面和谐发展的教育理论与实践影响了中国几代教育人。《中国教师》杂志发起教师征文活动，探讨苏霍姆林斯基的教育思想，展开“像苏霍姆林斯基那样做教师”的经验交流，目的正是要为教育实践工作者搭建一个平台，让广大教师在反思、总结、交流中进一步理解苏霍姆林斯基教育思想对中国基础教育的现实意义。

17. 张建华:《纪念史学视野下的俄国史研究》,《武汉科技大学学报》2019年第3期。

内容摘要：2017年是中国史学界和国际史学界的重要年份。该年度的学术活动反映了冷战结束近三十年后国内外史学的重要变动乃至转折。以俄罗斯为代表的史学家将1917年二月革命和十月革命统称为“大革命”，从正面给予评价。这一巨大的学术观点的变动也在欧美学界和中国学界有所反映。

18. 张建华:《老莫餐厅：北京人的公共空间与时代镜像》,《京师文化评论》2019年春季号（总第四期）。

内容摘要：北京莫斯科餐厅是中苏关系从友谊到敌对，再到正常化的晴雨表，也是北京人日常生活的公共空间。这一餐厅自身形象的变化，即由政治符号到饮食符号的变化，反映了北京的社会变迁。

19. 张建华:《“民族认同”抑或“公民认同”——苏联的教训与当代俄罗斯的经验》,《国外社会科学》2018年第5期。

内容摘要:“民族认同”和“国家认同”（又称“公民认同”）是多民族国家的核心问题，两者不偏废。苏联时代，无论是苏联政府和苏联共产党方面，还是加盟共和国和非俄罗斯民族一方，都是只强调其一，而忽视其二，最终导致苏联解体。当代俄罗斯政府较为注意这一问题，试图推行“民族认同”与“国家认同”共举的政策。

20. 张建华:《北京“老莫餐厅”——公共空间的苏联形象与中苏关系变迁的映像》,《俄罗斯学刊》2018年第4期。

内容摘要：新中国成立之后的中苏关系与60年代后的中苏关系经历了一个不平凡的历程，其中北京的莫斯科餐厅扮演重要的角色。本文采用公共空间理论，分析中苏关系上的重要一页。该文被《新华文摘》2018年第22期全文转载。

21. 张建华:《克鲁泡特金思想在20世纪20年代中国的影响》,《当代世界社会主义问题》2018年第4期。

内容摘要：1921年2月8日克鲁泡特金之死及其随后在中国各地各界出现的声势浩大的悼念活动，将克氏的无政府主义学说在中国的影响推向顶峰，并引领中国社会之潮流，亦成为当时中国社会中的一种炫目的“政治现象”。这也使得中国年轻的马克思主义者更加审慎地思考无政府主义与马克思主义的汇通与区别，并最终做出抛弃无政府主义的抉择。克鲁泡特金之死及其学说在中国的沉浮，清楚地映照出中国政治的历史走向：1921年成为中国政治抉择的分水岭。

22. 古棕：《传承的路上——三代留苏留俄艺术家油画作品联展》，《美术》杂志2019年第六期。

内容摘要：本文是对“传承的路上——三代留苏留俄艺术家油画作品联展”所呈现的三代留俄艺术家的作品及留学背景的分析与反思，指出这个艺术家群体对20世纪中国油画的基础教育与教学体系建构有着独特价值与重要意义，同时对探索中国民族油画艺术语言的转向问题具有不可忽视的推动作用。

23. 张冰：《中国改革开放以来对巴赫金学派文论的译介、研究与对话》，《徐州工程学院学报》2018年第6期。

内容摘要：新时期外国文论译介和研究业已经走过40年历程，其间以巴赫金的名字为标志的俄苏学派，对我国学术界的影响非常巨大和深远。值得注意的是，我国外国文论研究界的巴赫金学派研究，从译介到深入研究和深层对话，都做出了许多突出的成绩，在国际巴赫金学派研究中也名列前茅。我国学术界的巴赫金学派研究，不但带有中国作风和中国气派，而且能够站在源远流长、深沉厚重的中华文明立场上，见别人所未见，言别人所未言。

24. 张冰：《王西里〈中国文学史纲要〉在俄罗斯汉学中的地位和影响》，《文化与诗学》，华东师范大学出版社，2018年版。

内容摘要：著名俄罗斯汉学家王西里的《中国文学史纲要（1880）》不但在俄国，而且在世界上也是第一部用外文撰写的中国文学史著作。这部文学史纲要是俄国汉学界有关中国文学史的一部奠基之作。但王西里在此书中所秉持的文学（史）观与今日中俄两国知识界所秉持的文学（史）观截然不同。王西里的《中国文学史纲要》尽管有如此这般的“缺点”，但瑕不掩瑜，作为世界范围内第一部用外文撰写的中国文学史著作，此书在许多方面都不失为一部重要的开山之作，对于俄国汉学界在20世纪的诸多后学，仍然具有不容置疑的典范意义。

25. 张晓东:《丝路合作出佳片》,《人民日报》2019年3月17日。

内容摘要：俄罗斯导演谢·德沃茨沃伊的电影《小家伙》是6个“一带一路”沿线国家电影人通力合作的一部佳片，它为“一带一路”沿线国家和地区的电影合作提供了一种新的思路。

中国社会科学院大学中俄关系高等研究院

UCASS Institute for Advanced Study of the Relations between China and Russia

中国社会科学院大学中俄关系高等研究院于2018年9月18日成立。

中国社会科学院大学总共成立8个高等研究院，中俄关系高等研究院是唯一以研究国别为主的研究院。中俄关系高等研究院同时使用副牌“欧亚高等研究院”。中俄关系高等研究院以研究中俄关系、俄罗斯学、“一带一路”倡议和欧亚地缘政治进程为主要任务。

中国社会科学院大学第一任校长王伟光在高等研究院成立大会上发表讲话时指出：“中国社会科学院大学高等研究院的成立，是为科研、为人才服务的，是为建设中国特色哲学社会科学服务的。我们要坚持以马克思主义为指导，充分借助高等研究院科研平台，促进优秀原创科研成果的产出和优秀人才的培育，加快构建中国特色哲学社会科学体系、学术体系和话语体系，打造中国特色社会主义一流文科学校，为中国特色社会主义建设服务，为党和国家服务，为实现‘两个一百年’奋斗目标和中华民族伟大复兴的‘中国梦’贡献力量。”

中俄关系高等研究院在中国社会科学院大学的直接领导下开展工作并接受中国社会科学院大学的指导，严格遵守国家法律、法规和中国社会科学院大学的各项规章制度，按照高等研究院章程规定的宗旨和任务积极开展各项学术活动。

中俄关系高等研究院是依托于中国社会科学院优质学术资源，致力于中俄关系研究的非经营性和非实体性的研究机构。中国社会科学院大学中俄关系高等研究院根据《中国社会科学院非实体研究中心管理办法》及《中国社会科学院大学校级学术平台管理办法》制定了研究院章程。章程规定，中俄关系高等研究院的宗旨是：

（一）全面贯彻落实党的十九大精神，坚持以马克思列宁主义、毛泽东思想、邓小平理论、“三个代表”重要思想、科学发展观、习近平新时代中国特色社会主义思想为指导；

（二）贯彻落实习近平新时代中国特色社会主义思想，加强对中俄关系发展的密切关注，不断深化对新时代中俄关系的规律性认识，坚持推进中俄关系理论研究，丰富中俄关系研究学术资源；

（三）坚持马克思主义立场、观点、方法；

（四）坚持正确的政治方向和学术导向。

《中国社会科学院中俄关系高等研究院章程》明确了高等研究院的任务、活动特点和范围。

中俄关系高等研究院的主要任务是理论研究、课题管理、学术交流和学科建设。具体活动范围包括：充分利用中国社会科学院优质学术资源，把理论研究和改革开放事业以及中央和政府的需求紧密联系起来，开展基础性和应用性研究，推动中俄关系理论研究纵深发展；围绕中俄关系研究工作的热点、难点问题开展专题研究，推出优秀科研成果，为国家工作决策提供参考；组织开展多种形式的国内外学术交流活动；积极与其他高校形成长效的合作机制，开展多种形式的调查研究等实践活动；开展马克思主义理论与中俄关系基本理论研究，统筹推进学科建设，加快构建中国特色哲学社会科学。

中俄关系高等研究院设院长、副院长（若干名）、秘书长；聘请著名学者、专家和资深教授任首席专家及顾问。

中国社会科学院原院长、学部委员王伟光，中国社会科学院大学校长张政文教授任高等研究院首席专家，聘请中国前驻俄罗斯大使李凤林、中国前驻俄罗斯大使馆武官王海运将军、中国社会科学院学部委员李静杰等著名专家学者任高级顾问。目前，中国社会科学院大学中俄关系高等研究院领导班子组成如下：院长：李永全；副院长：吴波龙；秘书长：李提。

中俄关系高等研究院成立学术委员会，指导高等研究院工作。高等研究院内设中俄关系研究中心、俄罗斯学研究中心、“一带一路”研究中心和编辑部。

中俄关系高等研究院成立后，开展一系列学术研究交流活动。2019年高等研究院在逐步完善组织机制建设的同时，组织若干次具有特色和影响的形势研讨会。2019年7月6日，由中国社会科学院大学主办，中俄关系高等研究院承办的“中俄新时代全面战略协作伙伴关系暨纪念中俄建交70周年”国际学术会议在京成功举行。来自俄罗斯和全国各地近百名著名学者、专家和外交家参加会议。俄罗斯驻华大使杰尼索夫、俄罗斯国家杜马国际事务委员会第一副主席诺维科夫、俄罗斯国际事务委员会主任科尔图诺夫、著名汉学家维·拉林等俄罗斯学者，中国社会科学院原院长、学部委员王伟光，中国社会科学院大学林维副校长、张波教授，李凤林、王海运、孙壮志、张树华、李永全等参加会议并就中俄关系中的重大问题发言。外交部欧亚司副司长吉树民到会致辞并发表演讲。

与会者认真讨论了中俄新时代全面战略协作伙伴关系的内涵和重要意义，指出在世界面临百年未有之大变局形势下，中俄关系水平的提升有利于维护世界和平稳定和国际公平，促进尊重国际法，推动国际关系民主化，推动国际秩序朝更加公正合理的方向发展。与会者指出，2019年是中俄建交70周年。70年是里程碑，70年也是新起点。在风雨兼程的70年里，中俄两国找到了符合两国利益、有利于促进世界和平和地区稳定的正确的相处之道。中俄关系70年发展的历史是两国关系史中的宝贵财富，今天的中俄关系是大国关系的典范。双方尊重彼此发展道路选择，照顾彼此核心利益，政治上互信程度不断提高，经济上互利合作规模不断扩大，文化上追求和而不同、相得益彰。中俄两国这种相处之道符合世界发展的潮流。

2019年，中俄关系高等研究院还出版了一些作品，如与中国社会科学院“一带一路”研究中心共同编辑出版《“一带一路”发展报告（蓝皮书）》，与中国社科院俄罗斯东欧中亚研究所共同编辑出版《俄罗斯学在中国》（文集）以及《俄罗斯经济要闻》等。

今后，中国社会科学院大学中俄关系高等研究院将在人才培养和学科建设方面进行更多探索，也期待与国内外同行密切合作，推动中俄关系健康发展，推动俄罗斯学学科建设。

中信改革发展研究基金会中俄战略协作中心

Center of China-Russia Strategic Coordination,
CITIC Foundation for Reform and Development Studies

为推动新时代中俄全面战略协作伙伴关系发展并深化中俄战略协作，中信改革发展研究基金会（国家高端智库建设培育单位）于2019年7月17日成立中信改革发展研究基金会中俄战略协作中心，办公地点设在北京京城大厦。

一、定位宗旨

作为中信改革发展研究基金会所属研究机构，中俄战略协作中心（以下简称“中心”）遵照基金会的宗旨，突出“中国学派”的特色，发挥高端智库的作用，服务于“新时代中俄全面战略协作伙伴关系”的战略运筹，服务于中央对俄政策的制定与实施，服务于中俄大项目合作的推进。

二、主要业务

1. 组织中俄战略协作双边智库活动和专题讲座；
2. 组织国内专家小型研讨会、专题沙龙；
3. 向中央呈送针对性、可操作性涉俄政策建议，不定期出版《中俄战略协作研究报告》；
4. 组织相关课题研究；
5. 出版中俄专家相关研究成果；
6. 组织专家学者在主要媒体发声，加强涉俄引导舆论。

三、机构设置

（一）行政管理团队

中心行政事务由行政管理团队负责。中心主任全面领导中心工作，执行主任协助中心主任进行日常管理与工作协调。中心秘书处与基金会办公室相互配合，共同组织相关学术活动。

中心主任：孔丹

执行主任：王晓泉

舆情总监：张桐

秘书长：任晶晶

（二）高级顾问委员会

聘请党政军退休高级领导干部和央企央管领导干部担任高级顾问。高级顾问参与中心的各种学术活动，为中心的发展提供指导。

总顾问：陈元，中俄友协会长、第十二届全国政协副主席

高级顾问委员会主任：王海运，中国前驻俄罗斯大使馆武官、少将

高级顾问：

张德广，外交部原常务副部长、中国前驻俄罗斯大使、上海合作组织首任秘书长

朱之鑫，发展与改革委员会原副主任

杨凯生，中国工商银行原行长

李若谷，中国进出口银行原董事长

傅成玉，中国石油化工集团原董事长

王海运，中国前驻俄罗斯大使馆武官

苏宁，中国人民银行原副行长

张树华，中国社会科学院政治学所所长

李永全，中国社会科学院大学国际关系学院院长

（三）学术委员会

学术委员会负责制定中心的研究方向，组织重大学术活动和课题。

主任：王湘穗，中信改革发展研究基金会副秘书长

学术委员：

王湘穗，中信改革发展研究基金会副秘书长

王海运，中国前驻俄罗斯大使馆武官

王晓泉，中国俄罗斯东欧中亚学会秘书长

（四）特聘专家

特聘专家参加中心学术活动，承担中心的研究及舆论引导任务。

特聘专家：

曾兴球，中化集团原总地质师

王沅，国家开发银行原总经济师

丁奎松，中国国际文化交流中心原秘书长

王晓泉，中国俄罗斯东欧中亚学会秘书长

李兴，北京师范大学俄罗斯研究中心学术委员会主任

任晶晶，中国社会科学院“一带一路”研究中心副秘书长

许文鸿，中国社会科学院俄罗斯东欧中亚研究所副研究员

王晨星，中国社会科学院俄罗斯东欧中亚研究所助理研究员

（五）《中俄战略协作研究报告》编辑部

主编：王海运

该报告不定期出版，没有明确的篇幅限制，主要刊载与中俄战略协作相关的会议综述和分析文章，发送范围为中央相关部委。

四、主要学术活动

（一）学术会议

1. 中信改革发展研究基金会中俄战略协作中心成立大会暨“新时代中俄全面战略协作伙伴关系”研讨会

2019年6月，中俄元首将两国关系升级为“新时代中俄全面战略协作伙伴关系”。为深入发展新时代中俄全面战略协作伙伴关系，中信改革发展研究基金会决定于2019年7月17日成立中俄战略协作中心，在京城大厦召开中信改革发展研究基金会中俄战略协作中心成立大会暨“新时代中俄全面战略协作伙伴关系”研讨会。会议议题为：第一，关于中俄战略协作中心工作的建议；第二，“新时代中俄全面战略协作伙伴关系”的内涵、意义及实施；第三，关于“中俄方案”的建议。

会议由王海运主任和王湘穗教授共同主持，孔丹理事长致辞并进行大会总结，陈元副主席作主旨报告。杨凯生、李若谷、傅成玉、李永全、丁奎松、王沅、曾兴球、石泽、王晓泉、任晶晶等中心的高级顾问和特聘专家进行大会发言。与会专家强调，在世界处于百年未有之大变局之际，俄罗斯在中国战略全局中的地位进一步提升，成为中国维护世界和平与稳定，推动世界多极化和国际关系民主化，完善世界经济与安全治理体系的最重要伙伴。在当前美国为首的西方加大对中俄遏制的情况下，中俄全面深化战略协作具有历史必然性，两国应当在战略合作的广度、深度和高度上同时取得突破，特别应当重视在安全、科技、教育、金融、能源、农业等领域开拓创新，形成更紧密的合作关系。

2.“发展新时代中俄全面战略协作伙伴关系需要重点关注的问题”内部专题研讨会

习近平主席2019年6月访俄期间，与俄罗斯联邦总统普京签署了《关于发展新时代全面战略协作伙伴关系的联合声明》，提出了中俄关系“提质升级”的战略任务。为了落实两国元首的重要共识，首先需要明确当前哪些问题应予重点关注。为此，中信改革发展研究基金会中俄战略协作中心于2019年8月15日举办“发展新时代中俄全面战略协作伙伴关系需要重点关注的问题”内部专题研讨会。

会议由王海运主任主持，孔丹理事长致辞，中国人民外交学会副会长李惠来、中联部原副部长于洪君等专家进行了发言。与会专家对中俄全面战略协作需重点关注的问题进行了热烈讨论，认为：中俄政治互信仍需进一步提高；中俄关系内部老问题依旧存在；俄罗斯推动对华务实合作的财力有限，需要创新合作模式；需进一步加强中俄人文交流，改变两国部分人士对双边关系的认知局限，引导好公共舆论。

（二）研究课题

中信改革发展研究基金会中俄战略协作中心重点关注设计中俄战略协作的重大问题和瓶颈性问题，确立了“深化中俄投融资领域战略协作研究”“中俄两国涉中俄关系的舆情研究”“夯实‘新时代中俄全面战略协作伙伴关系’法律基础研究”“深化中俄安全领域合作研究”等课题，并与俄方相关合作伙伴开展共同研究。

（三）国际交流

中信改革发展研究基金会中俄战略协作中心的领导和专家重视加强对俄交流，孔丹主任会见了俄罗斯新欧亚主义代表人物亚历山大·杜金、俄联邦储蓄银行驻华代表齐普拉科夫等俄罗斯专家，与“国际欧亚主义运动智库”等俄罗斯智库签署了合作协议。

中俄战略协作中心执行主任王晓泉陪同陈元副主席出访俄罗斯，出席第二届中俄金融论坛，并与俄罗斯中央联邦区总统代表顾问、俄联邦远东发展部原副部长谢尔盖·卡恰耶夫、俄罗斯经济学家米哈伊尔·卡克罗耶夫等俄罗斯专家就深化中俄战略协作等问题进行了深入探讨。

（四）成果出版

中信改革发展研究基金会中俄战略协作中心以《中俄战略协作研究》为载体，出版了一系列研究报告：

1. 孔丹：《孔丹理事长在中俄战略协作中心成立大会上的致辞》；
2. 陈元：《陈元副主席在中信改革发展研究基金会中俄战略协作中心成立

大会暨“新时代中俄全面战略协作伙伴关系”研讨会上的讲话》；

3. 王海运：《关于“发展新时代中俄全面战略协作伙伴关系”的思考与建议》；

4. 丁奎松：《抓紧机遇运筹中美俄新三角关系》；

5. 石泽：《中俄应在欧亚地区加快推进实质性合作》；

6. 王海运：《落实中俄元首共识、大幅深化两国军事关系》；

7. 李永全：《中俄70年历程》；

8. 王晓泉：《美国退出中导条约的影响及应对》；

9. 李自国：《中美俄战略三角互动的历史启示与走势研判》；

10. 王晓泉等整理：《续订或者新订中俄国家间条约问题应尽快提上日程》。

中信改革发展研究基金会中俄战略协作中心决定以中信出版集团为平台，组织出版中俄专家重要著作，已开始组织出版俄罗斯学者亚历山大·杜金的《多极化世界理论》。

（五）公益活动

中信改革发展研究基金会中俄战略协作中心将资助俄罗斯研究和俄语人才作为主要公益活动方向，决定支持中国俄罗斯东欧中亚学会主办的“中国俄罗斯东欧中亚研究优秀论文奖（2019）”，资助每篇获奖论文奖金5000元。

华东师范大学俄罗斯研究中心

Center for Russian Studies of East China Normal University

一、发展沿革

华东师范大学俄罗斯研究中心（以下简称“俄罗斯研究中心”）成立于1999年，其前身是1981年创办的上海苏联东欧研究所，2000年9月成为教育部人文社会科学重点研究基地。

2001—2010年，是俄罗斯研究中心逐步凝聚学术方向、汇聚科研队伍、构建发展平台、推进改革创新的十年。“十二五”（2011—2015）期间，俄罗斯研究中心发展再上新台阶。在2016年结束的最新一轮教育部151所人文社会科学重点研究基地评估中，俄罗斯研究中心获评“优秀”，成为全国30个优秀基地之一。“十三五”（2016—2020）期间，俄罗斯研究中心以我国发展、改革开放和参与国际秩序重构为立足点，以俄罗斯与欧亚地区为重点，以多学科、国际化为方向，以多学科协同建设新型地区与国别研究模式为己任，以加强与对象国和欧美亚国家等多方学术合作为方式，努力建成在学科、资政、育人等方面都具有广泛国内国际影响力的前沿研究机构。

2017年9月，俄罗斯研究中心成为教育部正式签约的首批31家高校高端智库联盟成员。同年，入选“中国智库索引”（CTTI）来源智库，开启发展新征程。

二、学术研究与资政服务

在长期的发展过程中，为适应国家重大战略与发展需求，俄罗斯研究中心的俄罗斯与欧亚研究，有针对性地侧重于有关俄罗斯与欧亚地区发展的重大趋势性问题、与我国和平发展相关的重大全局性问题和区域性问题，特别是与中俄双边战略伙伴关系建设、中亚、上海合作组织相关的重大问题，同时也包括广义上的欧亚空间相关问题研究。本研究方向从历史、政治、经济、人文、外交、地理等多个视角和维度，展开对俄罗斯与欧亚地区相关问题的研究，由中心主任冯绍雷教授领衔，逐渐形成一支老、中、青骨干相结合的研究团队。

目前，俄罗斯研究中心已在中俄关系、俄罗斯转型、当代俄罗斯政治与外交、俄罗斯经济、大国关系、欧亚地区与国别研究、国外俄苏研究、上海合作组织、“一带一盟”、苏联史、俄苏文学史等方面形成了研究特色，取得了有影响力的研究成果，逐渐形成具有中国高校特色的俄罗斯与欧亚研究。

俄罗斯研究中心多年产出重要资政成果。每年向中央办公厅、教育部、中宣部、外交部、国家发改委、新华社和上海市相关部门提供数十份高质量决策咨询报告，其中多篇被国家相关部门采纳。据不完全统计，2018—2019年，俄罗斯研究中心向政府决策部门提交100余篇资政报告，已有60余篇被各级政府部门采用。

“十三五”期间，俄罗斯研究中心将在已有基础上力争建设成为以俄罗斯与欧亚研究为主要研究方向的新型地区国别研究基地。具体而言：

第一，注重基础性重大学术问题的研究。2018年提交结项的国家社科基金重大项目《俄国通史（6卷本）》，为目前国内第一次由中国人组织编写的多卷本大型俄国通史。本项目除了广泛采集现有出版物资料之外，还通过利用斯坦福大学胡佛研究所“1989”档案资料以及其他最新档案资料，秉持开放视野和理性客观立场，探究苏联解体的根源、动因、机理、影响及教训。

第二，俄罗斯研究中心多年来承担大量资政和服务社会的学术工作，以大学智库建设为目标，在资政启民方面继续取得突出成绩。

第三，有关国别研究、地区研究问题在当代国际研究学界历来众说纷纭，俄罗斯研究中心力争在形成中国特色的区域国别研究方面做出建树。2018年8月，由俄罗斯研究中心主任冯绍雷教授主编的《国外俄苏研究》丛书中的《冷战后日本的俄苏研究》《冷战后斯堪的纳维亚地区的俄苏研究》《冷战后英国的俄苏研究》由上海人民出版社正式出版。

三、研究团队

俄罗斯研究中心现有专职研究人员11名（包括俄罗斯籍研究员1名），兼职研究人员14名。

俄罗斯研究中心现任主任为冯绍雷教授（1999年至今），同时担任上海市高校智库——华东师范大学周边合作与发展协同创新中心主任,《俄罗斯研究》主编，国家社科基金重大项目《俄国通史》主编。现任教育部社科学部委员，国家社科基金评审委员，上海会议大使，中国国际关系学会副会长，中国俄罗斯东欧中亚学会副会长，中国新兴经济体研究会副会长。2006年起参加俄罗斯“瓦尔代”论坛，任论坛国际学术委员会唯一中方委员。近十余年与俄方同事合作组织每年的“瓦尔代”中俄论坛。二十年来，是多项中国与俄罗斯和欧、美等国重要国际合作项目和国际会议的组织者。兼任俄罗斯科学院《世界经济与国际关系》、知名政论期刊《自由思想》等学术期刊的国际编委。曾任中俄友好、和平与发展委员会中方委员，上海市政府决策咨询专家，联合国开发计划署和独立国家联合体宏观经济问题专家，华东师范大学校学术委员会副主任、人文学院院长、国际关系与地区发展研究院院长等职。主要研究领域：俄罗斯与欧亚地区历史与当代问题、社会转型研究、金砖国家与大国关系、国际政治思想与理论问题。

刘军，俄罗斯研究中心副主任，同时担任华东师范大学国际关系与地区发展研究院院长，教授、博士生导师，主要研究领域：北约问题研究、当代俄罗斯与大国关系研究。

贝文力，俄罗斯研究中心副主任，同时担任华东师范大学国际关系与地区发展研究院党总支书记、白俄罗斯研究中心主任，副教授，主要研究领域：俄罗斯文化艺术、中俄人文合作。

张昕，俄罗斯研究中心副主任，副研究员，政治学博士，主要研究领域：比较政治经济学、国际发展、俄罗斯与欧亚地区。

王海燕，俄罗斯研究中心副研究员，经济学博士，主要研究领域：中亚、俄罗斯等国家经济、社会问题研究。

阎德学，俄罗斯研究中心副研究员，政治学博士，主要研究领域：俄日关系、安全合作、俄罗斯与欧亚地区问题。

万青松，俄罗斯研究中心副研究员，政治学博士，主要研究领域：大国关系、俄罗斯与欧亚地区事务。

肖辉忠，俄罗斯研究中心讲师，政治学博士，主要研究领域：中俄农业合作、俄罗斯与欧亚地区问题。

郑润宇，俄罗斯研究中心讲师，政治学博士，主要研究领域：后苏联空间大国关系、后苏联空间国际组织、中亚政治安全。

张红，俄罗斯研究中心讲师，政治学博士，主要研究领域：大国关系、俄罗斯文化与外交、中亚社会福利以及反恐研究。

谢尔盖·比留科夫（Sergey Birykov），俄罗斯研究中心专职研究员，主要研究领域：政治学理论、区域政治学、地缘政治学、比较政治学、中亚问题等。

四、主办刊物

俄罗斯研究中心面向国内外公开发行俄罗斯、欧亚研究领域的学术期刊《俄罗斯研究》，并入选《中文社会科学引文索引（CSSCI）》《中文核心期刊要目总览》《中国人文社会科学核心期刊要览》。自创刊以来，《俄罗斯研究》努力打造成体现我国关于俄罗斯问题和相关领域研究成果和水平的重要平台之一，为推进我国的俄罗斯问题和相关领域的研究作出自己的一份贡献，同时把开展国际学术交流作为工作的一个重要目标，旨在与我国俄罗斯问题和相关领域研究的广度和深度相适应。2019年3月，《俄罗斯研究》入选南京大学人文社会科学综合评价研究院发布的《中文社会科学引文索引（CSSCI）》来源期刊（2019—2020）目录。

此外，自2011年起，俄罗斯研究中心承担教育部发展报告项目，每年定期发布《上海合作组织发展报告》，截至目前已经出版五辑，受到上级部门和国内外学界的关注。

五、国际化发展

“国际化”是俄罗斯研究中心多年保持和追求的传统与特色。目前，俄罗斯研究中心与莫斯科国立高等经济学院、俄罗斯科学院世界经济与国际关系研究所、远东研究所、俄罗斯外交部下属莫斯科国际关系学院与外交学院、哈佛大学戴维斯俄罗斯研究中心、英国皇家国际事务研究所、挪威国际事务研究所、法国巴黎人文之家、荷兰阿姆斯特丹国际社会史研究所、日本北海道大学斯拉夫研究中心、新加坡国立大学等国际一流科研机构、高校以及中亚和东欧的重要研究机构和高等院校建立了稳定的学术联系。其中，与普京总统亲自倡导的俄罗斯“瓦尔代”国际辩论俱乐部之间的战略合作，是俄罗斯研究中心推进国际化的一个重点。2017年10月，在“瓦尔代”国际辩论俱乐部正式公布的诸多著名国际合作伙伴机构名单中，俄罗斯研究中心位列第一位。

俄罗斯研究中心所在的国际关系与地区发展研究院拥有国际关系博士学位授予权，设有以面向欧亚国家留学生为主的“当代中国研究”全英文硕士项目。2018年华东师范大学批准国际关系与地区发展研究院与俄罗斯莫斯科国际关系学院、挪威诺德大学联合设立“国际治理与商务”三方联合硕士课程项目，该项目在2019年正式开始招生。

俄罗斯研究中心每年定期举办一系列重要的高水平国内外学术活动，包括：

1. 自2011年起，俄罗斯研究中心与莫斯科国立高等经济学院互设海外工作室，开展联合研究和教学活动，连续9年（2011—2019年）与莫斯科国立高等经济学院合作在莫斯科举办暑期学校。每年大约有15名中方研究生受资助前往莫斯科研修。

2. 连续5年（2014—2018年）举办“中俄联合研究院中俄青年学术精英讲习班”，作为中俄人文合作的重要内容，得到时任国务院副总理刘延东同志的批示。

3. 连续举办6届（2010、2013、2016、2017、2018、2019年）“瓦尔代”辩论俱乐部中俄论坛。这是当前研讨中俄关系发展的最高规格国际学术会议之一，在国内外具有较大知名度和重要影响力。

4. 连续10年（2010—2019年）举办上海市教委委托项目“上海合作组织成员国和观察员国大学生暑期学校”。每次有30余名上海合作组织成员国及观察员国的青年学员来华，进行为期一个月的多形式交流活动。

六、重大学术活动

2018年9月至2019年9月，俄罗斯研究中心主（承）办的重点学术活动如下：

1. 俄罗斯研究中心举办第八届中俄暑期学校

2018年7月5—13日，俄罗斯研究中心与俄罗斯高等经济研究大学世界经济与国际事务学院联合举办的第八届中俄国际关系暑期学校在莫斯科举行。该届暑期学校的主题是“超越传统议程：俄罗斯和中国所面临的新现实”，聚焦当下中俄关系以及未来发展前景。俄罗斯研究中心组织21名中方学员赴莫斯科，与来自俄罗斯、德国、韩国、瑞士等国家的20名学员一起，参加了暑期学校。为期九天的培训，包括学术讲座、模拟外交谈判、小组讨论、文化之夜、文化体验等活动。

开幕式中，俄罗斯高等经济研究大学世界经济与国际事务学院院长卡拉加诺夫教授、俄罗斯研究中心主任冯绍雷教授、中国驻俄罗斯大使馆一等秘书王冰等分别发言，对中俄暑期学校在两国大学生学术文化交流中的作用表示充分肯定。卡拉加诺夫教授在开幕讲座中认为，中俄在未来国际关系中的作用将越来越大，他同时强调多极化和新多边主义。随后，冯绍雷教授作了题为“文明进程发展中的中俄关系”的主旨报告。

随后几天，Likhacheva A.B.、Novikov D.P.、Lukyanov F.A.、Chernenko E.V.、张昕、贾敏、Mitrova T.A.、Bordachev T.V.、Petrovsky V.E.等专家从各自的研究领域出发，就国际关系论文写作、亚洲经济框架的新趋势、特朗普时期的挑战和机遇、国际信息安全的俄罗斯倡议、俄罗斯和中国在自由国际秩序中的新修正主义、媒体空间和社交网络在国际研究中的作用、能源转型与中俄新能源合作的可能性、面临新挑战的国际组织、大众传媒在塑造世界新闻议程和新国际秩序中的作用等问题，与学员们分享自己的研究成果。学员们积极提出问题，在与优秀学者的探讨、交流中，进一步提升对热点问题的认识。

2. 俄罗斯研究中心举办中俄联合研究院第五届青年学术精英讲习班

2018年11月4日，由俄罗斯研究中心主办的“中俄联合研究院第五届青年学术精英讲习班”在华东师范大学理科大楼A416室正式开幕。俄罗斯研究中心副主任刘军教授主持开幕式。莫斯科国立国际关系学院Sergey Vasiliev教授、俄罗斯高等经济大学的Timofei Bordachev教授以及来自美国文博大学的于滨教授、加拿大卡尔顿大学Piotr Dutkiewicz教授等应邀出席。参加讲习班的30名学员，是来自俄罗斯、美国、挪威及中国等8个国家的硕士生和博士生。本届精英班的研讨主题是：“国家建构、新型国际关系与全球秩序”。

开幕式上，刘军副主任回顾了俄罗斯研究中心的发展历史，中俄青年学术精英讲习班的发展历程，并代表俄罗斯研究中心主任冯绍雷教授表达了对第五届中俄青年学术精英讲习班参会学子的欢迎。来自不同国家的学者们与同学们纷纷做了精彩的自我介绍，并表达了对此次讲习班活动的向往与期待。为期一周的讲习班共邀请来自中国、俄罗斯、美国、加拿大、爱尔兰及挪威的9位教授，他们与讲习班学员围绕讲习班主题展开了多层次、多学科的讨论交流。

3. 俄罗斯研究中心举办第二届全国俄罗斯欧亚研究青年学者工作坊

2018年11月3日，俄罗斯研究中心成功主办了第二届全国俄罗斯欧亚研究青年学者工作坊。本次工作坊的主题为“俄罗斯欧亚研究的学科理论与知识体系构建”。来自海内外的四十余名资深专家和青年学者，以俄罗斯与欧亚地区作为区域国别研究的对象，共同研讨新形势下我国如何重构与时俱进的知识理论体系。华东师范大学人文与社会科学研究院吴瑞君院长致辞，俄罗斯研究中心主任冯绍雷教授作开幕式发言，研究员刘军、张昕、张红、万青松等参加会议并发言。

冯绍雷教授在致辞中指出，在国际竞争，特别是在大国竞争中，学术、理论与观念从来没有躲在后面，而是以不同的方式参与了这种竞争与合作。在日趋激烈的大国竞争中，学术、理论、知识体系构建如何才能更加理性、有效和直接地参与到国际合作与竞争中？如何才能弘扬正义、协和万邦？这需要我们做一个好好的梳理。在本次工作坊中，与会专家从政治学、哲学、文学理论、历史学等不同学科视角，对重大现实问题和理论问题进行剖析、思考与批评，希望能够以此来共同推动中国的俄罗斯欧亚研究整体水平的提升。

俄罗斯研究中心工作坊旨在为俄罗斯欧亚研究领域的中国青年才俊搭建一个优越的学术交流平台，将通过名家前沿讲座、专题研讨、论文宣讲、论文评点与发表、基地重大研究课题参与等多种形式展开，以期帮助俄罗斯欧亚研究领域的青年学人拓展研究视野、启发问题意识、强化研究方法以及提高论文质量等，为中国的俄罗斯欧亚研究培养更多优秀人才。

4. 吴虹滨大使主讲“大使讲坛”第一讲

2019年3月27日下午，应俄罗斯研究中心“大使讲坛”邀请，中国前驻塔吉克斯坦、白俄罗斯、土库曼斯坦大使，中国中亚友好协会副会长吴虹滨做“庆祝中俄建交70周年系列讲座”之“中苏关系的最后十年”主题演讲。讲座由国际关系与地区发展研究院党总支书记、俄罗斯研究中心副主任贝文力主持。来自华东师范大学各院系和兄弟院校的师生代表共同聆听了演讲。

5. 俄罗斯研究中心主任冯绍雷做客“文汇讲堂”

2019年1月6日，俄罗斯研究中心主任冯绍雷教授做客文汇讲堂“新时代大国外交系列演讲”第三讲，主讲《中俄关系：中美胶着下的新走向》。中国社会科学院学部委员、中国边疆研究所所长邢广程担任对话嘉宾，俄罗斯研究中心研究员张昕点评，俄罗斯研究中心工作人员及部分学生到场聆听讲座。讲座后形成的文字报道在互联网上获得较大范围传播，反响热烈。

6. 中挪俄“国际治理与商务”创新型人才国际合作培养项目获留学基金委立项

2019年1月，国家留学基金委公布了2019年创新型人才国际合作培养项目获资助名单，俄罗斯研究中心申报的中挪俄“国际治理与商务”硕士项目获批。2018年12月12—13日，华东师范大学国际关系与地区发展研究院院长、俄罗斯研究中心副主任刘军教授赴东北师范大学进行了现场答辩，并顺利通过专家评审，获得留学基金委资助。

中挪俄“国际治理与商务”硕士项目是华东师范大学国际关系与地区发展研究院、俄罗斯研究中心与挪威诺德大学、莫斯科国际关系学院三方共同建设的，项目依托中挪俄三方各自学科优势，在国际能源合作领域、大型石油天然气跨国企业、大型跨国公司国际合作领域培养复合型高层次的专门人才。

7. 白俄罗斯研究中心举办国际学术研讨会

2018年12月26日，俄罗斯研究中心与白俄罗斯驻上海总领事馆联合举办了“中国与白俄罗斯：‘一带一路’倡议实施背景下的战略伙伴关系”学术研讨会。来自中白两国的专家学者、青年学生40余人参加了研讨会。

研讨会开始前，华东师范大学副校长周傲英会见了白俄罗斯驻上海总领事瓦列里·马采利。研讨会上，马采利做了主旨发言，回顾了2018年中白两国在各领域交流合作中取得的成果。北京第二外国语大学白俄罗斯研究中心主任张惠芹，上海社会科学院俄罗斯研究中心主任、上海合作组织经济合作与人文交流促进中心秘书长潘大渭，上海国际问题研究院俄罗斯中亚研究中心主任李新、副主任强晓云，华东师范大学俄语系主任刘玉琴，南京理工大学化工学院教授江晓红分别就中国智库开展对白研究、中白在国际舞台和上海合作组织等国际和区域组织中的协作、中白经济交流、人文合作、人才培养、科技合作等议题发言。上海工商外国语职业学院俄语系主任王保士、上海工商外国语学校副校长金南辉介绍了各单位与白俄罗斯院校在职业教育、基础教育领域通过联合办学、举办暑期学校等方式进行合作的探索实践。华东师范大学外语学院硕士生李金敏宣读了白俄罗斯国立大学历史系硕士生尤·弗拉修克与她合作撰写的关于白俄罗斯国立历史博物馆与中国合作的论文。

8. 姚培生大使主讲“大使讲坛”第二讲

应华东师范大学俄罗斯研究中心、国际关系与地区发展研究院邀请，中国前驻吉尔吉斯斯坦、拉脱维亚、哈萨克斯坦、乌克兰大使姚培生于2019年4月3日下午在华东师范大学理科大楼A416室做大使讲坛——“庆祝中俄建交70周年系列讲座”之“中俄战略协作伙伴关系的深远意义所在”的主题演讲。国际关系与地区发展研究院党总支书记、俄罗斯研究中心副主任贝文力主持演讲会，华东师范大学各院系和兄弟院校的师生代表共同聆听。

姚培生大使回顾了建交以来中俄关系的发展历程，介绍了自己参加边境谈判的经历，分析了两国近年来合作领域不断扩大、关系日益密切的原因，总结强调了建立中俄战略协作伙伴关系的深远意义。交流互动环节中，师生们提问踊跃。姚培生大使回答了有关乌克兰、中印边境谈判等问题。

9. 高玉生大使主讲“大使讲坛”第三讲

2019年4月10日下午，应华东师范大学俄罗斯研究中心、国际关系与地区发展研究院邀请，高玉生大使在华东师范大学理科大楼A416室做大使讲坛——“庆祝中俄建交70周年系列讲座”之“中俄关系发展的几个问题”的主题演讲。讲座由国际关系与地区发展研究院党总支书记、俄罗斯研究中心副主任贝文力主持。华东师范大学各院系代表和复旦大学国际问题研究院副院长、俄罗斯中亚研究中心主任冯玉军教授等来自兄弟院校的师生代表共同聆听了演讲。

高玉生大使首先回顾了中俄关系的发展历史。苏联解体后中苏关系顺利过渡到中俄关系，自“相互视为友好国家”到《中俄睦邻友好合作条约》的签署，连续迈上四个台阶。随后，高玉生大使重点解析了中俄关系发展的两大问题：结盟问题和去意识形态化问题。针对社会上某些呼吁中俄结盟的声音，他强调，不结盟是中国对外政策的基本原则之一。

从历史和现实两个角度出发，高玉生大使阐述了不结盟政策的合理性、合法性。中苏结盟本质上是不平等的、脆弱的。不结盟是中国最好的选择，是符合双方利益并尊重彼此差异的。关于中俄关系发展中的去意识形态化问题，高玉生大使指出，历史上中苏关系基于意识形态的考量，损害了当时我们国家的利益。因此，只有坚持和平共处五项原则，去意识形态化，才能使中俄双边关系正常发展。此外，他还回顾、分析了中俄美三边关系的发展历程。

10. 于振起大使主讲“大使讲坛”第四讲

华东师范大学俄罗斯研究中心、国际关系与地区发展研究院“大使讲坛”——“庆祝中俄建交70周年系列讲座”第四讲邀请到的主讲嘉宾是曾任中国驻乌克兰使馆首任临时代办、驻俄罗斯使馆公使衔参赞和驻白俄罗斯大使、驻保加利亚大使的于振起大使。2019年4月17日下午，于振起大使结合世纪之交的亲身经历，与大家分享了对中俄关系的观察、思考和分析。讲座由国际关系与地区发展研究院党总支书记、俄罗斯研究中心副主任贝文力主持，来自华东师范大学各院系和兄弟院校的师生代表共同聆听了演讲。于振起大使首先回顾了与华东师范大学交往的渊源，向国际关系与地区发展研究院赠送了中国国际问题研究基金会出版项目“外国友人看中国”之《俄罗斯人看中国》和《白俄罗斯人看中国》，期望华东师范大学能参与项目，编著相关文集，延续友好交流，期望学子们能够发挥所长，在民间公共外交方面发挥积极作用。

11. 周力大使主讲“大使讲坛”第五讲

2019年4月24日下午，“大使讲坛”第五讲在华东师范大学理科大楼A416室举行，由曾任中国驻俄罗斯使馆公使、驻乌克兰和驻哈萨克斯坦大使，前外交部欧亚司司长、前中共中央对外联络部副部长，中国人民争取和平与裁军协会副会长的周力先生主讲“关于中俄睦邻友好条约的商谈与签署及其意义”。国际关系与地区发展研究院党总支书记、俄罗斯研究中心副主任贝文力主持讲座，华东师范大学相关院系和兄弟院校的师生代表共同聆听。

周力大使以中苏（俄）建交70周年为切入点，回顾了我国与俄罗斯关系的发展历程，梳理了两国间签订过的条约、文件，结合当时的历史背景，进行了细致的解读。在谈到新时期的中俄关系时，周力大使重点介绍了中俄睦邻友好条约的签订，包括历史背景、签订时的基本考虑，以及条约的起草和谈判过程。他特别指出，中俄两国在充分汲取和总结历史经验教训的基础上，根据世界局势和国际格局的发展变化，建立起了以互信为基础的完全平等、互利双赢的新型关系。实践证明，这种互信关系是长久的、经得起历史考验的。最后，周力大使激励同学们，要有为中华民族伟大复兴、为国家繁荣富强和为人民生活幸福而奉献终生的责任感和使命感，要紧跟时代发展、不断学习。

12. 张德广大使主讲“大使讲坛”第六讲

2019年5月22日下午，华东师范大学俄罗斯研究中心、国际关系与地区发展研究院“大使讲坛”——“庆祝中俄建交70周年系列讲座”第六讲在华东师范大学理科大楼A416室举办。原外交部副部长、中国前驻俄罗斯大使、上海合作组织首任秘书长张德广应邀做“中俄关系：回顾与前瞻”主题演讲。国际关系与地区发展研究院党总支书记、俄罗斯研究中心副主任贝文力主持，华东师范大学各院系和兄弟院校的师生代表共同聆听演讲。张德广大使详细回顾了中苏（俄）关系的发展历史。

13. 鲁桂成大使主讲“大使讲坛”第七讲

2019年6月12日下午，华东师范大学俄罗斯研究中心、国际关系与地区发展研究院“大使讲坛”——“庆祝中俄建交70周年系列讲座”第七讲顺利举办，中国前驻土库曼斯坦大使、前驻白俄罗斯大使、外交部档案馆前馆长鲁桂成大使应邀做“亲历中苏边界谈判”主题讲座。国际关系与地区发展研究院党总支书记、俄罗斯研究中心副主任贝文力主持，华东师范大学各院系和兄弟院校的师生代表共同聆听演讲。

鲁桂成大使首先结合自己学习钻研边界资料八年的经历，强调沉下心来做研究的重要性。随后，他从俄罗斯民族性格谈起，回顾中俄边界的历史。介绍了中华人民共和国成立以后进行的三次中苏边境谈判，重点梳理了1987年开始的第三次中苏边境谈判的过程，回忆讲述了许多生动的细节，并做了深入的解析。鲁桂成大使强调：“世世代代不能忘记贫穷落后就会遭人欺负的道理，世世代代要为国家的繁荣昌盛持续艰苦奋斗。”

14. 齐大愚大使主讲“大使讲坛”第八讲

2019年6月14日上午，华东师范大学俄罗斯研究中心、国际关系与地区发展研究院大使讲坛——“庆祝中俄建交70周年系列讲座”第八讲在华东师范大学理科大楼A416室举办。中国前驻吉尔吉斯斯坦大使、现外交学院党委书记齐大愚应邀做“百年变局与中国外交”主题讲座。

国际关系与地区发展研究院党总支书记、俄罗斯研究中心副主任贝文力主持，华东师范大学各院系和兄弟院校的师生代表共同聆听演讲。齐大愚大使重点分析了中俄关系的发展进程、中美关系的当前困局等问题，并就国际关系专业的研究生培养模式等问题与在场师生进行了交流。

15. 俄罗斯研究中心师生代表团赴北京开展国际问题研究学术交流

为贯彻学校关于提升人才培养质量，扩大科研产出，尤其是高端科研成果产出的精神，2019年5月23—26日，俄罗斯研究中心组织27名师生代表赴清华大学国际关系学系、北京大学国际关系学院、中国现代国际关系研究院、北京师范大学等著名科研院所开展党建、学术和工作业务交流，并邀请在京国际关系领域专家学者开展“国际问题研究前沿学术系列高端讲座”。

16. 俄罗斯研究中心举办“主要大国、区域国家与世界秩序”研讨会

2019年4月25—26日，由俄罗斯研究中心、德国“柏林文明对话研究所”

(DOC)、加拿大渥太华卡尔顿大学(Carleton University)三个机构联合举办的“主要大国、区域国家与世界秩序”国际研讨会在华东师范大学学术交流中心举行。出席此次会议的19位嘉宾来自加拿大、俄罗斯、美国、德国、比利时、澳大利亚、中国等，近30名中外学生到场聆听。

17. 俄罗斯研究中心师生应邀赴挪威参加“2019北极论坛”

2019年4月1—5日，由挪威诺德大学主办的“2019北极论坛”(High North Dialogue 2019)及相关活动于挪威北部城市博德举行。俄罗斯研究中心副主任张昕和孙溯源、Bas Hooijmaaijers两位老师及两名硕士研究生Nadia Urban和徐炜鑫应邀共同参加了此次活动。

“北极论坛”自2007年成立以来，每年定期举办一次，至今已成为北极研究领域一年一度的盛事。2019年的活动主题为“北极的商业机会”，聚焦北极未来发展前景，覆盖经济增长机会、智慧城市发展、国际合作与海洋经济的可持续发展、北极运输和基础设施建设、大使对话等分论坛议题。来自世界各地的350余名企业家、学者、政策制定者、硕博士学生聚集在一起，讨论北极的未来。挪威首相埃尔娜·索尔贝格出席本次论坛开幕式并亲切接见了与会学者。

七、主要科研成果

(一)著作

1. 冯绍雷主编:“国外俄苏研究丛书”，上海人民出版社，2018年版。

2018年8月，俄罗斯研究中心主任冯绍雷教授主编的“国外俄苏研究丛书”由上海人民出版社出版，丛书包括《冷战后日本的俄苏研究》(阎德学著)、《冷战后英国的俄苏研究》(封帅著)、《冷战后斯堪的纳维亚地区的俄苏研究》(韩冬涛著)。

2. 周尚文著:《列宁政治遗产十论》，上海人民出版社，2018年版。

2018年7月，周尚文教授的专著《列宁政治遗产十论》由上海人民出版社出版。本书内容摘要如下：列宁离开这个世界已近一百年了。他所创建的无产阶级政党(布尔什维克)和第一个社会主义国家(苏联)由盛及衰，最后走向了崩溃和解体。在世界近代史、俄国史以及社会主义发展史上，列宁都是绕不开的历史人物，对他的功过是非的争论从未停息。本书认为，在十月革命后十分险恶和困难的内外环境下，列宁带领全党开展社会改造和建设的艰苦探索，取得不少成就和经验，也有失误和教训，所有这些，都是列宁留下的宝贵政治遗产，后人理应采取理性的态度实事求是地进行评价。

（二）论文

1. 周尚文:《理性对待列宁政治遗产》,《探索与争鸣》2018年第7期。

内容摘要：怎样对待领袖人物的政治遗产，是一个复杂且敏感的问题。近年来，如何对待列宁的政治遗产，在国内外颇有争议。我们既不能像斯大林时期的苏联那样不加辨析地神化列宁和列宁主义，用教条主义的态度去寻章摘句，用它作为解决所有现实问题的灵丹妙药；但也不应对列宁和列宁主义全盘否定，肆意污垢，斥之为一种“原罪”。应放在特定的时空背景下，分析列宁的言和行。列宁主义—布尔什维主义是时代的产物，是已经逝去的那个世纪留下的政治遗产，今人理应从历史的、学术的层面加以梳理和评析。

2. 崔珩:《远东西伯利亚开发的国际政治经济学》,《俄罗斯研究》2018年第4期。

内容摘要：俄罗斯远东西伯利亚开发，是俄罗斯国内外政治经济要素互动的结果。从历史脉络来看，沙皇俄国和苏联对远东西伯利亚的开发受到了当时国际政治环境的影响，而开发的结果又对俄国和苏联与外部世界的关系带来了改变。21世纪初普京执政以来，俄罗斯调整中央与地方关系、经济发展模式转型、国家对外政策优先次序变化等，均对远东西伯利亚开发产生影响。普京第三个总统任期（2012年）以来，将远东开发作为国家战略的优先方向，并将远东开发的区域经济政策与转向亚洲的国家战略结合起来，强调国家经济发展与国家对外政策的互动。在大欧亚伙伴关系的框架下，俄罗斯远东西伯利亚开发抛弃“殖民思维”，远东西伯利亚也在俄罗斯的认知中由“边疆”转变为核心利益。远东西伯利亚开发已经是俄罗斯社会的共识，但远东开发的目标是什么，远东开发的利益如何分配，远东开发成果如何才能最大化惠及俄罗斯民众等问题，仍然存在争议。远东开发虽然是一个主权国家的战略选择，但其整个过程却受制于所处的外部环境，包括周边地区的安全环境、俄罗斯与大国的关系，特别是与亚太国家的经济关系。这些问题需要我们运用国际政治经济学的范畴进一步思考。

3. 张严峻:《白俄罗斯民族文化认同的历史流变与现实境遇》,《俄罗斯研究》2018年第4期。

内容摘要：民族文化认同意味着个体或集体对民族起源、历史、文化、宗教、习俗等的认可、接纳和支持，并由此产生的依附感、归属感和忠诚感。白俄罗斯地处东、西方文明交汇处，复杂的地缘政治环境与多变的历史命运，始终影响着白俄罗斯民族的自我认知。苏联解体后，民族文化认同的重新构建，成为白俄罗斯必须面对的现实问题。民族语言的萧条、文化符号的多元、历史叙事的冗杂，以及其他文化的渗透，都使得白俄罗斯民族文化认同在短时期内仍将面临诸多不确定性。如何就语言政策进行调整，如何构建新的历史叙事和文化符号体系，如何应对“俄罗斯世界”的文化冲击——将从很大程度上决定并影响白俄罗斯民族的自我身份定位与下一步发展方向。

4. E.维诺库罗夫:《欧亚经济联盟：发展现状与初步成果》,《俄罗斯研究》2018年第6期。

内容摘要：当前欧亚经济联盟（EAEU）的建设成果需要加以评估。一方面，欧亚经济联盟并不是一个完美无瑕的“成功故事”。在最初的快速发展之后，欧亚经济联盟目前的成长速度已经放缓。但另一方面，它也取得了很大的成就。对于欧亚经济联盟最佳的观察视角，并不是要将其视为区域经济一体化一般规则中的例外，而是要将其看作一个正常运转的关税同盟。这个关税同盟在向其他发达经济体所建立的区域经济一体化组织学习的过程中，不断完善，取得了一定的成功，但也面临着很多发展障碍。本文回顾了欧亚经济联盟机制的现状，商品和服务的单一市场的建设情况，成员国之间的相互贸易和投资流动状况，正在推进的消除非关税壁垒的工作，宏观经济政策的有效协调问题，建立欧亚自由贸易区网络的进展情况，共同劳动力市场的建设状况，以及五个成员国对欧亚一体化的舆论动态。

5. 万青松，万秋波:《俄罗斯外语战略简析》,《俄罗斯研究》2018年第5期。

内容摘要：从大国成长经验来看，构建本国特色的外语战略来实现国家战略目标，历来受到世界大国的重视。迄今俄罗斯已经构建起一整套外语战略体系。俄罗斯外语战略的演变历程，包括粗放型发展期、初步形成期、基本成型期和现代化升级期四个发展时期，其累积的经验对我国从战略层面整体规划中国特色外语战略，提升国家外语能力具有借鉴意义。

6. 万青松，王树春：《冷战后的国际格局博弈与中俄关系的发展逻辑》，《当代世界》2018年11月。

内容摘要：中俄两国对冷战后国际格局的认知总体上是灵活务实的，既认定国际格局多极化是不可逆转的大趋势，同时也清醒地认识到，这一进程具有复杂性、曲折性和长期性的特征。冷战后国际格局的转变深刻影响着中俄关系的变化与发展。随着多极化趋势的不断强化，中俄对两国之间的关系发展也越来越充满信心。新时期，构建一个稳定成熟、互信互利，有充分协调、应变能力以及扩展潜力的中俄关系，既有助于两国各自的复兴和崛起，也是维护多极国际格局的基石。

7. 阎德学、松里公孝：《对东正教两大常识的误读》，《俄罗斯学刊》2018年第5期。

内容摘要："东正教是国王兼教宗的宗教"，"俄罗斯正教会和世俗政府想把莫斯科变成第三罗马"这两种说法似乎成为人们的常识，但二者均没有教义上的根据，"莫斯科＝第三罗马"更是违反了大公会议决议。俄罗斯正教会并不承认上述两种说法，它并不是利用世俗权力的帮扶而获得权威性和正统性。正教会的分立与管辖区域的划分，与世俗国家的国界未必一致，这是国王兼教宗制度难行其道的根本原因。

8. 阎德学：《帝国理论视域下日本的斯拉夫—欧亚研究》，《俄罗斯东欧中亚研究》2019年第1期。

内容摘要：帝国理论是考察斯拉夫—欧亚地区过去、现在和未来政治生态变迁的一个有效视角，对于考察冷战后世界格局的变迁也较为有效，尤其对于21世纪新兴大国崛起之后的全球和地区治理方式的考察，也是一种具有说服力的理论工具。俄罗斯研究中心副研究员阎德学指出，日本斯拉夫学界盛行使用帝国理论来考察沙俄帝国和原苏联的历史，帝国理论构成日本斯拉夫—欧亚地区研究的核心理论支柱，"多法域性"成为帝国理论的核心概念。通过历史上的帝国比较研究，把清王朝、不列颠帝国和沙俄帝国看成是一种多元结构，要比看作圆锥状的帝国机构更有说服力。

9. 万青松:《冷战后美国的俄罗斯学：转型与多样化发展》,《国外社会科学》2019年第1期。

内容摘要：俄罗斯学作为一门综合研究俄罗斯这个国家和民族的学科，在多数国家都受到重视。冷战后美国的俄罗斯学发展，大体上经历了转型与多样化发展阶段。随着研究对象和范畴、研究资源的获取途径与研究队伍的变化，当代美国俄罗斯学在转型过程中开始逐渐摆脱传统研究范式的影响，在体裁、理论、方法论、研究主题等方面呈现出新特征，继续推动着当代美国俄罗斯学的发展。

10. 万青松:《冷战期间美国苏联学的发展历程考察》,《冷战国际史研究》2018年第2期。

内容摘要：二战后，随着美苏冷战拉开序幕和出于反共产主义国家的需要，在美国政府和私人组织的庞大资金和制度支持下，美国的地区和国别研究迅速发展。在此背景下，苏联学开始形成并快速发展起来。美国苏联学的发展不仅有其自身的内涵、学科范畴、方法论基础，也有强大的制度和人才基础，在其发展过程中先后形成了主导美国苏联研究的两大理论范式——极权主义和修正主义。虽然冷战期间的美国苏联研究实力堪称世界一流，但却被高度政治化和意识形态化，这决定了苏联学的发展从一开始就具有诸多的缺陷和弊端，最后因未能预测到苏联的解体而饱受诟病。

11. 荀利武:《乌克兰的族群分离与治理——以克里米亚问题为例》,《俄罗斯研究》2018年第5期。

内容摘要：自20世纪90年代初独立以来，族群分离一直是困扰着乌克兰社会转型的棘手问题。在乌克兰，各个族群因为历史原因与周边国家有着错综复杂的亲缘关系；不同族群之间也因宗教信仰、语言文化、经济差距、政府治理等因素影响而存在敏感性。俄罗斯研究中心荀利武博士就乌克兰的族群问题做了专题研究。他认为经济衰退、治理失效、社会腐败等诸多因素为地区分离主义运动积蓄了强大的动力，社会转型时期国家秩序的溃散则为分离运动提供了巨大的发展空间。在此背景下，乌克兰历届政府不同程度地推行乌克兰化政策，一定程度上降低甚至阻滞了少数族群对政府的认同，成为克里米亚分离运动的重要诱因。

12. 刘军:《中俄“长江—伏尔加河”地区合作中的投资困境研究》,《俄罗斯东欧中亚研究》2019年第2期。

内容摘要：中俄“长江—伏尔加河”地区经贸与人文合作是中俄非毗邻地区合作的新模式。在中俄两国政府的推动下，中国长江中上游地区与俄罗斯伏尔加河联邦区在经贸与人文领域的合作不断向前推进，取得了初步的成效。但是，这一中俄非毗邻地区合作的新模式也面临诸多挑战，突出表现在经贸合作落后于人文合作，投资合作落后于贸易合作，尤其是双方大型企业的投资几乎空白，表现出极大的投资困境。从俄方来看，伏尔加河联邦区面临着投资饥渴，但投资环境不佳；从中方来看，长江中上游地区大型企业有投资需求，但表现出较大的投资恐惧。如何走出投资困境，实现投资恐惧与投资饥渴的对接是中俄“两河合作”成功与否的关键所在。

13. 孙超:《中国俄苏国际问题研究的学术演进和智识革新（1978—2018）》,《俄罗斯东欧中亚研究》2019年第2期。

内容摘要：与改革开放四十年同步，中国俄苏国际问题研究在研究传统重建的基础上，不断适应崛起中国对学科专业化、现代化和国际化的需求，取得了巨大的进步。从以意识形态和社会主义国家建设需求导向到学习借鉴欧美发达国家的国际关系理论，从模仿和借鉴西方理论到建设有中国风格和特色的欧亚地区国际关系研究，从服从国家外交的对策分析导向到相对独立的研究欧亚地区各行为体“在地知识”、联动内政外交分析其内外战略，从关注战争与和平的主题到丰富细化的问题领域和规范科学的方法论意识，中国的俄苏国际问题研究展现出旺盛的生命力。尽管当前中国俄苏国际问题研究依然存在一些问题，在争夺国际话语权方面还需要进一步努力，但是在中国日益强大的今天，欧亚地区国际关系研究必然会随着中国的“智识革新”而不断进步。

（三）咨政与启民

2018—2019年，俄罗斯研究中心全体科研人员充分发挥自身的长期积累和优势，紧紧围绕着关乎国家安全与发展的重大问题，积极向中央部门提交多份高质量的咨询报告，其中多篇被中央、国家部委和上海市政府下属各机构采纳，部分报告获得国家领导人的批示，俄罗斯研究中心成员还积极完成上级政府部门的约稿任务，为我国制定外交政策提供了重要的信息参考。

在服务政府决策的同时，俄罗斯研究中心也积极通过新媒体的运用，努力服务社会，启迪民智。2019年1月6日，中心主任冯绍雷教授做客文汇讲堂“新时代大国外交系列演讲”第三讲，主讲“中俄关系：中美胶着下的新走向”。中国社会科学院学部委员、中国边疆研究所所长邢广程担任对话嘉宾，俄罗斯研究中心副主任张昕点评，俄罗斯研究中心工作人员及部分学生到场聆听讲座。本次讲座后形成的文字报道在互联网上获得较大范围传播，反响热烈。

俄罗斯研究中心将继续大力推进智库建设、学术研究、资政启民、人才培养等方面的工作，更加积极主动地对接服务国家和社会发展需要，继续产出高质量学术研究与资政服务，努力把俄罗斯研究中心建成一个国内知名、具有广泛国际影响力、以扎实学术研究为支撑的大学智库型研究机构。

黑龙江大学俄罗斯语言文学与文化研究中心

Center for Russian Philology and Cultural Study of Heilongjiang University

一、重要沿革

（一）历史沿革

黑龙江大学的俄语学科是一个具有悠久历史、在国内具有突出优势与特色的国家级重点学科，也是黑龙江省文科唯一一个A类重点加强建设学科。拥有博士、硕士学位授予权，拥有以俄语为主体的外国语言文学博士后科研流动站；拥有教育部普通高校人文社会科学百所重点研究基地——俄罗斯语言文学与文化研究中心；拥有经教育部批准的、与俄罗斯国立远东大学共建的中俄联合研究生院，并拥有与中国政府在俄设立的三个汉语中心相对应、由俄罗斯政府在中国设立的三个俄语中心之一。黑龙江大学是黑龙江省属重点大学，突出对俄特色始终是学校的工作重点，在俄语人才培养、俄语教育、理论语言学和俄罗斯文学研究、俄汉词典编撰、对俄研究、推动东北亚区域合作方面发挥着独特的作用。

1. 俄语教学

黑龙江大学俄语学科创建于1941年3月——中国人民抗日军政大学第三分校俄文队；1941年10月更名为中国人民抗日军政大学第三分校俄文大队；1941年12月更名为中央军委军事学院俄文科；1942年6月更名为中央军委俄文学校；1944年7月更名为延安外国语学校；1946年11月在东北复课，更名为东北民主联军司令部附设外国语学校；1949年1月更名为哈尔滨外国语专门学校；1953年1月，更名为哈尔滨外国语专科学校；1956年6月成立哈尔滨外国语学院，学制由3年改为4年；1958年9月起成为黑龙江大学的一个专业——俄语语言文学；2001年，俄语系改为俄语学院。

2005年经中俄两国教育部批准，中国黑龙江大学与俄罗斯远东国立大学成立中俄联合研究生学院。2011年5月成立中俄学院，旨在培养精通俄语，熟悉俄罗斯国情，具有广阔的国际化视野，通晓相关自然学科与人文社会学科专业知识，具有较强实践能力的高水平应用创新型人才。

2. 科学研究

教育部人文社会科学重点研究基地“黑龙江大学俄罗斯语言文学研究中心”成立于2001年；2010年更名为“俄罗斯语言文学与文化研究中心”；2016年9月，学校将俄罗斯语言文学与文化研究中心、俄罗斯研究院、《俄罗斯学刊》编辑部、《远东经贸导报（俄文版）》编辑部合并为“俄罗斯研究中心”；2019年6月更名为“俄罗斯语言文学与文化研究中心”。

（二）俄罗斯语言文学与文化研究中心历届负责人

2000—2008年：张家骅，中心主任

2008—2010年：黄忠廉，中心主任

2011年1—4月：薛恩奎，中心主任

2011年4月—2016年5月：孙淑芳，中心主任

2016年5月—2019年4月：李洪儒，中心主任

2019年7月：叶其松，中心副主任主持工作

二、科研成果

（一）论文

1. 马蔚云：《中东铁路“附属地”内涵及特征》，《中国边疆史地研究》2018年第4期。

内容摘要：中东铁路“附属地”这一名称不是汉语所原有，是从俄语翻译过来的。从广义来看，中东铁路“附属地”同近代列强在中国建立的租界、租借地有相似之处，它们属于一个类型。从狭义来看，中东铁路“附属地”同租界、租借地之间又存在本质的区别。中东铁路“附属地”是一个内涵十分广泛和深刻的政治经济概念，它是近代俄国向中国扩张势力的结果，但没

有丧失法律上的主权，不能简单地理解为殖民地。

2. 孙敏庆："Имидж России в современном китайском медиадискурсе и его языковая репрезентация" (на основе заголовков «Жэньминь жибао» и «Гуанмин жибао» за 2000–2017 гг.)（《中国媒体中的俄罗斯形象及其语言表征——基于2000—2017年〈人民日报〉和〈光明日报〉新闻标题的分析》），«Социология»（《社会学》）2018年第4期（期刊所属国家：俄罗斯）。

内容摘要：Настоящая статья посвящена проблеме имиджа России в современном китайском медиадискурсе. Для проведения исследования мы выбрали наиболее влиятельные официальные ежедневные газеты «Жэньминь жибао» и «Гуанмин жибао». В качестве текстов для анализа отобраны около четырёх тысяч новостных текстов из указанных двух газет за 2000–2017 гг. На основе этих текстов о России создан специальный корпус текстов. Основными методами проведения исследования являются количественный анализ, качественный анализ и дискурс2анализ. В данной статье рассматриваются тематики новостей, тональность сообщений и их статистические распределения за рассматриваемый период, в то время особое внимание обращается на особенности языковой репрезентации эмоций в новостных текстах. На основе анализа выявлен имидж России в современном китайском медиадискурсе.

3. 孙敏庆：跨文化传播视阈下电影片名翻译策略分析，《新闻传播》2018年第12期。

内容摘要：在跨文化传播过程中，翻译策略的选择，不仅取决于文本类型及其主要功能，更要考虑不同民族的语言差异和文化差异。电影片名不同一般文本类型，它所承载的商业广告功能使其翻译具有很大的自由空间。不同语言文化背景下的译者往往会采取不同的翻译策略。通过对英文电影片名的汉译和俄译情况进行定量比较分析可知，汉译体现了较强的归化策略倾向，这是语言内外因素共同作用的结果。

4. 彭玉海、彭欢：《动词语义中的预设问题探析》，《天津外国语大学学报》2018年第6期。

内容摘要：动词预设成素对于细致分析和描写动词（语句）语义信息和

语义特点极具价值。相关研究将动词相关的语法、语义、交际等因素纳入到一体化的模式中，对动词语义的预设问题展开多层面分析和讨论，揭示其在静态或动态的语义理解、语义条件下同动词语法语义、语义结构、语义变化及动词语义范畴之间的密切关系，深入挖掘它在动词语义机制中多方面的作用和表现，从一个整体化、多维性的新视角深化预设问题的探讨，有助于从预设角度推进动词语义的层级化、多维化、精细化分析。

5. 彭玉海、刁凤文:《基于莫斯科语义学派理论原则的动词范畴语义句法研究》,《俄罗斯语言文学与文化研究》2018年第4期。

内容摘要：莫斯科语义学派（MSS，The Moscow Semantic School）集成描写理论是一种新兴的、积极有效的语言研究方法论原则。本文借鉴该理论方法对汉语动词语义范畴下的具体细义或语义模式展开实证性语义句法研究。文章一方面建立起汉语物性动词语义范畴化模式，并将其界分为13个次语义类型；另一方面提出自己的形式化集成描写机制，选取其中的[111A]类物性动词为典型展开语义句法实证描写和分析。文中分析验证了自然语言语义集成描写的现实性和可行性，为汉语动词语义—句法界面理论的探索提供了一种新的分析方略和描写范式。

6. 刘锟:《文学创作记忆：巴赫金的“对话”与克里斯蒂娃的“互文性”》,《俄罗斯文艺》2018年第4期。

内容摘要：本文致力于研究当代文学批评的主要范畴，其目的是概述巴赫金（对话）和克里斯蒂娃（互文性）理论中基本概念的差异性和相似性。笔者认为，要解决这一问题，必须参考“第三个”普遍范畴——文学记忆。这一范畴揭示了提升文学分析视野的新途径，有助于纠正我们在这一领域的发展偏差。

7. 刘锟:《洛谢夫哲学美学理论的地位、影响及其接受》,《文学与文化》2018年第4期。

内容摘要：作为俄罗斯白银时代最后一位伟大的哲学家，洛谢夫的创作历程艰辛，命运多舛：其思想探索和理论著述经历了20年代的第一个高峰期，被捕流放期、蛰伏工作期，第二个高峰期，学术界接受的渐热期。他的思想体系体现出宏大的人文精神，具有跨学科的特征，在哲学、美学、符号学等不同领域都具有重要的理论建树。1988年洛谢夫去世后，尤其是20世纪90年代以来，俄罗斯国内外学术界对洛谢夫的研究如火如荼，对其美学理论的思想意义和价值的开掘也不断深入。大量的研究成果越来越证明和展现了洛谢夫重要的人文价值和卓越的学术贡献。

8. 刘锟:《俄苏精神文化史中的“洛谢夫神话”》,《俄罗斯语言文学与文化研究》2018年第4期。

内容摘要：A.Φ.洛谢夫在俄国人文科学史上堪称一个传奇或神话，这不只因为他令人惊异的人生际遇和精神坚守，主要还在于他是具有世界影响的思想巨擘，在哲学、文化学、美学、神话学、语文学、符号学和数学哲学等诸多领域，洛谢夫都是成就卓著的一代宗师，他的诸多著作被认为是这些不同领域的经典。洛谢夫对俄罗斯精神文化和哲学美学方面所作的贡献得到俄罗斯乃至西方思想界和学术界的广泛关注和认可。他所提出和试图解决的关于人类存在的根本性问题既具有民族特征，又体现出普遍性和多元性的内涵，就其深刻性、体系性和现实性来说是无可替代的。

9. 李侠、殷畅:《不定向运动动词的词典释义类别》,《俄罗斯语言文学与文化研究》2018年第4期。

内容摘要：词典释义类别是莫斯科语义学派系统性词典学中的重要概念。本文以词典释义类别理论为基础，论述不定向运动动词行事类和行为类两个词典释义类别在语义、句法上的共性和差异，借此为词典释义模式化和范畴化理论以及词典实践研究提供借鉴和参考。

10. 靳铭吉:《论汉俄语程度副词+形容词组合的发展变化》,《中国俄语教学》2018年第4期。

内容摘要：本文是作者从汉语语言现象和理论出发分析俄汉语同类语言现象的一次尝试。论文客观描述了汉俄语程度副词+形容词在组合关系上发生的变化，即从最初的汉语程度副词不能与状态形容词、绝对性质形容词和定量形容词搭配，俄语程度副词不能与关系形容词搭配，发展到近年来以上限制被不断突破，呈现出新的样态和发展趋势的新局面。论文深入剖析了这种变化产生的内外原因，并对汉俄语之间在这一问题上存在的差异作出解释。

11. 姜振军:《俄罗斯远东地区产业发展研究》,《商业经济》2018年第10期。

内容摘要：在俄罗斯远东联邦区经济结构中，工业占主导地位，各联邦主体产业规模和结构不尽相同。农业的发展对于远东地区经济社会的稳定和营造舒适的居住环境具有很大的现实意义，是该地区拓展发展空间、留住居民的基础。俄罗斯远东联邦区拥有较为丰富的能源资源，石油、天然气和煤炭的开采量逐年增加，加工能力不断增强，出口不断增加，电能生产能力和出口量持续增强，对外能源合作潜力巨大。远东联邦区森林资源丰富，但森工产业欠发达，远远落后于俄罗斯其他地区。远东地区在开展和扩大对外经贸合作方面拥有良好条件，应不断加强与外国的经贸关系，尤其是与日本、中国、韩国和美国等国家。

12. 张春新:《格罗特〈俄语词典〉述略》,《俄罗斯语言文学与文化研究》2018年第3期。

内容摘要：19世纪是俄罗斯词典编纂史上的重要阶段，19世纪末出版的由格罗特主编的《俄语词典》是这一时期俄语词典中的重要著作，本文对这部词典的编纂背景进行简要梳理，并对词典的主要特点进行简要介绍。

13. 惠秀梅:《Е.В. Падучева对俄语中带有第二格主体的否定句的研究》,《俄罗斯语言文学与文化研究》2018年第4期。

内容摘要：俄语的Трудностей не встречается和Письма не послано两类句子中，不仅否定是句子的必有结构要素，而且句中的主体通常用第二格形式。这类句子中表示主体的名词的特点和动词的语义特点都与句子的结构语义有关。

14. 沈莉华、李淑华、于小琴、王琦:《俄罗斯媒体和民众对华态度分析》,《俄罗斯学刊》2019年第1期。

内容摘要：乌克兰危机以来，随着以美国为首的西方国家对俄罗斯进行经济制裁和政治孤立，俄罗斯外交转向东方。俄罗斯对华舆情出现一些新变化、新动向。总体而言，俄罗斯对华评价越来越友好。但对中国的依赖，特别是经济依赖加深，以及对中俄经济合作的心理预期过高等多种因素导致目前俄罗斯民众对中国存在疑虑和防范心理，在中俄投资合作、旅游和劳务移民领域表现尤为突出。在此背景下，中俄应继续加强人文领域的交流与务实合作，夯实中俄关系的社会民意基础；采取切实措施加快推进中俄经济合作，尤其是中俄区域经济合作；政府高层应就两国关系中的敏感问题坦率交换意见，以增进相互理解，消除疑虑，加强战略互信，进一步深化中俄全面战略协作伙伴关系。

15. 杜依璘、滕仁:《民国初期中俄关系中的外交承认问题——以俄国承认袁世凯政府问题为例》,《西伯利亚研究》2019年第1期。

内容摘要：袁世凯出任中华民国临时大总统后，开始寻求外交承认，但在华有重大利益的帝国主义列强一直以各种理由拖延，承认问题陷入了长时间的多方交涉中。其间，俄国不但不愿意尽快承认中国的新政府，还打算借承认问题勒索更多利益。俄国联合日本逼迫袁世凯政府承认俄在中国东北以及蒙古地区的“特殊利益”，并且将对华贷款问题与承认新政府问题捆绑在一起。彼时的袁世凯政府无力反抗列强的无理要求，又急于获得它们的支持，故而选择接受其提出的附加条件。要求得到满足后，俄国才宣布正式承认中华民国新政府。

16. 信娜：“Эквивалентность в современной китайской теории перевода”（《当代中国翻译理论中的“等值”》），«Иностранные языки в высшей школе»（《大学外语》）2019年第1期（期刊所属国家：俄罗斯）。

内容摘要：В статье ставится задача рассмотреть, как трактуется понятие «эквивалентность» в современной китайской теории перевода, а также как описывается динамика трактовки термина «эквивалентность» в китайском переводоведении. Понятие «эквивалентность» является базовым понятием переводческой теории, которое обозначает относительную общность перевода и оригинала при отсутствии их тождества. В 1954 году в Китае появилась статья А. В. Фёдорова, в которой автор рассматривал теорию полноценного перевода (эквивалентности перевода). После этого китайские учёные уделяли большое внимание вопросам, связанным с понятием «эквивалентность». Статистика научных статей на тему эквивалентности в базе данных научных журналов КНР (CNKI) показывает, что в развитии теории перевода в Китае термин «эквивалентность» получил новое содержание. Об этом свидетельствует тот факт, что китайские учёные, анализируя применимость данной теории, отметили её относительный характер в практике перевода разных текстов между китайским и другими языками. Результаты статистики ключевых слов в данных статьях показывают, что в связи с развитием теории перевода в Китае возникают новые термины, обозначающие новые понятия или предлагаемые вместо уже используемых. На основе проведенного исследования автором предлагается творческое осмысление зарубежного опыта и стремление соединить его с достижениями национальной теории перевода для развития современной теории перевода в Китае.

17. 常艳："Китай и Россия в условиях нетрадиционных вызовов и угроз национальной безопасности"（《在非传统安全威胁与挑战下的中国与俄罗斯》），«Историческая и социально–образовательная мысль»（《历史与社会教育思想》）2018年第10期（期刊所属国家：俄罗斯）。

内容摘要：В данной статье автор рассматривает нетрадиционные вызовы и угрозы национальной безопасности Китайской Народной Республике и Российской Федерации. Автор отмечает, что политический и экономический потенциал этих двух стран неуклонно возрастает. Страны решили сложный пограничный вопрос, эффективно сотрудничают в рамках ШОС. В то же время, несмотря на потепление общего политического климата в регионе Северо—Восточной Азии, китайско—российской безопасности, как и международной безопасности в целом, продолжают угрожать различные вызовы нетрадиционной безопасности. К традиционной безопасности автор относит государственную, политическую и военную безопасность страны. Нетрадиционная безопасность существует относительно традиционной безопасности и включает в себя прежде всего вопросы экономики, культуры, образования, науки и техники, окружающей среды, а также терроризм; загрязнение окружающей среды; распространение наркотиков и распространение инфекционных заболеваний. Угрозы нетрадиционной безопасности имеют особенности негосударственности, невоенности, транснациональности, неожиданности и непредсказуемости, расположены к быстрым переменам и из локальных могут быстро превратиться в мировые вызовы. Именно поэтому Китаю и России жизненно необходимо сотрудничество с целью предотвращения и остановки нетрадиционных вызовов и угроз национальной безопасности.

18. 陈雪、袁国威：《新闻中专业术语特征及编辑问题研究》，《传播力研究》2019年第17期。

内容摘要：术语是新闻报道的核心。关键性术语的编辑和规范使用直接影响到新闻传播的准确性和科学性。掌握术语知识、提高术语意识有助于准确到位地传播新闻内容。准确把握新闻中术语类型、传播特点及其使用规范是新闻编辑必备的专业性要求。

19. 滕仁、杜依璘：《中华民国北京政府收回中东铁路路权序幕之探讨——兼论1917年哈尔滨俄侨夺权事件》，《俄罗斯学刊》2019年第2期。

内容摘要：1917年俄国二月革命后，在哈尔滨居住的俄人之间政治矛盾尖锐，斗争激烈，在哈尔滨中东铁路路区内爆发了一次俄侨工兵代表苏维埃试图夺取旧俄势力控制下的中东铁路路权事件。在霍尔瓦特和各协约国的一致要求之下，中国政府派兵稳定了局势并将激进官兵缴械后遣散出境，同时收回了被俄国攫取的中东铁路驻军权和设警权，拉开了中国收回中东铁路路权的序幕。该事件是俄国十月革命之后中苏（俄）两国间围绕中东铁路问题发生的第一个大事件，也是中苏（俄）交涉史中一个标志性事件。

20. 李洪儒：《交际语法视域中句子的含义组织》，《外语学刊》2019年第2期。

内容摘要：无论语言学还是语言哲学，意义是语言研究的核心命题已经成为公理。然而，意义和含义两个术语的并存说明，上述公理还需要进一步研究。本文将积极语法或者交际语法中句子的含义组织为研究对象，以点带面，进一步推动相关意义理论的发展；研究对象不仅涉及报道发出者（说话人），而且包括了报道接受者（受话人）。

21. 信娜：《俄汉术语语义隐喻化对比分析》，《俄罗斯语言文学与文化研究》2019年第2期。

内容摘要：术语多义性是对语言词汇系统所固有的多义性倾向的自然体现。从认知角度看，术语的隐喻生成在其语义结构中占据主导地位。根据George Lakoff与Mark Johnson的研究与分类，我们以方位隐喻、本体隐喻及结构隐喻三类隐喻化方式为切入点对比分析俄汉术语的语义隐喻化。俄汉术语语义隐喻化的对比分析可深入了解俄汉术语的语义构成及派生方式，也可为俄汉新术语的理解提供借鉴。

22. 靳铭吉、熊伟:《中国传统文化视阈下的俄语青年俚语现象》,《俄罗斯语言文学与文化研究》2019年第1期。

内容摘要：苏联解体后俄语青年俚语在俄语词汇系统中异军突起，给标准语带来巨大冲击并危及语言的纯净度。这既是俄罗斯传统文化中特有的矛盾性、极端对立性造成的，同时也是受国际环境影响的结果。面对这一语言现象我们可以从中国传统文化的视角来审视并提出解决方案：即重视教育、不走极端、循序渐进、重拾经典，强调守住民族文化之根，从文化入手净化人心、净化语言。

23. 李淑华、靳会新:《中俄媒体合作的现状、问题与建议》,《俄罗斯东欧中亚研究》2019年第2期。

内容摘要：俄罗斯独立后，中俄媒体从尝试交往到广泛接触，从媒体互动到战略合作，从民间往来到政府推动，经历了缓慢发展期和广泛接触期，如今进入发展的战略机遇期。无论是中国媒体还是俄罗斯媒体首先关注的都是国家利益，两国媒体合作面临的问题有：语言局限、地域制约以及认知偏差等。建立一个常态化的媒体合作机构和合作平台，着力培养媒体合作人才，经常组织专家、学者、媒体人士交流经验、商讨合作非常必要。

（二）著作

1. 周建英:《“一带一路”国别概览·乌兹别克斯坦》，大连海事大学出版社，2018年版。

内容摘要:乌兹别克斯坦共和国地处历史悠久、文化繁荣的中亚两河（阿姆河和锡尔河）流域，辉煌的波斯文明、希腊文明、东方文明、伊斯兰文明和斯拉夫文明都在这里存在过。乌兹别克斯坦拥有独具特色的自然风光、积淀千年的历史文化和勤劳智慧的人民。自然资源丰富，盛产石油、天然气、黄金、铀和棉花；拥有中亚标志性历史文化古城，布哈拉、撒马尔罕、希瓦、塔什干、铁尔梅兹等；具有与中亚所有国家相邻的地理位置优势，是中亚的运输中心。乌兹别克斯坦于1991年9月1日成为独立的主权国家，步入了新的发展时期，20多年来走了一条独特的转型道路，成为中亚地区政治、经济、文化、交通中心。本书主要从地理、简史、政治、军事、文化、社会、外交和经济等方面对乌兹别克斯坦的国情做一全面的介绍。本书撰写过程中参考了许多俄文资料，经济章节着重参考了中国驻乌兹别克斯坦大使馆经济商务参赞处的最新资料，以期做到内容全面，资料翔实，时效性强。

2. 于小琴译:《文艺复兴时期的古典传统和艺术》，中国社科文献出版社，2018年版。

内容摘要：文艺复兴别墅是文艺复兴文化重要而又典型的现象。这一现象有着深刻的古典渊源，从别墅的壁画人物和装饰个性上可以看出其鲜明的古典特征。本书详细描述并分析了15世纪佛罗伦萨别墅人物壁画的形成与发展，挖掘了文艺复兴时代壁画与古典壁画的异同，认为正是在共性基础上形成了文艺复兴郊外别墅的形象，奠定了文艺复兴别墅室内壁画的特点。文艺复兴别墅继承了古典别墅的特点，这一时代为人们有意识回归古典传统提供了条件。可以说，文艺复兴别墅的形成受多方面因素影响，但古典性是其最突出的特点。

3. 姜振军:《“一带一路”国别概览·俄罗斯》，大连海事大学出版社，2018年版。

内容摘要：俄罗斯是古丝绸之路和今天陆上丝绸之路上的重要国家之一，对于连通中国与欧洲国家的往来曾经并正在发挥着重要的桥梁作用。该书介绍了俄罗斯地理、简史，以及政治、经济、社会、文化、军事、外交等领域的相关知识，阐释了在丝绸之路经济带与欧亚经济联盟建设对接合作框架下，俄罗斯与中国开展政策沟通、设施联通、贸易畅通、资金融通和民心相通的全方位合作；中俄不断加大战略性大项目的落实力度，扩大相互投资规模，完善各种配套措施，合作日益获得高质量发展。中俄未来合作潜力巨大，前景广阔。

4. 周来顺:《俄罗斯哲学的当代审视》，中国社会科学出版社，2019年版。

内容摘要：与东西方哲学相比，俄罗斯哲学虽形成较晚，但却以独特的问题意识、理论底色、致思理路、表达方式、终极旨趣等，在世界哲学舞台上占据特殊的位置。本书立足于当代视野，对俄罗斯哲学的基本特征、俄罗斯文化的整体景观、俄罗斯哲学的典型范式、俄罗斯哲学与马克思主义、俄罗斯哲学与现代性等重大问题展开研读与审视。作者力图通过对这些重大问题的研讨，窥见俄罗斯哲学与文化的整体景观与别种魅力。

（三）学术活动

1. 黑龙江大学举行《新时代大俄汉词典》成果汇报会

2019年7月12日下午，黑龙江大学召开《新时代大俄汉词典》成果报告会。校长付宏刚，副校长于文秀，学校办公室、党委宣传部、社会科学处、重点建设与发展工作处、俄语学院、俄罗斯语言文学与文化研究中心主要负责人，《新时代大俄汉词典》编写团队，商务印书馆代表，俄罗斯语言文学与文化研究中心全体人员参加报告会。于文秀副校长主持报告会。

2009年，学校启动了《大俄汉词典》的修订工作，潘国民、郑述谱、马福聚、吴安迪四位资深专家领衔，黑龙江大学以及来自浙江大学、哈尔滨师范大学、哈尔滨工程大学的11位中青年编者参与。四代俄语人同心戮力，用10年时间完成了《新时代大俄汉词典》的编写工作。2019年3月，《新时代大俄汉词典》由商务印书馆出版。该词典收词20万条，总字数1300万字。

在本次成果报告会上，《新时代大俄汉词典》主编郑述谱教授深情回顾了词典从酝酿筹备、实际编写、编校加工，到出版问世这10年间无数个温馨感人的瞬间。他真情感谢编写团队凭借极大的专业热情与敬业精神付出的辛勤劳动，由衷感谢学校、基地、学院各级领导给予词典编写的支持与帮助。相信在新时代，黑龙江大学的俄语学科会有新的发展，在更强健的头雁引领下，定会不辜负曾经的辉煌与现实的期待，飞得更远、更高。

词典编者代表、浙江大学王仰正教授深情回忆了编写词典一路以来的艰辛历程，对于最终打磨出《新时代大俄汉词典》成品表示由衷的骄傲和自豪，希望黑龙江大学在“一带一路”的发展和促进对俄友好关系中作出更大贡献。

商务印书馆外语室郭可主任对《新时代大俄汉词典》的出版表示祝贺。她表示，《新时代大俄汉词典》是双方友好合作的又一精品成果，具有里程碑的意义。她对于俄语辞书事业的未来发展以及商务印书馆与黑龙江大学在更多领域的探索与合作充满了信心与期盼。

黑龙江大学俄语学院孙超院长代表成果相关单位对商务印书馆、参与词典工作的多位专家学者、学校领导及教职员工表示由衷的感谢。他表示，老一代学者严谨治学、相互学习的态度令人敬佩，新一代学者不断付出的精神让人感动，中青年一代面对新形势，要加强使命感和担当意识，努力把黑龙江大学俄语事业做得更好。

黑龙江大学付宏刚校长对《新时代大俄汉词典》的出版表示祝贺，对参加会议的专家表示感谢。他回顾了学校俄汉词典编纂的优良传统及主要成就，指出《新时代大俄汉词典》作为继《新时代俄汉详解大辞典》之后的又一力作，具有收词数多、适用性实用性强、译文更准确等特点。该词典必将在中俄两国交往中发挥自己独特的桥梁和纽带作用，也必将成为黑龙江大学争创世界一流学科的标志性成果。付宏刚校长对学校俄汉词典编纂今后的发展提出三点希望：一是继续发扬黑龙江大学俄语人的家国情怀和俄语辞书人精益求精的“工匠”精神，将黑龙江大学俄汉词典事业不断推向新的高峰。二是要与商务印书馆等国内外权威出版机构深化合作，将正在进行的一些选题扎实推进，保质保量完成，并且提出新的词书编纂选题。三是积极探索俄汉词典与现代科学技术手段，进一步加强俄汉词典的融媒体出版水平。

2.“中俄全面战略协作省部共建协同创新中心”在黑龙江大学揭牌

2019年6月15日，“中俄全面战略协作省部共建协同创新中心”揭牌仪式暨“首届新时代中俄全面战略协作高端论坛”在黑龙江大学举行。

黑龙江大学党委书记王永清在揭牌仪式上致辞。他指出，在中俄全面战略协作协同创新中心未来四年建设周期内，黑龙江大学将发挥好牵头作用，坚持以国家对俄战略重大需求为导向，以学科、科研和人才培养“三位一体”创新能力提升为核心任务，加强中俄政治与对外政策、中俄经济合作与地区合作、中俄人文合作等领域的战略性、前瞻性和应用性研究。进一步遴选相关领域的专家学者充实到中心研究团队当中，建成国内外结合、梯队完善、德才兼备、学风优良的人才队伍。深化机制体制改革，认真总结自身发展经验，借鉴成熟的协同创新中心的好做法，打破国际、校际、学科间壁垒，不断促进创新资源的交叉融合、开放共享，激发中心发展活力。

中俄全面战略协作协同创新中心专家、中国社会科学院学部委员邢广程围绕边疆学研究与国际问题研究，对中心未来对俄研究方向与研究方法提出了建设性的意见。他指出，要紧密结合国家政策与未来科技发展方向，建立对俄数据库；要加强与俄罗斯学者的合作，激发对俄学科发展的活力。

揭牌仪式结束后，中俄全面战略协作省部共建协同创新中心、中国俄罗斯东欧中亚研究会举办了“首届新时代中俄战略协作高端论坛”。参会人员聚焦论坛主题“回顾与展望：中俄建交70年”，围绕“中俄关系发展的历史经验”“‘一带一路’与欧亚经济伙伴关系”“中俄关系研究理论、方法创新与俄罗斯学学科建设”“中俄地方合作”四个方面议题，结合中俄关系历史与现实问题进行了广泛交流与深入研讨。

中俄全面战略协作省部共建协同创新中心于2018年12月进入教育部首批认定名单，是黑龙江省唯一获批国家级文化传承类的协同创新体，将依托于黑龙江大学俄罗斯语言文学与文化研究中心运行。作为协同创新中心的牵头单位，黑龙江大学将做好组织、协调、保障工作，与协同单位和俄罗斯学界的同仁一起为新时代中俄全面战略协作伙伴关系的发展作出贡献。

中国前驻俄罗斯大使李凤林，黑龙江大学党委书记王永清，黑龙江省社科联党组书记刘德权，黑龙江省教育厅副厅长赵广，中国社会科学院学部委员邢广程，以及来自中国社科院、现代国际关系研究院、上海国际问题研究院及四川、山东、广东、新疆等30多家单位领导和专家学者出席了本次揭牌仪式。黑龙江大学副校长于文秀主持揭牌仪式。

3.“中国苏联东欧史研究会年会”暨学术研讨会在黑龙江大学召开

2019年8月17—18日，由中国苏联东欧史研究会，黑龙江大学俄罗斯语言文学与文化研究中心、中俄全面战略协作省部共建协同创新中心、历史文化旅游学院联合主办的中国苏联东欧史研究会年会暨学术研讨会在黑龙江大学召开。

2019年是世界许多重大历史事件的周年纪念，本届年会和研讨会围绕“第二次世界大战爆发80周年”“共产国际成立100周年的历史回顾”“东欧剧变30周年”“俄罗斯东欧中亚历史上的重大历史问题研究”“中国俄罗斯东欧中亚史研究70年”等议题开展了研讨交流。

在开幕式上，黑龙江大学副校长张颖春教授代表学校对各位专家和领导的到来表示热烈欢迎。张颖春副校长回顾了黑龙江大学的发展历程，向参会的学者介绍了学校对俄办学特色及其取得的成绩。

中国苏联东欧史研究会成立于1985年，多年来团结我国从事苏联、东欧历史研究的工作者，定期召开年会，通过开展学术活动，促进我国苏联、东欧历史研究的发展，积极推动国内外中国苏联东欧史研究机构、学者的交流合作。

本次年会暨研讨会共有来自北京外国语大学、江苏师范大学、苏州科技大学、黑河学院、辽宁大学、东北师范大学、陕西师范大学、江西财经大学、北京师范大学、中国社会科学院、首都师范大学、中共中央党校、黑龙江大学、华东师范大学、西北师范大学、绥化学院、中国社会科学院大学、黑龙江省社会科学院、湘潭大学、吉林大学、北京联合大学、南京大学、清华大学、贵州师范大学、上海复旦大学、安徽师范大学、聊城大学、西北民族大学、北京大学、四川轻化工大学、中央党史和文献研究院、天津师范大学、海南大学、湖北省社会科学院、黑龙江工程学院、哈尔滨师范大学、河南理工大学、内蒙古大学、东北石油大学等全国多家大学和科研机构的100多位学者参会。在两天的学术研讨中，学者们自由发表学术观点，坦率交流不同看法，深化了中国史学界对上述领域的研究，会议取得成功。

4.“纪念普希金诞辰220周年”国际学术研讨会在黑龙江大学举行

2019年6月15日上午，“纪念普希金诞辰220周年”国际学术研讨会在黑龙江大学举行。中国社会科学院外国文学研究所副所长吴晓都，北京大学教授、普希金研究会会长李明滨，北京俄罗斯文化中心主任奥丽加·梅里尼科娃，俄罗斯国立普希金学院教授埃丽米拉·阿法纳西耶娃，黑龙江大学副校长严明，俄语学院院长孙超以及来自中俄两国俄罗斯文学界的60多位知名专家学者出席大会。大会开幕式由孙超教授主持。

国立普希金学院教授埃丽米拉·阿法纳西耶娃宣读了该院院长玛格丽特·尼古拉耶夫娜·鲁谢茨卡娅发来的贺词，她在贺词中说，黑龙江大学举办的“纪念普希金诞辰220周年”国际学术研讨会大大扩展了中俄两国的文化交流。她期待黑龙江大学在未来能够汇聚优质的资源，为新时代两国的文化交流开拓更广阔的空间。

黑龙江大学副校长严明指出，在普希金诞辰220周年之际，黑龙江大学举办此次国际学术会议，汇集国内外俄罗斯文学界专家，交流对普希金的研究成果，希望能为俄罗斯文学研究的发展提供交流的平台。黑龙江大学今后仍将以推动中国俄罗斯文学研究为己任，以培养俄语人才为目标，为中俄两国的文明互鉴、文化交流发挥促进作用。

普希金研究与俄罗斯文学发展高端论坛特别邀请莫斯科国立大学教授、《旗》杂志第一副主编娜塔利娅·伊万诺娃，北京大学教授李明滨，中国社会科学院外国文学研究所吴晓都，北京师范大学教授、博士生导师张冰，圣彼得堡国立大学教授塔玛拉·卡扎科娃，斯维特兰娜·谢利瓦诺娃，南京大学教授、博士生导师董晓，苏州大学教授、博士生导师朱建刚，国防科技大学教授冯玉芝，黑龙江大学教授、博士生导师郑永旺分别就“《自由体长篇小说》及当代俄罗斯长篇小说”“普希金研究会活动回顾”“布尔什维克与普希金崇高地位之确立——纪念普希金诞辰220周年”“尤里·特尼亚诺夫和他的《普希金传》”“作为俄罗斯童话诗创造者的普希金：源头与作家动机”“永远的普希金”“从《上尉的女儿》谈起：兼论普希金的自由精神”“斯特拉霍夫论普希金”“互文与解构：普希金小说结局篇研究”“《与普希金散步》中普希金形象的几点思考”做专题发言。15日下午举办的三个分会场的讨论分别以“普希金作品研究”“普希金影响及比较研究”“俄罗斯文学与文化前沿问题研究”等为议题，在讨论中，学者们高谈学术，亮点精彩不断，呈现了中俄普希金学及俄罗斯文学前沿问题的研究成果。

15日晚，黑龙江大学还举办了普希金诗歌朗诵晚会。中外学者们踊跃参与，表达对诗人的无限怀念之情。

辽宁大学转型国家经济政治研究中心

Research Center for the Economies and Politics of Transitional Countries, Liaoning University

一、概况

辽宁大学转型国家经济政治研究中心（以下简称“转型国家经济政治研究中心”）作为辽宁大学唯一的教育部人文社会科学重点研究基地，成立于2001年9月1日，其前身为比较经济体制研究中心，2010年12月30日经由教育部批准更名。

转型国家经济政治研究中心下设转型理论研究室、中亚经济政治研究室、俄罗斯经济政治研究室和中东欧经济政治研究室。主要研究方向为转轨经济学、俄罗斯经济政治、中东欧及中亚国家经济政治。转型国家经济政治研究中心内设“世界经济”专业和“转轨经济学”专业，均招收硕士和博士研究生，以及博士后研究人员。

二、人员情况

2001年9月，经教育部批准，辽宁大学比较经济体制研究中心作为第一批教育部人文社会科学重点研究基地成立，李平教授任中心主任（2001.09—2010.12），张军（2001.09—2006.12）、彭瑞夫（2007.01—2009.04）、王姝（2009.12—2018.12）、孟凡岭（2018.12—至今）先后任中心办公室主任。

2010年12月经教育部批准，辽宁大学比较经济体制研究中心于2011年1月1日起更名为辽宁大学转型国家经济政治研究中心，辽宁大学校长程伟教授兼任中心主任（2011.01—2016.06），徐坡岭教授任中心副主任（2011.01—

2016.06）。

2016年6月，国际关系学院院长刘洪钟教授兼任中心主任（2016.06—至今）。2018年7月，崔铮副教授任中心副主任（2018.07—至今）。

转型国家经济政治研究中心现有专职研究人员19人，其中教授6人、副教授5人、讲师（助理研究员）8人。18人具有博士学位，12人有海外留学或访学经历。转型国家经济政治研究中心研究人员围绕世界经济、转型经济学、发展经济学、比较政治制度、政治思想史、政治语言学、大国关系等方向开展研究。

转型国家经济政治研究中心内设学术委员会，程伟教授（辽宁大学）任学术委员会主任，黄泰岩教授（中央民族大学）、张宇燕研究员（中国社会科学院世界经济与政治研究所）、李永全研究员（中国社会科学院俄罗斯东欧中亚研究所）、李晓教授（吉林大学）、关雪凌教授（中国人民大学）、刘洪钟教授（辽宁大学）任学术委员会委员。

三、主办刊物

转型国家经济政治研究中心办有内部出版刊物——《转型国家经济政治动态》。该刊物以介绍独联体中东欧转型国家经济政治体制及发展动态为主。刊物的创办宗旨突出时效性，在为广大学者提供有价值的信息同时，也为政府政策制定提供咨讯服务。刊物每月出版一期，呈送国家相关部委及国内主要研究机构。2018年9月至2019年9月共出版动态13期。

四、学术活动

（一）常规学术活动

1. 每学期不定期举办学术讲座活动——“转型国家论坛”，邀请国内外科研人员及专家学者围绕转型国家经济政治研究中心研究方向做学术报告。2018年9月至2019年9月共举办“转型国家论坛”13期。

2. 每学期不定期举办学术讲座活动——“青年学者双周论坛”，邀请校内外优秀青年学者或博士研究生做学术报告。2018年9月至2019年9月共举办“青年学者双周论坛”8期。

3. 为提高“世界经济”专业和“转轨经济学”专业硕士和博士研究生的科研能力，转型国家经济政治研究中心每两周举行一次“小鸟读书会”，中心专职研究人员带领学生研读国外最新科研成果。2018年9月至2019年9月共举办“小鸟读书会”24期。

（二）学术会议

1. 2018年12月11日，由转型国家经济政治研究中心和辽宁大学俄罗斯东欧中亚研究中心联合举办的“美国中期选举后中美俄问题名家谈”学术研讨会在辽宁大学则行楼217会议室召开。开幕式由转型国家经济政治研究中心副主任崔铮博士主持，殷红教授致欢迎辞。

列席本次学术研讨会的五位专家分别是：新华社世界问题研究中心研究员、国务院发展研究中心欧亚所俄罗斯内政室研究主任盛世良教授，复旦大学国际问题研究院副院长、俄罗斯中亚研究中心主任冯玉军教授，新疆财经大学天山学者特聘教授、中国社会科学院俄罗斯东欧中亚研究所俄罗斯经济室主任徐坡岭教授，中国社会科学院俄罗斯东欧中亚研究所俄罗斯政治社会文化研究室主任庞大鹏教授，中国社会科学院俄罗斯东欧中亚所研究员、《俄罗斯东欧中亚研究》执行主编李中海教授。此次学术讲座以学术报告的形式，分五个部分对美国中期选举后的中美俄关系进行探讨，辽宁大学70余名师生参加会议。

2. 2019年6月1日，由辽宁大学和辽宁省人民政府外事办公室主办、转型国家经济政治研究中心承办、辽宁大学俄罗斯东欧中亚研究中心和波罗的海国家研究中心协办的“中东欧国家转型30年与中国—中东欧国家合作的新机遇”国际学术会议在辽宁大学召开。

辽宁省人民政府外事办公室党组成员、副主任宋岐女士，辽宁大学孙士国副校长，以及来自中国社会科学院、上海社会科学院、辽宁省社会科学院、中国国际贸易学会、中央电视台、国家税务总局温州市税务局、辽宁大学、复旦大学、华东师范大学、中山大学、大连外国语大学、西南交通大学、上海对外经贸大学等单位的近40名中方学者和来自塞尔维亚国际政治与经济研究院、斯洛伐克门德尔大学、波黑萨拉热窝大学、保加利亚索非亚大学及克罗地亚发展和国际关系研究院的5名中东欧地区学者参加了会议。

主旨发言环节由转型国家经济政治研究中心主任刘洪钟教授主持，中国国际贸易学会专家委员会副主任李永研究员和塞尔维亚国际政治与经济研究院杜斯克·吉米特里杰维克研究员做了专题报告。

专题讨论环节分别由转型国家经济政治研究中心殷红教授、中国社会科学院俄罗斯东欧中亚研究所中东欧室主任高歌研究员和转型国家经济政治研究中心崔铮副主任主持，与会学者分别围绕"中东欧国家转型30年：政治形势与经济态势""中国与中东欧国家的合作：机遇与挑战"和"辽宁省参与'中国—中东欧17+1'合作：路径与突破"三个专题分享了自己的研究成果。

来自中东欧国家的学者对中国—中东欧国家在"一带一路"倡议和"17+1"机制下的合作前景总体上持肯定态度。中外学者认为，中东欧与独联体国家地处欧亚大市场的枢纽地带，也是丝路建设的枢纽地区，无论是在贸易还是融资方面，这些国家都对中国有着较强的市场需求，也是中国与欧洲展开合作的重要试水区。中东欧国家正是中国打通欧盟后院、建设丝绸之路经济带的重要渠道和支点。着眼于中国进一步扩大开放和高质量发展的需要，中东欧地区的地缘政治形势、经贸合作前景为从事本区域研究的学者提供了广阔空间。

五、科研成果

（一）论文

1. 刘洪钟:《中日韩在中东欧地区的贸易竞争与合作：基于出口相似度的分析》,《日本研究》2018年第4期。

内容摘要：本文基于联合国UNCOMTRADE数据库，以维谢格拉德集团四国（包括波兰、捷克、斯洛伐克、匈牙利，以下简称"V4国家"）为代表测算了中日韩三国对中东欧国家的出口相似度指数，分析了中日韩在V4国家出口相似度较高的产品出口量的变化，并与三个国家同时期的出口总量变动进行比较。结论显示，中日韩三国在V4国家市场上存在着很强的竞争性，但中国对中东欧地区的出口增加并未对日本与韩国相应的出口产生挤出效应。而三个国家可以通过共同参与"一带一路"倡议，不断提升与中东欧国家的贸易水平。

2. 刘洪钟:《中日在亚洲的基础设施投资：竞争与合作》,《辽宁大学学报》2019年第1期。

内容摘要：近年来，中日两国围绕亚洲基础设施投资展开激烈竞争，双方都付出了高昂的成本代价。文章分析表明，两国对亚洲基础设施投资在政策背景、战略布局及投资主体等方面存在差异，也具有各自不同的竞争优势，但如果双方能够把握机遇，充分挖掘双方巨大的合作潜力，实现优势互补，携手在第三方市场进行基础设施投资合作，将最终实现双赢乃至多赢。两国应该把握机遇，化竞争为合作。

3. 殷红:《西方经济制裁背景下的俄欧贸易关系》,《俄罗斯东欧中亚研究》2018年第5期。

内容摘要：欧盟是俄罗斯的最大贸易伙伴，也是西方对俄经济制裁的主要实施方及俄罗斯实施反制裁的主要对象。在制裁与反制裁效果最明显的2015年，俄欧贸易额降幅近一半，因其降幅超过俄外贸总额的降幅，俄欧贸易在俄对外贸易中的比重缩小；其中，俄从欧进口的降幅超过俄对欧出口的降幅，俄对欧贸易顺差加大；2016年俄欧贸易总体形势明显好转，但相较制裁与反制裁之前仍有很大差距。俄欧贸易结构方面，资源密集型产品占比下滑，矿物燃料、食品原料等产品的贸易比重明显减少；资本和技术密集型产品的比重相对上升，其原因是其降幅不及资源密集型产品的降幅。最后，在西方经济制裁后，俄欧贸易的依赖性、互补性明显减弱，而竞争性有所提升。

4. 殷红:《俄罗斯单一型城市现状与发展政策》,《欧亚经济》2019年第1期。

内容摘要：俄罗斯单一型城市的比重较大，对国家整体经济发展的影响突出。在遭遇西方经济制裁及油价下跌的双重打击后，俄罗斯经济再次陷入危机，单一型城市的发展形势更加严峻。俄政府出台一系列促使单一型城市经济稳定以及产业多元化转型的政策，尽管其投入很大，但劳动力流失、失业加剧等主要问题依然存在，甚至加剧。一方面，在俄罗斯经济去工业化和慢性停滞的条件下解决单一型城市问题并非易事，另一方面，负责执行国家发展政策的相关部门的工作效率及其监管机制，也是影响单一型城市发展政策实施效率的关键因素，俄罗斯依然没有找到解决单一型城市问题的有效办法。

5. 曲文轶《乌克兰危机与俄罗斯地缘经济的演变》,《国际经济评论》2019年第2期。

内容摘要：因乌克兰危机与西方交恶后，俄罗斯地缘经济“向东转”成为热议的话题。本文利用俄罗斯对外贸易和吸引外资的数据详细考察了俄地缘经济的演变进程，结果发现，截至目前俄罗斯对于欧洲的实质依赖并未发生根本改变，特别是在能源和原材料的出口、吸引外资，以及对于部分关键的高科技产品的进口依赖上。与此同时，与西方地缘政治关系恶化，事实上推动俄罗斯加快了地缘经济“向东转”的步伐，尤其在进口贸易方面，亚太取代欧洲成为第一大进口来源地。中国不出所料大幅提升了在俄罗斯外贸中的份额，但在俄对外融资方面发挥的作用还十分有限。亚太地区特别是中国在资金和技术上尚无法完全替代欧洲的作用，这可能也是部分俄罗斯学者质疑“向东转”战略的原因之一。不过从更长时期考察，由世界经济重心东移亚太这一根本性因素所决定，俄地缘经济联系“向东转”的进程事实上是持续、稳定推进的。假以时日，俄地缘经济联系从根本上转向亚太将会不可逆转。

6. 谢晓光:《“积极和平主义”政策影响下的朝日关系及其走向》,《日本研究》2018年第3期。

内容摘要：影响朝日关系的因素主要有两个：一个是朝日之间的历史遗留问题，日本对朝鲜多年的侵略与殖民统治给朝鲜人民造成沉重灾难。而朝鲜要求的伤害赔偿日本则避而不谈，引起朝鲜严重不满。同时朝鲜对于“日本人质绑架”问题也含糊其辞，双方缺乏互信合作基础。另一个是朝鲜安全困境引起的现实问题。近年来，日本在“积极和平主义”政策的指导下，借口“朝鲜核威胁”来吸引国内民众对于安保问题的关注，推动“和平宪法”的修改。为了塑造“维护世界和平的大国”形象，不断对朝鲜进行施压，并和美国一起制裁朝鲜。然而日本的施压使得朝鲜不断进行核试验应对来自日美的威胁，日本想要借助朝核谈判的东风解决“绑架问题”的企图也难以实现，朝日关系陷入僵局。进入2018年以来，朝鲜调整政策转为寻求通过对话和平解决半岛问题。针对朝鲜的政策调整，日本也在“积极和平主义”的政策框架内进行了对朝政策的调整，朝日关系的发展或将迎来转机。

7. 谢晓光:《俄罗斯北极政策调整背景下的“冰上丝绸之路”建设》,《辽宁大学学报》2019年第1期。

内容摘要：俄罗斯作为共建“冰上丝绸之路”的重要一方，其北极政策的调整对中俄北极合作的开展影响深远。俄罗斯北极政策的调整使其政策更具稳定性和连续性，俄罗斯与他国在北极地区合作水平提高，北极地区基础设施和居民生活水平得到改善，北极东北航道商业运输逐渐开放，能源和航道开发成为北极政策的重点。俄罗斯北极政策调整，为“冰上丝绸之路”的提出和推进提供了更好的政策支持，开发北极航道潜力并改善了北极地区开发的条件，也促进了中俄两国的合作进一步得到发展。面对新的历史机遇，中国应该加大专业人才培养和设施投入并与俄罗斯等相关各国通力合作，为共建“冰上丝绸之路”的顺利推进和参与北极治理打下坚实的基础。

8. 谢晓光:《“冰上丝绸之路”建设中北极国际合作机制的重塑》,《中国海洋大学学报》2019年第2期。

内容摘要：北极理事会和《联合国海洋法公约》作为在北极地区最具影响力的合作机制，对北极国际合作发挥着极其重要的作用。但北极理事会作为政府间合作的高级论坛仍存在排斥域外国家、自身存在功能性缺陷以及内部矛盾难以解决的困境；而《联合国海洋法公约》存在有关北极国际合作的条款缺失、修改困难和涉及北极地区条款表达模糊而缺乏权威性等方面的不足；此外，美国北极政策走向不明、北极地区竞争加剧和北极问题多样化也使得北极国际合作前途不明。现有的国际合作机制因存在不同程度的弊端难以为北极国际合作提供保障，共建“冰上丝绸之路”对于北极国际合作的重塑有积极的推动作用，有助于克服目前北极国际合作中存在的弊端，为北极域内外国家参与北极国际合作提供平台，以国际合作来缓解北极地区的地缘政治压力并改善合作环境。在北极国际合作机制重塑的过程中，各国若利用好“冰上丝绸之路”这个合作平台，在努力整合北极现有国际合作机制的基础上共同塑造符合北极地区未来发展的合作机制，官方与民间外交相结合、促进多种合作方式协同进行，将会促进北极国际合作的进一步发展。

9. 戴利研:《双边政治关系、制度质量与中国对外直接投资》,《经济理论与经济管理》2018年第11期。

内容摘要：本文利用中国与其他国家在联合国大会决议的投票行为作为

双边政治关系的代理变量，以中国对89个国家2003—2015年对外直接投资数据为样本，分析了双边政治关系对中国对外直接投资的影响。研究表明：整体而言，中国的对外直接投资会受到双边政治关系的显著影响，政治关系的亲密有利于中国对外直接投资的增加。东道国制度质量可以降低中国对外直接投资对双边政治关系的敏感度，且制度质量的调节只能在中国对比自己制度质量高的国家投资时发挥作用。以2008年为分界点，后危机时代双边政治关系对投资的影响更加显著，双边政治关系的经济效应也会显著地受到东道国制度质量的调节。此外，中国改善与“一带一路”沿线国家的政治关系，可以促进中国的对外直接投资。

10. 戴利研：《如何应对全球不确定性新常态——来自全球主权财富基金和公共养老金的经验证据》，《海南大学学报》2019年第4期。

内容摘要：后危机时代，全球经济复苏迟缓、经济政策不确定性增强，在国际投资回报下降以及人口老龄化日益加剧的压力下，研究主权财富基金及公共养老金投资特点的异同，有助于把握二者的最新投资趋势，从而为我国主权基金海外投资提供理论与现实参考。本文基于1974—2017年全球主权财富基金与公共养老金投资数据，分别从资产配置、行业选择、地域偏好等角度对基金的投资策略进行对比分析，实证结果表明，相较于公共养老金，主权财富基金更倾向于投资发展中国家、战略行业、区域内的企业以及股权类资产，且其投资后的持股比例是主权财富基金投资与否的一个重要考量因素。在全球金融市场高波动性的常态下，二者应注重投资项目的基本面及发展前景，坚持长期机构投资者的角色定位不动摇。

11. 李家成：《日朝关系的困局与突围》，《日本研究》2018年第3期。

内容摘要：“一带一路”倡议是中国致力于构建公平合理的国际经济合作体系提出的“中国方案”，为世界共同均衡发展注入了新的动力。日本各界对“一带一路”倡议的认识也逐渐发生着转变，并正在做出积极应对。以“‘一带一路’框架下的中日交流与合作”为主题，主要从四部分进行了深入探讨。第一部分：“一带一路”倡议的战略意义与区域格局；第二部分：“一带一路”框架下的中日合作；第三部分：“一带一路”相关区域形势分析；第四部分：中国地方“一带一路”建设的新动向。

12. 李家成:《解析瓜达尔港建设的巴基斯坦国内阻力》,《区域与全球发展》2018年第5期。

内容摘要：瓜达尔港位于巴基斯坦俾路支省西南部，扼守波斯湾和霍尔木兹海峡，是中巴经济走廊的终点，也是“一带一路”规划中的重要节点。因此，瓜达尔港建设的成败直接关系到中巴经济走廊的命运乃至“一带一路”倡议的实施。但是，瓜达尔港的建设并非一帆风顺，而是遭受着来自各方的阻力。瓜达尔港建设面临的国内阻力主要有巴基斯坦国内反对势力的掣肘、俾路支分离势力的泛滥以及恐怖主义的威胁。这三大国内阻力互为表里，又相互借力，形成一个恶性循环，导致巴基斯坦国内安全问题突出、安全形势险恶，横亘在瓜达尔港的建设之路上。对此，中巴双方需要共同维护通道安全，缓解乃至消除日益增长的恐怖主义和分离主义的威胁，助力中巴经济走廊建设，使其成为中巴合作的新机遇、新亮点和新典范，从而打造中巴命运共同体。

13. 周帅:《欧亚经济联盟的发展与前景》,《唯实》2019年第2期。

内容摘要：随着苏联解体，苏联空间经济联系中断，俄罗斯为谋取世界大国地位，推动欧亚经济联盟成立，并将其视为重要战略依托，重整苏联空间，推动独联体地区一体化发展，这是继建立欧亚经济共同体后的又一尝试。不过当前欧亚经济联盟发展面临着俄罗斯主导性过强、成员国主权意识过强和外部强国吸引力大的挑战，未来伴随俄罗斯经济的持续性疲弱，欧亚经济联盟将可能慢慢融入“泛欧亚一体化”之中。

14. 周帅:《环境、经济、就业多重约束下的制造业产业结构优化调整研究——以东北地区为例》,《经济体制改革》2019年第3期。

内容摘要：制造业既是推动中国实体经济增长的重要动力来源，同时也是主要的高耗能产业，而产业结构优化调整能够有助于制造业碳排放量的降低。本文以备受环境、经济、就业多重困扰的东北地区为例，基于三维约束构建制造业产业结构多目标优化模型，采用RAS平衡法对东北三省2012年的投入产出表进行升级，并采用NSGA—II算法对模型进行求解，根据求解目标的不同侧重给出不同的优化调整方案，即环境保护型、经济发展型、就业保障型。

（二）著作

李家成:《冷战后美国亚太战略》，社会科学文献出版社，2019年版。

内容摘要：以均势求霸权成为冷战后美国东亚战略的实质。美国将自身战略定位为“离岸平衡手”，试图通过制衡地区霸权挑战国、控制地区内结盟大国来实现护持东亚霸权的战略目标。美国这一东亚新均势战略是霸权国的“分而治之”和盟国的“跟着强者走”的结合使然。冷战后美国东亚战略的地缘政治根源是打造坚不可摧的“美国堡垒”、从“担心被包围”到“进行反包围”“海权对抗陆权”传统的当代演绎。展望冷战后美国东亚战略的未来走向，我们可以察知，美国对东北亚的重视依然、对东南亚的介入加深、对华战略趋向隐蔽化：软性遏制、柔性接触、隐性融合。对此，中国的战略选择应是：“致人而不致于人”“不战而屈人之兵”“因利而制权”。

兰州大学中亚研究所

Institute for Central Asian Studies of Lanzhou University

一、重要沿革

兰州大学中亚研究所（以下简称“中亚研究所”）成立于1994年3月，是国内较早建立的中亚问题研究机构。自建所之日起，中亚研究所就以促进中国与中亚国家之间的友好关系、维护国家西北边疆安全为宗旨；坚持地方特色和国家重大需求相结合，理论和实际相结合，科学研究和人才培养相结合；为党和国家相关部门提供决策建议并培养高水平的专门研究人才为主要目标。2011年，中亚研究所被教育部批准为国别与区域发展培育研究基地。2015年以来，中亚研究所还先后被“一带一路”智库合作联盟、新疆智库成员、金砖国家智库合作中方理事会、中俄战略协作高端合作智库等智库吸纳为理事单位。

中亚研究所的研究工作兼顾基础理论与实际应用，已成为为国家重大需求建言献策的重点咨询单位，中亚研究所的科研人员被国家反恐办、中央新疆办等部门聘为政策咨询专家。2013年“一带一路”战略倡议提出以来，中亚研究所结合自身优势与特长，在“一带一路”研究中贡献甚多，研究议题包括“中亚国家参与‘一带一路’建设的现状与方向”“‘一带’核心区新疆的长治久安问题”“中南亚及中东等‘一带一路’沿线地区的安全形势变化与应对”“上海合作组织命运共同体的构建与‘一带一路’建设”等。根据2018年国家信息中心发布的《“一带一路”大数据报告》，兰州大学中亚研究所位居“一带一路”高校智库影响力第4位。

二、研究方向

长期以来，中亚研究所依托兰州大学综合性大学的多学科优势，对中亚与上海合作组织、反分裂、反恐、中国特色国际关系理论进行了全面研究，并在上述研究领域居全国高校前列。目前，中亚研究所的特色研究领域主要集中在以下几个方向：

第一，中亚及上海合作组织研究。兰州大学中亚研究所是国内较早建立的专事中亚及上海合作组织研究的专业学术机构，从政治、经济、民族、宗教、历史、文化、科教、资源环境及人口诸领域对中亚进行了综合性的研究，研究工作兼顾基础理论与实际应用。在涉中亚和上海合作组织研究方面，对中亚国家的政治、经济、社会转型，中亚国家间关系，上海合作组织在中亚地区的功能与合作，大国的中亚政策，中亚的伊斯兰极端主义、毒品、水资源、能源、矿产资源、中亚国家间边界及中亚国家的周边关系等进行了深入研究，并有一批研究成果问世，多项政策咨询报告被采纳。经过20余年的努力，兰州大学的中亚研究取得了丰硕的成果，已成为兰州大学社会科学研究领域中有重要影响的研究方向。在上述领域的研究水平和成果，居于全国高校之首、国内前列，在国内外具有较高的知名度。2019年2月，中亚研究所受聘为“上海合作组织睦邻友好合作委员会会员”单位、汪金国教授受聘为“上海合作组织睦邻友好合作委员会会员”。

第二，反分裂研究。反分裂事关国家政治和社会稳定以及制度安全，反分裂斗争的理论和实践研究，对国家稳定和发展具有重大现实意义。中亚研究所以我国反分裂斗争的实践为基础，做了大量理论探索和政策咨询工作，并取得了突出的成绩。在反分裂的理论建设方面取得的重要成绩有：提出了分裂主义的定义和分类，总结分析了分裂主义产生的原因、发展过程、行为特征；研究了分裂主义国际化的基本过程与特征及其社会危害；研究了分裂主义与国家认同的关系及其对策；较系统地提出了文化反分裂的理论和政策；系统研究了新疆分裂主义的国际环境，以及中亚地区与新疆分裂主义的关系。兰州大学中亚研究所是国内唯一一所以反分裂理论建设为重点研究方向的科研机构并取得了丰硕的成果。针对当前我国的反分裂斗争缺乏必要的理论指导的现实，在反分裂理论的研究方面做了大量的研究工作，并且注意将反分裂理论与我国反分裂的实践相结合，在构建具有中国特色的反分裂理论方面居于全国领先地位。

第三，反恐怖主义研究。恐怖主义严重影响我国的社会稳定与人民群众的生命财产安全，我国的恐怖主义具有很强的政治诉求，与伊斯兰极端主义、分裂主义联系紧密，其危害已经从新疆地区向内地外溢；境外国际恐怖主义对我国的恐怖主义和反恐斗争影响很大。本学科反恐研究紧贴国家现实重大需求，长期跟踪研究反恐理论与对策问题，在反恐方面的研究主要集中在恐怖主义的国际化、网络恐怖主义、“伊斯兰国”的意识形态构架、国际恐怖主义对我国反恐斗争的影响、伊斯兰极端化及“去极端化”等问题进行了深入研究，成果丰富。在反恐研究方向的研究成果和地位已获得学界和国家有关部门的认可，尤其在新疆的恐怖活动、中亚的伊斯兰极端—恐怖主义、各国的反恐政策、网络恐怖主义、“去极端化”研究、“伊斯兰国”研究等方面具有较广泛的影响，先后承担了十余项国家社科基金项目及有关部委委托项目，公开发表的相关成果居高校前列，相关专家被国家反恐办、中央新疆办等部门聘为政策咨询专家。

第四，中国特色国际关系理论研究。该研究方向坚持马克思主义理论为指导，将党和国家在不同时期，特别是改革开放以来对国际问题所做的判断、论述进行认真梳理和深入研究，为构建中国特色国际关系理论作出贡献。密切结合国家对外战略和对外关系不断发展变化的形势，为党和国家制定对外战略、调整对外关系、为中国的和平发展与和谐世界的构建服务。近年来，中亚研究所深入研究了中国新时期的对外战略，反对用西方国际关系理论比附中国历史经验的倾向，坚持建立中国特色国际关系理论的必要性，并对和谐世界观展开了多角度的研究。

第五，“一带一路”相关问题研究。2013年“一带一路”战略倡议提出以来，中亚研究所结合自身优势与特长主要围绕“一带一路”建设中面临的安全风险进行了多方面的研究，涉及丝绸之路经济带核心区新疆的长治久安问题、中南亚及中东等“一带一路”途径地区的安全形势、上海合作组织参与“一带一路”建设、“一带一路”沿线国家和地区的反恐等问题。

三、人员情况

中亚研究所现有专职研究人员25人，兼职研究人员6人，所长为杨恕教授，副所长为汪金国教授。

现任领导：杨恕，所长，任期：1996年至今。

汪金国，副所长，任期：2005年至今。

历任领导：杨建新，所长，任期：1994—1996年。

马曼丽，副所长，任期：1994—1999年。

（一）中亚及上海合作组织研究团队

1. 杨恕，职务：中亚研究所所长，职称：教授，主要研究方向：中亚问题研究、上海合作组织研究；
2. 张宏莉，职称：教授，主要研究方向：中亚问题研究、上海合作组织研究；
3. 王四海，职称：教授，主要研究方向：中亚问题研究、上海合作组织研究；
4. 陈小鼎，职称：教授，主要研究方向：上海合作组织研究；
5. 焦一强，职称：副教授，主要研究方向：中亚国家转型研究；
6. 李亮，职称：师资博士后，主要研究方向：上海合作组织研究；
7. 王术森，职称：师资博士后，主要研究方向：中亚地区安全研究。

（二）反分裂主义研究团队

1. 李捷，职称：教授，主要研究方向：反分裂理论；
2. 周长鲜，职称：副教授，主要研究方向：中国政治发展；
3. 肖涵，职称：副教授，主要研究方向：政治学与行政学；
4. 曹伟，职称：讲师，主要研究方向：反新疆分裂研究；
5. 张玉艳，职称：讲师，主要研究方向：反新疆分裂研究；
6. 蒋海蛟，职称：讲师，主要研究方向：族群冲突研究；
7. 罗铁轩，职称：讲师，主要研究方向：政治思想史。

（三）反恐怖主义研究团队

1. 汪金国，职务：中亚研究所副所长、兰州大学政治与国际关系学院院长，职称：教授；主要研究方向：中—南亚恐怖主义；

2. 朱永彪，职务：兰州大学“一带一路”研究中心主任，职称：教授，主要研究方向：中—南亚极端主义研究；

3. 郭琼，职称：副教授，主要研究方向：中亚极端主义研究；

4. 周明，职称：副教授，主要研究方向：中—南亚极端主义研究；

5. 桑溥，职称：讲师，主要研究方向：“一带一路”安全问题研究。

（四）中国特色国际关系理论研究团队

1. 曾向红，职务：兰州大学政治与国际关系学院副院长，职称：教授，主要研究方向：国际关系理论、中亚安全研究；

2. 马国林，职称：副教授，主要研究方向：国际关系理论研究；

3. 杨辰博，职称：副教授，主要研究方向：国际冲突与内战；

4. 葛伟，职称：副教授，主要研究方向：国际政治经济研究；

5. 陈一一，职称：副教授，主要研究方向：国际冲突与内战；

6. 高婉妮，职称：讲师，主要研究方向：美国亚太战略研究；

四、主办刊物

《中亚研究》（辑刊）由中亚研究所于2014年创办，社会科学文献出版社出版，目前为半年刊，国内外公开发行。《中亚研究》主要刊发与中亚、上海合作组织、阿富汗、反恐等问题相关的学术论文，主要涉及但不限于外交、安全、政治、经济、历史、文化等问题。

《新疆问题研究通讯》（内刊）创刊于2017年1月，主要刊发国内外涉新疆问题的研究成果，包括原创成果与翻译作品。目前一年发行4期，主要面向国内关心新疆问题的学人。

五、学术活动

中亚研究所参与举办的第七届国际安全研究论坛暨“百年国际关系学与安全问题研究”学术研讨会于2019年8月16—18日在兰州大学举行。来自清华大学、复旦大学、南京大学、同济大学、外交学院、对外经济贸易大学、国防科技大学、南开大学、北京外国语大学、四川大学、西安交通大学、中国政法大学、吉林大学、武汉大学、中山大学、中共中央党校、中共福建省委党校、以色列巴伊兰大学、《吉林大学学报》编辑部、《东北亚论坛》编辑部、时事出版社、中国社会科学出版社等65家国内外知名科研机构的共计百余位专家学者出席此次会议，共同围绕“百年国际关系学与安全问题研究”这一主题进行学术研讨。旨在回顾国际格局的百年风云际会，梳理国际关系学的百年演变历史，探讨新时代中国国家安全研究的新态势与新方略，并展望国际安全研究的趋势与前景。

2018年9月13—16日，兰州大学政治与国际关系学院、中亚研究所联合清华大学“一带一路”战略研究院举办的“助力丝绸之路经济带建设——阿拉山口开放与发展”系列讲座活动在新疆阿拉山口市举行，讲座得到了阿拉山口市委市政府的大力支持，来自北京、上海、兰州、西安、乌鲁木齐、重庆等地的32位专家学者和阿拉山口市各部门的代表共计百余人应邀参加了此次讲座活动。本次讲座活动邀请了来自清华大学、兰州大学、复旦大学、中央民族大学、上海外国语大学、华东师范大学、中国现代国际关系研究院等单位的专家、教授，分别围绕“全面开放阿拉山口”“‘一带一路’视野下中国与中亚的经贸合作与趋势”“‘丝绸之路经济带’建设与中亚国家对接合作——机遇与挑战”等主题为阿拉山口市的全体领导干部进行了授课。中亚研究所焦一强副教授做了题为“‘丝绸之路经济带’建设与中亚国家对接合作——机遇与挑战”的讲座。系列讲座结束前，兰州大学政治与国际关系学院院长、中亚研究所副所长汪金国教授与阿拉山口市人民政府阿力木江·肉孜分别代表两家单位签订了合作备忘录。

六、科研成果

（一）著作

1. 周明、曾向红:《恐怖主义的最新演变及其理论解释》，中国社会科学出版社，2019年版。

内容摘要:“伊斯兰国”的突然崛起与迅速崩溃，是21世纪国际恐怖主义发展过程中一个令人侧目的现象。尽管“伊斯兰国”的实力已遭到严重削弱，但其对地区与国际和平与稳定造成的冲击持续至今。本书将“伊斯兰国”的崛起与衰落置于国际恐怖主义浪潮的演变之中予以研究，其中重点比较了“基地”与“伊斯兰国”在组织结构、行动战略、意识形态、动员能力等方面的异同，并从理论角度解释了这些差异出现的原因。相对于国内外研究国际恐怖主义，尤其是“伊斯兰国”的其他成果，本书的特色在于综合运用了社会运动理论、承认理论、社会演化理论、本体安全理论等理论视角，对国际恐怖主义的最新演变做了系统深入的分析。

2. 杨恕、焦一强译:《哈萨克斯坦民族与文化史》，民族出版社，2018年版。

内容摘要：该书系马萨诺夫教授、阿贝尔霍任教授、耶罗费耶娃教授、阿列克先科教授、巴拉托娃博士合作完成，中文版根据哈萨克斯坦戴克出版社2001年版译出。

3. 李捷:《世界暴力极端主义实践与理论研究》，中国社会科学出版社，2018年版。

内容摘要：该书聚焦近年来伊斯兰极端主义所驱动的暴力和恐怖主义及其对世界和平与安全构成的重大威胁这一议题。特别是随着中东强人政治垮台和“阿拉伯之春”后西亚北非局势的剧变，“伊斯兰国”“胜利阵线”“博科圣地”等极端组织迅速崛起，掀起了以极端主义为核心意识形态的新一轮恐怖主义浪潮并肆虐至今。本书围绕暴力极端主义的意识形态、认同政治机理、全球扩散及影响等前沿性问题作出了深入探讨，对维护国际安全、推进“去极端化”工作具有积极意义。

（二）论文

1. 李捷:《东南亚地区反恐去极端化的理念与举措》,《光明日报》2019年8月17日第7版。

内容摘要：在反恐去极端化工作中，东南亚各国结合本国国情确立了符合自身实际的治理方案，实施去极端化干预，同时通过广泛的政治、法律、社会、教育、经济政策和措施，预防极端主义扩散。在严厉打击恐怖主义和极端主义的基础上，虽然各国去极端化的具体政策存在一定差异，但是刚柔相济的治理理念、防范和干预并进的治理举措体现出去极端化探索的重要共性。

2. 曾向红、陈科睿:《理解恐怖分子的行为激进化：一个整合性分析框架》,《国际安全研究》2019年第4期。

内容摘要：当前在对恐怖分子激进化的分析中存在“激进化是否遵循线性的发展道路”和“思想激进化与行为激进化的区分是否必要”的争议，导致对激进化的理解存在困惑。在坚持非线性组织方式、思想与行为二分法的基础上，构建了一个分析恐怖分子行为激进化的整合性分析框架，即对经验研究中的推动、拉动和中介因素进行了区分和统合。推动因素表现为个体或群体的失控、焦虑、羞辱、不满、怨恨等负面情绪，拉动因素表现为恐怖组织提供的“圣战”、重建“哈里发国”“末日决战”等极端主义意识形态；而人际网络、虚拟网络与大众传媒在行为激进化中发挥着中介因素的作用。理解恐怖分子的行为激进化具有一定的理论与现实意义。就理论意义而言，可以借此探究恐怖主义的产生原因。就现实意义而言，从负面情绪、意识形态、网络与大众传媒三个方面对恐怖主义进行整合性治理，能提高恐怖主义全球治理的有效性。

3. 周明、雷环瑞:《“伊斯兰国”对圣战萨拉菲思想的继承与“伊斯兰国化”》,《国际安全研究》2019年第4期。

内容摘要：作为“圣战萨拉菲主义”的一部分，了解“伊斯兰国”的意识形态，需要探究其与圣战萨拉菲思想之间的关系。由于涉及大量宗教内容，学界在此问题上的讨论略显不足。“伊斯兰国”在继承圣战萨拉菲思想的认知与行动体系基础上杂糅了其他伊斯兰思想，展现出了自身特色，但并未在神学上展示出重大创新。就其产生的国际动员能力以及网络影响力而言，“伊斯兰国”取得了相当成功。但其退出“基地”组织、挑战“基地”组织恐怖主义领导者地位的做法，显现了各恐怖组织之间的矛盾。“伊斯兰国”的迅速崛起，可能引发其他恐怖组织的模仿，激发各组织间的竞争，进而使整个萨拉菲恐怖主义陷入派系斗争或过于极端，从而削弱萨拉菲恐怖主义。

4. 曾向红：《欧亚秩序的套娃模式：地区分化及其影响》，《世界经济与政治》2019年第5期。

内容摘要：在欧亚地区，由于行为体之间错综复杂的关系，该地区形成了一种类似于俄罗斯套娃的秩序模式。最外层的“套娃”是俄美在全球层面进行的竞争和合作，第二层“套娃”是俄美在欧亚地区的互动以及该地区国家与非国家行为体分别与俄美两国所形成的互动关系，第三层“套娃”则是国家与非国家行为体在国家层面形成的关系模式。欧亚地区三个层次的“套娃”是相互影响的，俄美在第一层次的互动会传导和影响第二、第三个层次，反之亦然。同样属于欧亚地区，之所以高加索和东欧次区域的套娃秩序远没有中亚次区域稳定，主要原因在于，高加索和东欧次区域的国家往往会借助西方国家的力量制衡俄罗斯，而中亚次区域的国家则倾向于对俄罗斯采取对冲或追随战略。前者容易导致高加索和东欧次区域出现以俄罗斯及其追随者（包括地区内的非国家行为体）为一方，西方国家与地区国家为另一方之间的激烈对抗；而后者则会出现俄美与地区国家联合反对非国家行为体，或俄罗斯联合地区国家反对非国家行为体以及这些非国家行为体与西方之间形成的松散联盟。由于实力对比的差异，中亚次区域出现的更多是各方行为体之间的摩擦或龃龉，很少上升到集团对抗的高度，从而能有效保证套娃秩序的稳定。

5. 曾向红、李琳琳：《身份焦虑与偏好伪装——2016年美国大选期间民调偏差的社会心理机制研究》，中国社会科学出版社，《世界政治研究》2019年第1辑。

内容摘要：2016年美国大选颠覆了美国主流媒体和民调机构的预期，特朗普在外界一片唱衰声中爆冷击败希拉里成功入主白宫。出乎意料的选举结果引发了美国国内甚至国际社会的热烈讨论。对于此次大选民调出现偏差的原因，目前的相关研究仍主要集中于选举人团制度的不合理性及民意调查运作过程的不科学性两方面。值得注意的是，既有研究忽略了特朗普的支持率在选举期间和实际结果之间存在较大差距这一重要事实。从选民个体的心理因素出发，可以发现特朗普的胜选有着相当坚实的民意基础。美国白人中下层民众在20世纪中后期以资本为主导的全球化进程中，由于财富分配不均、传统文化价值观受到冲击、族裔矛盾加剧个体的不安全感而产生了经济、文化和安全层面多元的身份焦虑，这些深受焦虑之苦的中下层白人构成了助推特朗普当选美国总统的重要力量。而民调之所以未能准确预测其胜选，原因在于明确表达支持特朗普所带来的或假想的社会压力使部分选民进行了偏好伪装。偏好伪装现象在国际社会中广泛存在，这使得研究者或民意调查机构等行为体通过调查方法来预测和解释社会趋势变得更加复杂和困难，也促使我们对西方民主进程进行反思。

6. 陈小鼎:《“一带一路”开创中意关系新格局有效促进欧亚大陆互联互通》,《中国社会科学报》2019年5月16日。

内容摘要：未来，中意两国要全面落实“一带一路”合作谅解备忘录，秉持“共商、共建、共享”的合作理念，遵循开放、透明的合作原则，深入对接泛欧交通运输网（TEN–T）、“北方港口建设”“投资意大利计划”等规划，深化在港口、物流、海运等领域的务实合作，持续推动人文合作，增强战略互信，谱写中意合作新篇章，更好地造福中意两国人民和当今世界。

7. 曾向红、陈明霞:《承认理论视角下的卡塔尔外交危机研究》,《兰州大学学报》（社会科学版）2019年第2期。

内容摘要：2017年6月5日，以沙特为首的中东多国以卡塔尔支持恐怖主义、干涉他国内部事务、破坏地区稳定等为由，切断了与卡塔尔的外交关系，卡塔尔一时之间陷入地区孤立。用承认理论来分析该事件的前因后果，可为理解卡塔尔与沙特之间冲突的深层原因提供一种有益的视角。从卡塔尔一方来看，其出于身份转变的需要而展开的对于“薄的承认”与“厚的承认”的追求行为，破坏了与沙特之间原本稳定的“例行公事”的承认关系，导致卡、沙之间出现承认危机。而从沙特的角度来看，为了恢复此前其与卡塔尔之间的承认关系，遂针对后者开展了承认斗争，卡塔尔断交事件由此爆发。卡塔尔断交事件只是卡塔尔与沙特之间承认斗争互动的一部分，将其置于卡、沙之间承认斗争的整个互动链条中，有助于更好地理解其产生根源及演变趋势。

8. 杨恕、李捷:《当前世界分裂主义的类型与驱动因素分析》,《兰州大学学报》（社科版）2019年第1期。

内容摘要：在当前的国际社会中，分裂主义仍然是国家主权与领土完整强有力的挑战。随着国际秩序及相关国家内部政局的变化，世界分裂主义在加速发展的同时亦呈现多样化的特征。除了传统型的分裂主义，分裂势力在意识形态和行为方式上进一步多元化。在推动因素方面，民族主义、经济和政治因素依然在起作用，而宗教极端主义作为一种新的动力，正在造成越来越大的影响。

9. 李捷、张露:《论国家统一中的文化认同问题》,《兰州大学学报》（社科版）2019年第1期。

内容摘要：文化认同是群体建立和维系的内核，国家与其域内的族群、地域等群体在文化认同中呈现“一体多元”的面貌。分裂势力的认同政治试图在文化层面上消解国家文化认同、挑战国家统一。原生主义和建构主义两种理论范式均分析了文化认同与认异在分裂主义认同政治中的形成与作用。以此为基础，群体间的文化差异和文化隔离不断发展，进一步导向群体对立。在精英势力的政治动员中，最终可能成为分裂主义的基础和动力。所以，加强国家文化认同建设，无疑是反对分裂主义、维护国家统一的紧迫任务。

10. 陈小鼎、王翠梅:《扩员后上海合作组织深化安全合作的路径选择》,《世界经济与政治》2019年第3期。

内容摘要：安全合作是上海合作组织诞生和发展的动力。扩员后如何深化安全合作成为上海合作组织迫切需要应对的现实问题。作为区域合作平台，上海合作组织成立的初衷和基本功能无疑是满足成员国对公共产品的需求。与此同时，区域公共产品的有效供给是上海合作组织可持续发展的关键所在。扩员前，上海合作组织区域安全公共产品建设虽取得了一定成效，但组织定位、组织认同与制度整合三大困境使得公共产品供给不足，制约了成员国之间安全合作的成效与前景。随着印度和巴基斯坦两国的加入，上海合作组织区域安全公共产品的供求关系出现了新的调整，推动着安全合作模式向新的形态演变。基于此，深化安全合作的关键在于：破解现有困境，对接成员国的共同安全需求，形成完善有效的区域安全公共产品供给机制。上海合作组织有必要进一步明确组织定位、培育组织认同、深化与域内其他安全机制之间的合作，通过发挥中俄的主导国作用、协调供求关系、对接“一带一路”等路径来整合新老成员国的利益诉求，提升区域安全公共产品的供给水平。

11. 朱永彪:《美国撤军计划搅乱阿富汗局势》,《世界知识》2019年第7期。

内容摘要：2018年10月，美国开始与阿富汗塔利班进行谈判，迄今为止至少进行了五轮接触，但塔利班尚未与阿富汗政府有过实质性会谈，美国与塔利班的谈判也存在变数，这也使得美国的撤军计划仍存不确定性。但各方对阿富汗局势的再思考就已被搅动起来，这其中不能不看到美国撤军给相关国家参与地缘政治博弈提供的新机会和“合法性”。

12. 陈小鼎、王翠梅:《周边国家应对中国崛起的战略选择：一种基于制衡能力和制衡意愿的解释》,《当代亚太》2019年第1期。

内容摘要：随着实力的持续提升，中国周边外交面临着迫切的转型升级压力。当前，以美国为首的域外大国对中国周边地区的介入已经呈现一种常态化的趋势，周边国家的战略自主性成为解释其对华战略差异的重要变量。在如何应对中国崛起的战略选择上，周边国家之所以呈现明显的差异性，关键在于制衡能力与制衡意愿的不同强度。结合区域特性，周边国家的对华战略大体可以区分为制衡、调适、投机和对冲四种类型。具体而言，若周边国家同时具有较强的制衡能力和制衡意愿，实施制衡行为的条件和动机同时具备，则倾向于制衡，如日本；若只有较强的制衡能力而没有相应的制衡意愿，则倾向于调适，如俄罗斯；若制衡能力较弱而制衡意愿强烈，则倾向于投机，如越南；若制衡能力和制衡意愿都较弱，则倾向于对冲。对冲战略在竞争型和合作型周边次区域权力格局下分别体现为“两难型”和“兼得型”对冲，分别如韩国和哈萨克斯坦。通过考察这五个周边国家对于“一带一路”的差异化回应，基本验证了上述分析框架的适用性。鉴于此，中国应当细化周边外交的政策选项，对接周边国家的个性化需求，进一步强化崛起正当性，提升区域治理能力，开拓周边外交的新格局。

13. 焦一强:《〈里海法律地位公约〉的签署及其影响》,《国际问题研究》2019年第1期。

内容摘要：苏联解体后里海地缘政治格局发生巨大变迁，以法律地位和权益分配为争议焦点的里海问题急剧凸显并得到国际社会广泛关注。里海法律地位之争只是表象，利益之争方为实质。在美国退出伊核协议及其对伊制裁、俄美关系持续恶化及两国在中东地缘政治角逐与博弈、里海沿岸各国利益诉求得到满足等因素推动下，里海沿岸五国于2018年8月签署《里海法律地位公约》。该公约为调解地区事务奠定了法律基础，对于确保里海安全稳定、促进地区能源格局转变、构筑地区新型合作关系将产生积极影响。与此同时，该公约仍是在特殊国际背景下签署的框架性法律文件，其未来落实情况及对地区形势变化的影响，仍有待进一步观察。

14. 曾向红：《“通”中之重：“丝绸之路经济带”建设在中亚》，《当代世界》2019年第2期。

内容摘要：中亚地区由于特殊的地缘位置和对中国而言极为重要的战略意义，成为“一带一路”建设的“通”中之重。近年来，“五通”建设在中亚取得了令人瞩目的成效，中国与中亚国家关系进一步拓展并形成了利益交融与合作共赢的新格局。“一带一路”国际合作涵盖多领域和多层次，整体上呈现从以点带面、从线到面逐步走向区域大合作的积极发展态势。不过，随着“一带一路”的纵深推进，中亚国家一些民众的负面认识有所体现，域外国家对中国在中亚影响力持续上升的猜疑未明显缓解，中国未来需要妥善应对这些问题。

15. 朱永彪、童雁：《文化融入策略与恐怖组织的认同》，《国际安全研究》2019年第1期。

内容摘要：恐怖组织的认同构建过程可分为三个阶段：个体恐怖分子在群体中找到自我、组织内部同一性的构建以及组织一致对外的恐怖主义活动。在整个认同构建过程中，始终贯穿着恐怖组织内外群体文化融入策略选择的矛盾，具体表现为：第一阶段，潜在恐怖分子在主流文化中认同受挫，转而寻求加入恐怖组织。第二阶段，恐怖组织以自身所处的宗教文化为基础，构建其组织文化，并积极通过各种方式加深组织成员对这一文化的认同，但与此相对，恐怖组织外群体却很难认同其组织文化。第三阶段，恐怖组织内外群体文化融入策略选择的矛盾持续激化，最终导致恐怖组织采取一致对外的恐怖主义活动。通过“伊斯兰国”作为案例，对上述恐怖组织的认同过程进行分析后发现，“伊斯兰国”的“成功”是与其“成功”的文化融入策略密切相关，而其在阿富汗的受挫，在很大程度上也是由于文化融入策略“失当”

所导致的，即“伊斯兰国”在阿富汗不但无力完成与塔利班的竞争，而且无法解决组织面临的跨文化冲突问题。因此，在打击“伊斯兰国”等暴恐极端势力时，关注文化融入策略的影响并有针对性地采取对策，具有重要意义和价值。

16. 曾向红:《上海合作组织研究的理论创新：现状评估与努力方向》,《俄罗斯东欧中亚研究》2019年第1期。

内容摘要：上海合作组织成立17年来，实现了对国际关系理论和实践的重大创新。然而，按照严格的学术标准，国内外学术界关于上海合作组织的研究并未在理论创新上取得明显进展。与之相反，国内外关于上海合作组织的多数研究成果属于描述性研究，学理性研究成果不仅数量较少，而且创新程度也有待提高。大体而言，要实现对上海合作组织研究的重大理论创新，可从概念创新和理论创新等方面入手。相对而言，概念创新是一条难度较小且更切实可行的研究路径。鉴于学术概念创新具有自身的提出路径和逻辑理念，在此过程中学术界需要注意的是，要使提炼出的学术概念能有效反映上海合作组织在实践层面的创新；在避免简单模仿的同时，要体现出独创性，并使提出的概念具有一定的普遍性；在学术概念得到学术共同体的认可之后，政界有必要对学术概念的创新予以支持。此外，本文结合上海合作组织发展的历程，尝试性地提出上海合作组织的发展经验可被视为一种“基于承认的地区合作模式”。该概念不仅能较好地总结上海合作组织在实践方面的创新，而且可以运用到对其他地区合作组织的分析中。至于如何基于这一概念实现上海合作组织研究的理论创新，学术界可就此展开进一步的讨论或研究。

17. 李捷、张露:《融合发展：新时代中国反分裂斗争中主体性建设的重要安排》,《统一战线学研究》2018年第6期。

内容摘要：人民是历史的主体，也是维护和实现国家统一的主体。新时代我国维护和实现国家统一面临的严峻挑战，使得融合发展成为新时代中国反分裂斗争中主体性建设的重要安排。作为民本思想的综合体现，融合发展强调国家统一主体性及经济社会一体性的建构。新时代反分裂斗争中融合发展的思路，已经从两岸关系领域推广到粤港澳大湾区建设、边疆治理、中华民族共同体、与周边国家命运共同体建设等广阔层面。在反分裂斗争的语境中，融合发展既彰显了人民主体性建构的内在逻辑，也在此基础上为加强国家认同建设提供了现实路径。

18. 焦一强、陈烨:《“后卡里莫夫时代”中亚地缘政治新变化——基于乌哈合作的分析视角》,《俄罗斯东欧中亚研究》2018年第6期。

内容摘要：2016年9月2日，乌兹别克斯坦连续执政27年的卡里莫夫总统因病突然去世，引发国际社会对乌兹别克斯坦国家走向及中亚地缘政治格局变化的极大关注。随着米尔济约耶夫总统上台执政以及奉行积极有为的中亚政策，中亚出现了诸如地区国家关系不断升温、历史遗留问题趋于解决、地区一体化重启迹象明显等一系列地缘政治新变化。中亚地缘政治新变化很大程度上与地区大国乌哈积极合作的推动作用高度关联。目前，中亚地缘政治发展变化尚处在重塑阶段，未来走势如何仍将面临极大的挑战与不确定性。但是，中亚地缘政治新变化无论是对地区政治稳定与经济合作，还是对中亚地区“一带一路”建设，都已产生了积极而深远的影响。

19. 焦一强、崔嘉佳:《乌兹别克斯坦政权平稳过渡原因及影响》,《俄罗斯学刊》2018年第6期。

内容摘要：长期以来，国内外学界，尤其是西方研究中存在着一种危险话语和偏见，认为“后卡里莫夫时代”乌兹别克斯坦会因政权交接发生暴乱，且会波及中亚。但超乎预料的是，该国顺利实现了政权平稳过渡。其深层动因就国内而言，反对派实力弱小、大规模利益集团缺失以及卡里莫夫高超的族群派系平衡手段，使得乌兹别克斯坦在政权交接关键时刻难以形成对精英政权博弈构成挑战的政治力量；就外部来看，卡里莫夫奉行不与大国过分亲近的等距离多元平衡外交，使得外来力量在政权交接过程中难有机会对乌兹别克斯坦内政进行干涉。乌兹别克斯坦政权平稳过渡从根本上保障了中亚地区持续稳定的政治与安全局面，从而促使地区地缘政治格局发生积极变化，对“一带一路”建设和上海合作组织深化发展具有深远意义。

20. 曾向红:《欧盟与其成员国对“外籍战士”回流的应对研究》,《云南大学学报》2018年第6期。

内容摘要：当前欧盟面临较为严峻的反恐形势，其中参与“伊斯兰国”等极端组织的“外籍战士”回流是衍生出这一问题的部分原因。屡发的恐怖袭击和“外籍战士”规模的庞大，不仅让欧盟及其成员国政府忧心忡忡，而且也在内部形成了支持欧盟及各国政府采取“例外”措施应对此问题的社会舆论。在此背景下，近年来欧盟及其成员国加快了行动步伐，尝试在境外采取军事行动、没收护照和取消国籍、加强边界防御进行拦截、进行逮捕审讯、开展去极端化项目、发展间谍以获得情报等方面入手应对“外籍战士”的回流。不过，由于时间紧迫、问题严峻，欧盟及其成员国在较短时间内密集出台的措施存在或多或少的问题。如强力措施不仅带来了侵犯人权和其他不可预知的负面后果，而且还可能恶化世界其他地区和国家的安全形势；而去极端化项目和发展间谍不仅成本高昂，而且很难保证极端分子的去激进化过程不会发生逆转，即难以确保相关措施的效果。当然，尽管欧盟及其成员国应对“圣战”回流人员所采取的措施存在一些问题，但也有不少可借鉴之处。

21. 朱永彪、魏丽珺:《周边大国博弈背景下的巴阿局势》,《南亚研究》2018年第4期。

内容摘要：巴基斯坦和阿富汗的关系向来不稳定，目前巴阿边境问题、巴基斯坦“支恐”问题、阿富汗难民问题以及贸易限制等问题是巴阿关系中的主要矛盾。巴阿局势动荡的背后有美国、俄罗斯、印度、伊朗和中国等周边大国竞争与博弈的影响。大国在巴阿问题上的博弈既有互相冲突之处，也有共同利益可寻，这为巴阿局势带来更大的变数。巴阿关系在多项议题上的特点是互不信任，第三方是巴阿关系发展中的关键因素，巴阿局势的缓和需要两国努力取得更多的互信，更需要在地区博弈者之间建立更广泛的对话机制与信任。

22. 李捷、靳晓哲:《转型与升级：近年菲律宾南部恐怖主义发展研究》,《国际安全研究》2018年第5期。

内容摘要：在“伊斯兰国”席卷全球的背景下，作为伊斯兰世界重要的外围区域之一，东南亚地区恐怖主义的发展模式与路径值得进一步研究与关注。自20世纪70年代以来，由于历史、宗教等矛盾的交织，尤其是中央与地方政府的矛盾，菲律宾南部爆发了声势浩大的摩洛人分离运动。此后，菲律宾南部分离型恐怖主义逐渐向极端型恐怖主义“转型”，并在地区恐怖主义中扮演重要角色。进入21世纪，随着全球反恐战争的展开，东南亚地区恐怖主义一度沉寂。2014年“伊斯兰国”的崛起，给东南亚地区恐怖主义的复兴注入了新的“活力”。在“伊斯兰国”的直接影响下，以阿布沙耶夫组织等为代表的菲南恐怖主义再度“升级”。在“伊斯兰国”与地区恐怖分子的参与、回流下，出现了马拉维武装对峙事件，同时也标志着菲南恐怖主义的国际化“升级”。未来，菲南地区的恐怖主义区域化与国际化互动可能进一步加强，马拉维武装对峙模式亦可能在其他地区被复制或模仿。要彻底解决菲南问题，不仅需要妥善处理国内的分离主义问题，还需有地区、国际层面的反恐支持。

23. 杨恕、王术森:《“双重身份”国家在“一带一路”建设中的独特作用》,《新丝路学刊》2018年第2期。

内容摘要:“一带一路”沿线存在这样一些国家，它们既在“丝绸之路经济带”上，又在“21世纪海上丝绸之路”上，我们称之为“双重身份”国家。这些国家凭借其独特的地缘政治、经济特征，在“一带一路”建设中发挥着重要作用。本文主要选取了南亚和中东两个地区，分别对印度、巴基斯坦、伊朗、伊拉克、土耳其五个“双重身份”国家在“一带”与“一路”联通中的作用进行了分析。研究表明，充分发挥“双重身份”国家的地缘优势和资源优势，对实现“一带”与“一路”的对接具有重要意义。同样,“双重身份”的特征也让这些国家有更多参与“一带一路”建设的积极性。

24. 焦一强:《由认知分歧到合作共识：中俄“一带一盟”对接研究》,《当代亚太》2018年第4期。

内容摘要:“丝绸之路经济带”和“欧亚经济联盟”是中俄两国当今各自提出的重大发展倡议。“一带”建设能否顺利实施，很大程度上取决于俄罗斯的立场与态度。对“一带一盟”及其对接合作的认知评价，中俄学界存在不同的观点与看法。文章借助不对称性相互依赖理论，研究中俄“一带一盟”对接中的认知分歧与合作共识。文章认为，合作的不对称性是导致中俄学界对“一带一盟”产生认知分歧的根源；相互依赖则是中俄两大倡议能够融合共生而得以形成对接合作共识的根本逻辑。文章在阐释不对称性相互依赖对于分析“一带一盟”对接合作具有合理性的基础上，系统梳理了中俄对“一带一盟”不对称认知的具体表现及分歧产生的根源，解释了“一带一盟”倡议缘何能够在短期内超越认知分歧而形成对接合作共识的深层动因。对两大倡议对接后所面临问题与挑战的政策思考，可为制定“一带一盟”具体细化的合作方案提供有益启示。

25. 曾向红、邹谨键:《反恐与承认：恐怖主义治理过程中的价值碎片化》,《当代亚太》2018年第4期。

内容摘要：国际社会在治理恐怖主义的过程中存在价值破碎化现象。如在打击国际恐怖主义的过程中，以美国为首的西方国家坚持国家主权不应是国际反恐行动的屏障，而且试图以政权更迭和民主移植的方式达到消除恐怖主义的目的；而以中国、俄罗斯为首的非西方国家则坚持反恐不能以削弱国家主权为代价，需尊重他国的历史、文化、发展道路等特殊性。从承认理论的角度进行观察，尊重其他国家的国家主权和要求捍卫人权属于“薄的承认”，尊重其他国家的独特身份属于“厚的承认”。文章认为，恐怖主义全球治理过程中的价值破碎化现象，主要源于不同国家在反恐过程中对待“薄的承认”与“厚的承认”的不同态度，这种破碎化现象同时也反映了不同态度。西方国家虽然强调个人层面的“薄的承认”，但只是选择性地、甚至拒绝给予非西方国家国家层面的“薄的承认”和“厚的承认”。与之相反，非西方国家则在反恐过程中淡化个人层面的“薄的承认”，坚持认为国家相互给予国家层面的“薄的承认”与“厚的承认”不可或缺。国际社会在治理恐怖主义过程中存在的价值破碎化现象，不仅妨碍了国际社会对恐怖主义的有效治理，而且有可能对国际秩序的稳定造成冲击，其所带来的后果甚至比恐怖主义更为严重。

七、教学成果

中亚研究所目前承担着国际政治、政治学与行政学两个专业本科生，国际关系、国际政治两个专业硕士研究生的培养工作。《政治学原理》《国际政治概论》《国际关系史》《中国政治思想史》是面向本科生的四门精品课，《中亚国家的转型研究》《国际关系理论专题研究》《国际政治原著选读》是面向研究生的三门精品课。

2019年，共有国际政治、政治学与行政学两个专业的52名本科生顺利毕业，国际关系、国际政治两个专业的15名硕士研究生（含外国留学生6名）通过毕业答辩，并获得法学硕士学位。

四川大学当代俄罗斯研究中心

Center for Contemporary Russian Studies of Sichuan University

一年来，四川大学当代俄罗斯研究中心（以下简称“当代俄罗斯研究中心”）不断加强对俄罗斯乃至中亚等国家与地区的政治、经济、社会、文化等方面的综合研究，旨在助力新时代中俄关系、中国与中亚国家间关系的深入发展。

一、科研成果

1. 刘亚丁：“Знакомство с наследием конфуцианством в России” «Россия и Китая: диалог культур»，莫斯科，2019年。

内容摘要：本文分析了若干位俄罗斯汉学家列昂季耶夫、柏百福、阿理克、稽辽拉等，以及托尔斯泰等作家对儒学经典的翻译、注释、研究，梳理18世纪80年代、19世纪、20世纪80年代以前、20世纪80年代以后这四个时期对儒学经典的译介；探讨了俄罗斯孔子形象变化与俄罗斯主流精神变迁的相关性等问题。借助历史符号学可知，儒学文献本身是个文本系统，它另外可以有多个语用学的意义系统，在俄罗斯的社会语境中它产生出丰富的引申意义。

2. 刘亚丁：《中国年画在俄罗斯》，《团结报》2019年1月17日。

内容摘要：经李福清先生考察，俄罗斯收藏着6000幅中国年画。从俄罗斯收藏的中国年画中可以观察到春节、元宵节风俗的历史痕迹。对福禄寿三星中国年画的研究，折射出部分俄罗斯汉学家图像与文字互证研究的方法。

3. 刘亚丁：《对话性：研究俄罗斯文学的一种有效角度》，《首都师范大学学报》（社会科学版）2019年第2期。

内容摘要：对话性的第一种含义是，不同文化元素在同一个时间和空间中的冲突或融合关系；第二种含义是，相同或相似的文化元素在不同的时间和空间中的前后呼应关系。文章以作者本人在《十九世纪俄国文学史纲》《苏联文学沉思录》以及有关文章中的若干例证阐明：对话性视角的运用，从横向看，可以把俄国文学原来被看成是分离的、不同的文化因素加以沟通；从纵向看，能够打通古罗斯文学与不断发展成熟的俄国文学之间的血脉联系。因此，对话性不妨作为俄国文学通史写作的一个补充性角度。

4. 刘亚丁：《关怀人类，由微至巨——读艾特玛托夫》，《人民日报》2019年7月21日。

内容摘要：作者提到，展读艾特玛托夫的作品，回顾他的人生，可以发现，他由吉尔吉斯地域的视域扩展至人类的宏阔关照，其由小世界而进入大宇宙的创作轨迹渐渐显现出，他的人类情怀也在文化对话实践中得到寄托。

5. 刘亚丁：《俄罗斯古典歌剧的民族化探索》，《中国社会科学报》2019年8月15日。

内容摘要：文章指出，《驿站车夫》《圣彼得堡商栈》等作品，尽管情节简单，模式化明显，但表现俄国现实，从俄国民间借用音乐资源，标志着18世纪70—80年代为俄罗斯歌剧民族化探索的萌芽期。格林卡和达戈梅茨基的《为沙皇献身》等作品标志着俄罗斯歌剧民族化已见成效。19世纪60年代以后，“强力集团”诸将或从民族的历史中汲取灵感与素材（《鲍里斯·戈都诺夫》），或利用俄国作家的作品为创作资源（《五月之夜》），或从俄罗斯民间文学汲取歌剧创作的素材（《萨德科》），将俄罗斯民族歌剧创作推向繁荣。

6. 李志强：《新艺术策略的形成——〈论日瓦戈医生〉（译文）》，《俄罗斯文艺》2019年第3期。

内容摘要：在《新艺术策略的形成——〈论日瓦戈医生〉（译文）》中作者指出，《日瓦戈医生》突出呈现了20世纪三分之一的时间里俄罗斯现实的全景。小说中充斥着关于历史问题的争论：将当下的生活理解为“光明未来”的前提是否有意义，能否以美好理想的名义对生命的自然进程施加暴力。帕斯捷尔纳克以“生命的奇迹”有力地驳斥了幼稚的极端主义、教条主义，同时将尤里·日瓦戈与耶稣基督相提并论：对于日瓦戈而言，自我实现在于承认他人拥有实现自我精神使命的同等权利，促使他人上升到个体的存在。帕斯捷尔纳克承认世界的混乱状态，进而借助耶稣基督确定的道德原则为混乱的世界确定秩序。

7. 米军：《中国与欧亚经济联盟国家金融合作发展战略研究》，《财经问题研究》2019年第1期。

内容摘要：为了推动中国与欧亚经济联盟国家经贸对接合作，金融势必要迅速融合到对接合作的战略框架及其所衍生的区域经济一体化之中，从而对“一带一盟”的实施给予全方位的支持。目前，中国与欧亚经济联盟国家的金融合作缺乏紧密性和约束性，进一步研究表明，中国与欧亚经济联盟国家尽管经济开放程度较高，但双方的生产要素流动性存在障碍、贸易依存度和融合度低、贸易产品多样化程度不足、经济周期不具有显著的趋同性、通货膨胀相关性低以及汇率波动差异大，这说明双方不具备金融深度合作的条件。“一带一路”倡议的实施为双方金融的功能性合作创造了进一步发展的空间。为深化中国与欧亚经济联盟国家金融合作，应该秉持人类命运共同体的新理念，切实处理好中国与欧亚经济联盟国家金融合作的角色定位，加强人民币供给机制建设，构建多元均衡的投融资合作机制，健全双方国际金融监管协作机制。

8. 米军：《〈通货膨胀影响与治理的系统思考〉——〈开放经济下中国通货膨胀研究〉书评》，《金融理论探索》2019年第4期。

内容摘要：通货膨胀不仅牵涉到生活中的物价涨跌，同时还会影响政府经济政策的制定与实施、人们投资消费预期等一系列问题。本书的理论基础是传统的通货膨胀理论与开放经济下的宏观经济分析理论、货币数量论、预期理论等，并据此建立开放经济下通货膨胀的宏观经济分析框架。从我国通货膨胀形成机理来看，总需求结构失衡是通货膨胀形成的根本原因。从根本上应对通货膨胀须调整经济增长方式，需要将投资导向型和外贸依存型增长调整为以人力资本积累为基础、国内需求为支撑的增长方式。反通货膨胀并非意味着要将其完全消灭，而是能够对其进行有效治理。

9. 邱鑫：《四川旅游俄语》，四川大学出版社，2019年版。

内容摘要：该书为俄语专业本科生专用教材，也可作为俄语导游培训教材。俄语国家游客赴川旅游时亦可将此书作为旅游指南。全书首先介绍了四川省的自然地理情况，概述了该地区的人文历史风貌，对九寨沟、峨眉山、三星堆博物馆等世界知名景点进行了有针对性的介绍。而后又分别介绍了川酒、川菜、川茶和麻将等四川文化的“名片”，还在书末置入了颇具实用性的对话样例。

10. 王逸群:《陀思妥耶夫斯基研究：宗教批评遮蔽了什么?》，载俄罗斯科学院远东所出版的论文集“Россия и Китай: диалог культур”（《俄罗斯与中国：文明的对话》）。

内容摘要：在枝繁叶茂的“陀思妥耶夫斯基学”中，宗教批评是主流研究方法，而以俄罗斯学界最为兴盛。俄罗斯学界的陀思妥耶夫斯基研究，宗教批评的发端、展开和推进过程具有“圣化”陀思妥耶夫斯基的倾向。这一批评逻辑发端于诸如别尔嘉耶夫、梅列日科夫斯基、罗赞诺夫等白银时代思想家的批评话语，它们为后辈俄罗斯学者如Ю.卡里亚金等对陀思妥耶夫斯基的宗教研究奠定了基本色调。本文认为，这种“圣化”陀思妥耶夫斯基的研究思路内含文化民族主义立场，遮蔽了陀思妥耶夫斯基思想中诸如好战的泛斯拉夫主义、“军国主义”等危险因素。对于陀思妥耶夫斯基研究，我们不能否认宗教批评的重要价值，但这并不意味着可以简化陀思妥耶夫斯基的思想。事实上，正是因为陀思妥耶夫斯基思想的高度复杂性，我们才能说他是一个伟大的思想家。

11. 沈影:《中国改革开放四十年：来自俄罗斯媒体的解读——以〈论据与事实〉〈生意人报〉〈劳动报〉报道为例》，载俄罗斯科学院远东所出版的论文集“Россия и Китай: диалог культур”（《俄罗斯与中国：文明的对话》）。

内容摘要：在《中国改革开放四十年：来自俄罗斯媒体的解读》一文中，作者指出，俄罗斯是世界性的大国，是中国最大的邻居。中俄关系现今处于历史最好时期，俄罗斯媒体对中国的关注和报道正在日益增多。2018年正值中国改革开放40周年，2018年俄罗斯三大主流媒体——《论据与事实》《生意人报》《劳动报》中“有关中国改革开放”的报道一定程度上可以反映出俄罗斯对中国发展的认知与态度，进而提出中国对俄国际传播的参考建议。

12. 沈影:《加强人文交流与合作　推动中哈共建“丝绸之路经济带”》，哈萨克斯坦国家历史研究院主办的学术期刊“Мемлект тарихы история государства”（《哈萨克斯坦国家历史》）2019年第1期。

内容摘要：在《加强人文交流与合作　推动中哈共建“丝绸之路经济带”》文章中，作者认为，中国“一带一路”倡议提出以来，哈萨克斯坦方面积极关注和参与，并逐步推进本国“光明之路”新经济政策与中国丝绸之路经济带建设对接。“一带一路”倡议的主要内容就是“五通”，“五通”的关键则是民心相通。如何做到民心相通、增信释疑，人文交流与合作尤为重要。中哈关系被视为“一带一路”合作的典范，如何克服存在一些问题和薄弱环节显得十分重要，如哈国人对中国和中国人还存在刻板印象，“中国移民威胁论”等。因此，加强中哈间人文合作交流颇具深意，有助于推动丝绸之路框架下中哈关系稳定持续向前发展，发挥“一带一路”倡议下中哈合作的典范效应。

二、学术活动

2018—2019年，当代俄罗斯研究中心举办和承办了系列学术活动及社会活动。

1. 2019年5月23—24日，第二届“长江—伏尔加河”高校联盟论坛在俄罗斯切博克萨雷市举行。论坛由下诺夫哥罗德国立技术大学主办，楚瓦什国立大学协办。其间，在俄参加“长江—伏尔加河”地方合作理事会第三次会议的王勇国务委员和卡马罗夫全权代表出席了高校联盟论坛开幕式并致辞。王勇国务委员在致辞中指出，中俄“长江—伏尔加河”高校联盟承载着拓展中俄高校交流合作、为两地区合作提供智力支持的重要使命。自2017年6月建立以来，高校联盟快速发展壮大，双方成员高校多达82所，高校联盟已经成为“长江—伏尔加河”框架下助推双方教育、科技、人文深度交流合作的有效平台。王勇国务委员和卡马罗夫全权代表专门谈到，要继续用好高校联盟这一品牌，推动两地区高校扩大交流，让双方更多高校投身两地区合作事业。本届论坛主题为：“长江—伏尔加河”高校联盟——中俄地方合作的坚实基础。来自安徽大学、合肥工业大学、中南大学、重庆大学、西南大学、四川外国语大学、中南财经政法大学、西南财经大学、四川师范大学、四川农业大学、湖南师范大学等中方成员高校的校领导、专家学者和来自俄方30余所成员高校的校长、专家学者共同就中俄两国高等教育合作、科研合作的形式与内涵、问题与前景，高校在“一带一路”建设和中俄地方合作中的使命等问题畅所欲言，各抒己见。联盟中方主席、四川大学李言荣校长在主旨发言中指出，“长江—伏尔加河”高校联盟从2017年成立以来，已经吸纳了32所中方高校和50所俄方高校，并在教育、科技、文化等领域开展了富有成效的合作，在促进两国人文交流、拓展中俄高校合作等方面做出了积极的贡献。今后希望与全体中俄成员高校携手，把联盟打造成中俄青年人才成长的摇篮，促进中俄人文交流的重要桥梁，中俄地方合作的高端智库和科技创新合作的重要平台。四川师范大学校长汪明义教授在“构建人类命运共同体建设中大学的使命与担当”进行发言，中南大学朱学红副校长、合肥工业大学刘晓平副校长建议联盟推动成立“中俄前沿技术转化研究院”，通过我国的“111计划”等学科创新引智项目，组建中俄专家联合科研团队，开展合作科研和联合攻关。重庆大学明炬副校长建议构建面向未来的中俄高等教育发展共同体。中南财经政法大学陈明副校长建议联盟成员高校之间互相开放和共享课程资源。安徽大学虞宝桃副校长、西南财经大学李永强副校长、四川农业大学吴德副校长等建议联盟向中俄两国政府积极争取在合作办学、人才培养等领域的政策支持，联合培养具有国际竞争力的复合型创新人才。在论坛闭幕式上，联盟中方秘书长、四川大学晏世经副校长做了总结发言。他说，我们共建“长江—伏尔加河”高校联盟，就是要共享资源、共促发展。我们要充分利用高校联盟这个平台，创新中俄人文交流合作模式。期待本次论坛碰撞出的思想火花能尽快转化为能切实推动双方进一步交流合作的动能。此外，论坛期间所有参会代表还参观了楚瓦什国立大学和楚瓦什国立师范大学，实地了解了两校的办学情况，进一步促进了中俄高校合作意向。

2. 2019年5月，受四川省外事办公室委托，当代俄罗斯研究中心协助中俄“长江—伏尔加河”高校联盟中方秘书处（以下简称“秘书处”）第四次承办了为期一周的俄罗斯鞑靼斯坦共和国地方行政长官培训团、档案专业人员培训团活动。培训活动注重实践性和借鉴性，取得良好效果，得到俄方高度评价，成为两地区人文合作的亮点。

3. 2019年8月和2019年2月，当代俄罗斯研究中心协助秘书处分别组织两个大学生代表团赴俄罗斯喀山联邦大学和下诺夫哥罗德国立技术大学参加夏令营和冬令营活动，学习了解俄罗斯高校优秀经验，与俄罗斯大学生进行友好交流，增进了友谊。

4. 2019年3—7月，当代俄罗斯研究中心师生与秘书处共同举办了“长江—伏尔加河”高校联盟国际大学生文化推广视频大赛，大赛主题为“我亲爱的长江与伏尔加河”，旨在宣传推广以“长江”和“伏尔加河”为载体的两国地方文化，增进双方相互了解，促进两地区民心相通。经过初赛以及来自31个国家和地区的3万多人次参与网络投票，决出了中俄双方各11支团队进入决赛，大赛颁奖典礼于2019年7月5日在四川大学举行，社会各界反映强烈。外交部欧亚司常旭红参赞在致辞时指出，2019年是中俄建交70周年，也是中俄地方合作交流年的收官之年，“长江—伏尔加河”高校联盟是在两国领导人关心下建立的两地区高校交流平台，希望双方继续经营好高校联盟这一推进两地区人文交往的靓丽品牌，借助联盟平台举办更多类似活动，为拉近两国青年之间的距离，增进彼此间的了解和友谊创造更好的条件。四川省教育厅刘立云副书记指出，本次活动是中俄“长江—伏尔加河”高校联盟在中俄青年交流领域辛勤耕耘的结下的硕果；是两国青年人挥洒青春、展现才华的舞台；也是中俄两国人民友谊的美好见证。同学们在比赛中相互竞争，也相识相知、彼此结缘，在彼此心田播撒下了友谊的种子。青少年是中俄友谊的未来，是世界的未来，愿同学们肩负自己的使命，从小我到大我，续写中俄友谊的新篇章。

5. 2019年10月，中俄“长江—伏尔加河”高校联盟中方秘书处、中国社科院俄罗斯东欧中亚研究所、四川大学当代俄罗斯研究中心将在成都举办联盟高端智库论坛，论坛主题为“新时代中俄区域合作”，拟邀请国内相关领域知名专家学者参会，共同为中俄地方务实合作献计献策。

当代俄罗斯研究中心本着服务于地方的宗旨，与四川省外办、成都市外办等机构合作往来日益频繁，力求为成都市、四川省的发展贡献更多力量。

当代俄罗斯研究中心也在不断拓展同国内外智库机构的合作往来，与哈萨克斯坦共和国总统战略研究所、国家历史研究院，塔吉克斯坦国家科学院、日本东京大学、以色列艾里尔大学等代表团座谈交流，建立了友好联系。

三、教学成果

一年来，当代俄罗斯研究中心人员在教学方面也取得了一定成绩。池济敏副教授主持了四川省2018—2020年高等教育人才培养质量和教学改革项目《“俄语+”贯通式人才培养平台建设》；刘亚丁教授主持省级精品资源共享课“外国文学”，目前点击率在四川大学文科名列第4；李志强教授主持了四川大学新世纪教育教学改革工程（第八期）研究项目《国际组织人才培养推送机制研究》；沈影副教授获得了四川大学2019年“十佳青年教师教学奖”荣誉称号。

理事单位

Director Unit

中国现代国际关系研究院欧亚研究所

Institute of Eurasian Studies of China Institutes of Contemporary International Relations

一、历史沿革

中国现代国际关系研究院欧亚研究所（以下简称“现代院欧亚所”），历史可追溯至延安时期。1980年，根据中央关于建立一批国际问题研究机构的指示，现代国际关系研究所正式成立，同时成立了欧亚研究室。2003年，现代国际关系研究所升格为中国现代国际关系研究院，同时成立了俄罗斯研究所和中亚研究室，2018年成立欧亚研究所。

二、研究方向

现代院欧亚所是国内研究俄罗斯、中亚和独联体问题的重要机构之一，主要从事欧亚地区国家地缘政治、经济发展、内政外交以及欧亚地区事务等领域的研究，定期向党中央、国务院和相关部委提供研究报告，长期承担各类重大专项研究任务。主要研究方向包括：1. 俄罗斯，跟踪研判俄罗斯外交、内政、经济、安全问题。2. 中亚，跟踪研判中亚各国社会经济发展、政局走向、国家间关系、外交和安全形势。3. 独联体，跟踪研判欧亚地区其他国家的社会经济发展、外交和安全形势。4. 欧亚地区国家治理，研究苏联兴亡的历史教训及欧亚地区国家独立以来的社会政治发展。

三、研究人员

现代院欧亚所现有研究人员十余人，多拥有博士、硕士学位和高、中级研究职称，有在欧亚地区国家留学、工作、访学经历。所长丁晓星研究员，副所长李东研究员。

四、学术活动

现代院欧亚所在国内欧亚问题研究界有较强影响力，与相关政府机构、知名高校、研究院所联系密切，研究人员常参加国内重要学术会议。近期主要学术活动包括：

2019年3月20日，现代院欧亚所举办研讨会，邀请中国社会科学院欧亚所、华东师范大学等单位学者研讨俄罗斯内政形势与发展前景。

2019年4月11日，现代院欧亚所与外交部欧亚司举办交流会，研讨习近平新时代外交思想、中美俄关系发展态势。

2019年5月24日，现代院欧亚所与华东师范大学国际关系与地区发展研究院举办交流会，研讨中俄关系、俄美关系前景及中亚及高加索地区形势。

2019年8月30日，现代院欧亚所与国家发展改革委国际合作司举办交流会，研讨“一带一路”建设、中俄关系、中国与中亚关系。

在国际上，现代院欧亚所亦有一定知名度，与俄罗斯战略研究所、俄罗斯科学院远东研究所有定期互访机制，与其他欧亚国家、欧洲、美国、日本等地知名智库也经常性展开合作。近期外访主要包括：

2019年5月12—15日，现代院欧亚所丁晓星所长率队赴吉尔吉斯斯坦参加“第三届中吉专家对话会”，并拜会中国驻吉使馆，走访中石油驻吉代表处，就吉当前形势、中吉合作、中土天然气管道D线等问题展开调研。

2019年5月14—23日，现代院冯仲平副院长率欧亚所研究人员赴土库曼斯坦、阿塞拜疆调研。在土库曼斯坦期间，代表团与土外交部、电力部、联合国中亚地区预防外交中心、国际关系学院、中石油阿姆河天然气公司、中国驻土使馆和经商参处就中土关系、土国内形势、中亚地区形势等进行交流。

在阿塞拜疆期间，代表团与阿外交学院、国际关系分析中心、巴库港公司、中国驻阿使馆和经商参处就中阿关系、阿国内形势、南高加索地区形势等进行交流。

2019年5月26—29日，现代院欧亚所丁晓星所长率队访问塔吉克斯坦，与塔总统战略研究所、塔科学院亚欧所、塔外交部、教育和科技部、塔国立大学及中石油等中方驻塔企业就中塔关系、塔国内形势、中亚和阿富汗安全形势、亚信峰会等议题进行交流。

2019年6月18—29日，应俄罗斯科学院远东研究所邀请，现代院前院长、学术委员会主任、高级顾问季志业率团访问俄罗斯。在莫斯科期间，代表团与俄罗斯外交部、远东所、战略所等就中俄关系、上海合作组织发展、朝鲜半岛形势等进行交流。代表团还赴符拉迪沃斯托克、雅库茨克、哈巴罗夫斯克等进行调研，实地走访俄罗斯远东地区自由港和超前经济发展区。

五、近期研究成果

现代院欧亚所俄罗斯课题组:《俄罗斯：稳中求变谋突破》,《国际战略与安全形势评估（2018—2019）》，时事出版社，2019年版。

现代院欧亚所中亚课题组:《中亚：在合作中稳步发展》,《国际战略与安全形势评估（2018—2019）》，时事出版社，2019年版。

丁晓星:《中俄地方合作迎来新的历史性机遇》,《光明日报》2018年9月15日。

丁晓星:《中俄关系基础牢固》,《北京周报》2019年5月28日。

孙渤:《上海合作组织地区反恐怖机构在执法安全合作领域的主要成果、经验与展望》,《中国警察报》2019年3月15日。

尚月:《中俄远东合作深耕厚植行稳致远》,《瞭望》2018年第38期。

王聪:《世界游牧民族运动会：展示游牧民族文化的窗口》,《世界知识》2018年第21期。

王聪:《纳扎尔巴耶夫辞职后哈萨克斯坦如何发展》,《世界知识》2019年第8期。

王聪:《托卡耶夫无悬念当选哈萨克斯坦总统》,《世界知识》2019年第

13期。

王聪:《哈萨克斯坦上院议长达利嘉·纳扎尔巴耶娃》,《国际研究参考》2019年8月。

王明昌:《上海合作组织：构建人类命运共同体的重要平台》,《大众日报》2018年1月13日。

陈宇:《美俄〈中导条约〉冻结，核军控路在何方》,《新京报》2019年7月4日。

陈宇:《俄罗斯重返G7？前景并不明朗!》,《大众日报》2019年8月28日。

国务院发展研究中心民族发展研究所

Ethnic Minority Groups Research Institute,
Development Research Center of
the State Council of the People's Republic of China

一、重要沿革

国务院发展研究中心是直属国务院的政策研究和咨询机构，主要研究国民经济、社会发展和改革开放中的全局性、综合性、战略性、长期性、前瞻性及热点、难点问题，为党中央国务院提供政策建议和咨询意见。国务院发展研究中心下属民族发展研究所（以下简称“民发所”），根据中央领导批示于2000年5月成立，是从事国内外民族地区发展稳定问题研究工作，为党中央、国务院直接服务的综合性学术单位。

二、研究方向

根据中央领导批示，国务院发展研究中心最初确定民发所研究方向主要是：研究国内民族地区的经济社会发展状况，特别是新疆和西藏地区发展稳定问题；跟踪分析国外民族地区和区域经济社会发展状况。近年来，特别是党的十八大之后，国内外形势发生变化，“一带一路”愿景规划变为现实，国务院发展研究中心按中央要求对民发所研究方向做出进一步调整完善：一是继续关注国内民族地区经济社会发展状况；二是按“走出去”要求，进一步把研究视野投向国外，跟踪研究我周边“一带一路”沿线国家，特别是俄罗斯、东欧、中亚、蒙古及非洲的政治经济社会发展状况，对外经济合作，内外政策、热点重大问题及我国海外利益发展和保护问题，侧重基础性和现实性问题研究，为中央对外工作和“一带一路”建设提供基础信息、政策建议和咨询意见，推动“一带一路”合作及我国与上述国家的双边关系持续深入发展。

三、人员情况

历任所长：赵曙青（2000—2015年）

现任所长：常波（2015年至今）

目前，民发所设有办公室和四个研究室，分别为欧亚研究室、非洲研究室、战略研究室和国内民族地区研究室，除本所研究人员，民发所还聘用国内各大科研院所等研究机构30余人为特约研究员。

四、主要刊物

出版物：《新疆社会发展研究报告》《穆斯林与和谐社会》《清代治理新疆方略汇编》《国际伊斯兰极端主义势力及对新疆影响》《元代至民国治藏政策法规汇编》《西藏的援助与发展》《中亚的第二次机会》《世界民族宗教热点问题追踪报告》；

内部刊物：《中亚时事周刊》《哈萨克斯坦月度分析报告》《中亚形势月度纵览及展望》《中亚国家权力交接问题研究》；

内部报告：《中亚发展研究报告》《国际问题分析》《白皮书》为不定期专供中央领导参阅的内部报告。

五、学术活动

1.“丝路漫谈”。民发所开展小型化、开放式的学术沙龙活动，邀请国内外学术机构专家学者就周边“丝绸之路”国家相关问题进行互动研讨交流。2019年3月围绕“哈萨克斯坦权力交接问题”，邀请外交部、社科院俄罗斯东欧中亚研究所、国际问题研究院、现代国际问题研究院、上海合作组织秘书处、北京大学国际关系学院等机构学者参会。2019年4月围绕“建交70年来中蒙双边关系发展”，邀请外交部、中联部、现代国际关系研究院、国际问题研究院等机构学者参会。5月围绕“中国与中亚国家技术市场标准问题”，邀请国家市场监督局国研中心、发改委、海关总署、中国技术市场协会、北京大学国际关系学院、大型国企等机构学者参会。

2.“民发所丝路大讲堂”。围绕“一带一路”建设和中国与周边国家双边关系等话题，邀请国内外知名学者开展专题性讲座或学术对话。2019年“民发所”先后邀请原中联部艾平副部长就“非洲民族问题演变”，外交部相关司领导就“中国与中亚国家的外交互动”，中国文化交流中心原秘书长丁奎松就“中美贸易纠纷”，塔吉克斯坦战略研究所分析部阿卜杜拉先生就“中亚安全问题”，印度辩喜基金会杜瓦尔先生就“中印外交务实合作”，印度金德尔大学辛格教授就“中印经贸合作展望”，尼泊尔驻华大使鲍德尔就“中尼外交关系发展历程回顾”，斯里兰卡驻华大使科迪图瓦库就“中斯民间交往问题”到研究所做学术讲座。

3. 接待国际学术机构访问、交流。2019年民发所先后接待了塔吉克斯坦战略研究所、印度辩喜基金会、尼泊尔政党代表团等机构访问。

中国人民大学—圣彼得堡国立大学俄罗斯研究中心

Center for Russian Studies of Renmin University of China-Saint Petersburg State University

一、重要沿革

为进一步夯实中俄全面战略协作伙伴关系，全面推进中俄人文交流对话机制，进一步加强中俄两国在教育、文化和科技等方面的深入交流，作为中俄两国政府间合作项目，中国人民大学和圣彼得堡国立大学联合发起创立了综合性学术机构——“中国人民大学—圣彼得堡国立大学俄罗斯研究中心”（以下简称“俄罗斯研究中心”）。

2015年9月2日，在中俄两国副总理的关心和见证下，俄罗斯研究中心在中国人民大学成立。时任中国国务院副总理刘延东和俄罗斯副总理奥尔加·戈洛杰茨出席仪式，为中心成立揭牌并致辞。中国人民大学党委书记靳诺教授任俄罗斯研究中心中方理事长，圣彼得堡国立大学校长尼古拉·克罗巴切夫教授任研究中心俄方理事长，中国前驻俄罗斯大使李凤林任中心名誉理事长，时任中国人民大学经济学院党委书记兼常务副院长、现任中国人民大学深圳研究院常务副院长关雪凌教授任俄罗斯研究中心主任。

在学校领导的正确指导和大力支持下，俄罗斯研究中心得到了来自中国俄罗斯学界和社会各界以及俄罗斯著名高校的密切关注；教育部、外交部等部委领导就俄罗斯中心工作曾多次给予指示，为中心发展描绘蓝图，指明方向；俄罗斯驻华使馆也多次出席俄罗斯研究中心主办的各种活动，为中俄两国教育文化交流牵线搭桥。

俄罗斯研究中心成立以来，立足夯实基础、凝聚力量、辐射欧亚、资政助企的工作愿景，结合人文社会科学学科优势，依托国内外和校内外各界智力资源，着力做好人员往来、文化交流、智库合作等“三大板块”工作。在中俄人文交流机制框架下，俄罗斯研究中心扎实工作，努力开拓，团结协作，稳步推进；在中俄高校合作交流的基础上，深耕于中俄高等教育交流的沃土，配合国家“一带一路”倡议，积极服务于政府决策。

俄罗斯研究中心干在实处、稳扎稳打，做实事、求实效，研究体系和工作机制不断完善，以高规格、高密度、高水平的学术交流与合作为促进俄罗斯研究和中俄关系发展做了大量工作。2017年7月，根据《国别和区域研究中心建设指引（试行）》，俄罗斯研究中心被教育部纳入“2017年度国别和区域研究中心备案名单”。

二、研究方向

俄罗斯研究中心的研究方向主要集中于俄罗斯经济与政治，中亚地区研究和上海合作组织等。

三、人员情况

俄罗斯研究中心在深入挖掘学校人才资源的基础上，通过实行国内和国外、校内和校外、专职和兼职相结合的方式，聚集贤才。目前，俄罗斯研究中心理事会、管理团队、科研团队架构已搭建成型，汇聚了一批校内外学界、政界、商界的顶级人才。高水准的人力资本配备，使得中心各项工作开展有了充分理论保障和持久发展动力。

领导团队

中方理事长：中国人民大学党委书记靳诺教授（2015年9月至今）；

俄方理事长：圣彼得堡国立大学校长尼古拉·克罗巴切夫教授（2015年9月至今）；

名誉理事长：中国前驻俄罗斯大使、中国国务院发展研究中心欧亚社会发展研究所所长李凤林（2015年9月至今）；

主任：中国人民大学深圳研究院常务副院长关雪凌教授（2015年9月

至今）；

学术团队（兼职）

中方研究员：41人，俄方研究员：39人；

俄罗斯研究中心理事会：24人。

四、主办刊物

《俄罗斯经济发展研究》——依托学术资源，突出中俄联合研究

俄罗斯研究中心依托中国人民大学经济学院、国际关系学院和圣彼得堡国立大学经济系、东方系丰厚的学术资源，报告撰写者最初以中国人民大学和圣彼得堡国立大学的学者为主，如今已扩展至中国社会科学院、上海财经大学、莫斯科大学和圣彼得堡国立经济大学等。针对每年俄罗斯经济形势及中俄关系，中俄两国学者在俄罗斯研究中心的平台上，凝练主题、科学规划，撰写一批内容扎实、观点明确、见解独到的论文并编译出版。从2016年开始出版，至今已连续三年出版。2017年报告荣获中国人民大学国家高端智库“深度影响力报告奖”。

《俄罗斯经济发展研究》年度报告创新独特、特点鲜明：第一，全面聚焦俄罗斯经济问题。目前，我国各个机构出版了许多国别研究的报告，基本以国别为单位，比如俄罗斯黄皮书，金砖国家、上海合作组织黄皮书等，涉及相关国家或组织的政治、经济、外交、国际关系各个方面的形势研究。众所周知，国际关系中经济是基础，特别是对于中国和俄罗斯而言，在美国对俄罗斯实行经济制裁，又对中国发起贸易纠纷的情况下，中俄美之间的“三国演义”发生了诸多微妙变化，中俄之间经贸关系的重要性愈发凸显。该年度报告聚焦经济就抓住了重点。第二，体现中俄学者双方观点。该报告是中俄两国学者联合研究的成果。在科研条件方面，俄罗斯研究中心发挥了两国高校人才密集的天然优势，促进跨地区的优化组合，不断提高创新活力，拓展国际视野。报告作者均为两国俄罗斯研究专家，为报告的完成奠定了良好的理论基础及现实经验。

目前,《俄罗斯经济发展研究》年度报告已成为中国和俄罗斯最有影响力的中俄联合研究报告之一，它全面聚焦俄罗斯经济问题，凝聚中俄两国专家

学者的智慧，为积极推动中俄学者学术思想交流与合作研究提供了广阔平台。此外，该系列报告也是政策导向性的研究，对决策者具有宝贵的参考价值，是中心具有重大社会影响力的标志性成果，吸引了越来越多的俄罗斯学者的参与。

五、主要学术活动

（一）品牌活动——国际化、规格高、影响大

2018年9月至2019年9月，俄罗斯研究中心举办和参与各类活动百余场，主办大型活动近10场，其中主要活动包括：

1. 欧亚大讲堂

“欧亚大讲堂”是俄罗斯研究中心的品牌活动之一，立足于更好地发挥中心“民间外交平台”的作用，增进中国与欧亚国家间的了解和互信。俄罗斯研究中心邀请“一带一路”沿线国家驻华大使及中国驻外大使，国际组织及有影响力的社会组织负责人，中国及“一带一路”国家知名专家学者、政要、艺术家等卓越人士围绕欧亚地区政治经济、历史文化、国内外形势以及重大国际问题发表真知灼见的演讲，提升学校和中心的国际影响力、社会美誉度，助力推进“一带一路”建设。

2016年以来，“欧亚大讲堂”已成功举办十五期，演讲者包括俄罗斯驻华大使安德烈·杰尼索夫，中国前驻俄罗斯大使李凤林，白俄罗斯驻华大使鲁德·基里尔·瓦连其诺维奇，上海合作组织前秘书长拉希德·阿利莫夫，哈萨克斯坦驻华大使沙赫拉特·努雷舍夫，波兰前驻华大使米罗斯拉夫·加耶乌斯基，中国前驻土库曼斯坦和白俄罗斯大使鲁桂成，俄罗斯艾尔米塔什博物馆高加索和中亚分馆馆长巴维尔·卢里耶，圣彼得堡国立大学著名经济学家维克多·梁赞诺夫教授、列昂尼德·希罗科拉德教授等。2018年9月至2019年9月，“欧亚大讲堂”共举办了五期演讲，即第十一讲至十五讲。

（1）欧亚大讲堂第十一讲：在外交前沿践行“一带一路”倡议

2018年11月23日，中国前驻土库曼斯坦和白俄罗斯大使鲁桂成访问中国人民大学并在欧亚大讲堂发表题为“在外交前沿践行‘一带一路’倡议”的演讲。鲁大使表示，“一带一路”倡议的基本内涵是坚持统筹国内国外两个大

局，坚持打开国门搞建设，既立足国内，充分运用我国资源、市场、制度等优势，又重视国内国际经济联动效应，积极应对外部环境变化，更好地利用两个市场、两种资源，推动互利共赢。谈及外交工作的使命与宗旨，鲁大使强调，外交工作就是要充分统筹国内和国外两个大局，为国家分忧，为企业排忧解难，发挥桥梁作用，不但要有全局观点，还要有担当精神，要以国家和人民的利益为先。

（2）欧亚大讲堂第十二讲：中（苏）俄建交70年关系回顾

2019年4月17日，中共中央联络部当代世界研究中心资深研究员、国际自然和社会科学院院士俞邃访问中国人民大学，并在欧亚大讲堂发表题为“中（苏）俄建交70年关系回顾”的演讲。俞邃院士结合自己多年的工作经验，对70年间中（苏）俄关系的变化和发展进行了全面的梳理和总结。他表示，当今中俄两国的关系密切而不结盟，维护各自尊严和利益且不损害对方的尊严和利益，符合大国关系的内在规律，堪称大国关系的典范。中俄全面战略协作伙伴关系不仅符合两国人民的根本利益，同时也是维护和促进世界和平与稳定的强大因素。

（3）欧亚大讲堂第十三讲：回顾中（苏）俄建交70年

2019年4月20日，中国前驻俄罗斯大使、国务院发展研究中心欧亚社会发展研究所所长李凤林在欧亚大讲堂发表了题为“回顾中（苏）俄建交70年关系”的演讲。李大使结合自身经历，围绕历史上的中苏关系和苏联解体后的中俄关系展开论述。他指出，苏联解体后，从1992年至1996年，中俄关系经历了从互视对方为友好国家，到新型建设性伙伴关系，再到建立平等、信任、面向21世纪的战略协作伙伴关系的过程。现在中俄已建立“全面战略协作伙伴关系”，这是稳定和成熟的战略伙伴关系，是相互尊重、平等协商、包容互鉴、互利共赢的新型大国关系，对世界和平与稳定具有重要影响，在世界面临“百年未有之大变局”的形势下，发挥着“定海神针”的作用。李大使还谈到，在经贸合作中，特别要注意抛弃急功近利的浪漫主义做法，务实高效，照顾对方的舒适度。

（4）欧亚大讲堂第十四讲：俄中关系70年之路

2019年5月22日，俄罗斯联邦驻华大使安德烈·杰尼索夫先生访问中国人民大学并在欧亚大讲堂发表题为“俄中关系70年之路”的演讲。杰尼索夫大使表示，2019年是俄中建交70周年，70年来两国经历了不平凡的历程，当前俄中关系正处于历史最好时期，两国在政治、经贸、人文和旅游等领域的合作都硕果累累，建立了全面战略协作伙伴关系。回顾过去，展望未来，杰尼索夫大使说，70年是一个很重要的年头，对于人的一生来讲也占据着非常重要的一段，这样一个数字，让我们想起中国伟大的哲学家孔子曾经说过“七十而从心所欲不逾矩”，中国先哲的这一观点对两国关系来讲也很有借鉴意义。

（5）欧亚大讲堂第十五讲：中俄经贸关系的现状与前景

2019年5月28日，圣彼得堡国立大学经济系世界经济教研室主任谢尔盖·苏德林教授和副教授柳德米拉·波波娃访问中国人民大学并在欧亚大讲堂发表演讲。

谢尔盖·苏德林教授发表题为“国际贸易体系转型的前景：来自俄罗斯的观点”的演讲，围绕世贸组织在全球治理中的地位、当前面临的主要问题、原因及世贸组织的改革方向等方面展开。他指出，世贸组织的功能正逐渐减弱，这与参与国利益诉求迥异、议题过于单一、文件规定不明、各国对世贸组织期待过高导致心理落差过大等因素有关。

柳德米拉·波波娃副教授发表了题为“俄罗斯和中国内部贸易发展趋势”的演讲。她梳理了中俄贸易发展的三个阶段，分析了中俄两国产业内部贸易发展现状、未来合作方向及前景。她认为，俄中应加强对产业内贸易发展的支持，消除贸易壁垒，加强在化工产品、农产品、机械制造等方面的合作。

2. 中亚沙龙

俄罗斯研究中心紧密跟踪中亚地区的重大事件和经济文化现象，不定期邀请俄罗斯、中亚等国家的关键人士、重要专家，中国驻中亚地区国家的大使、知名学者等来校参加形势政策圆桌研讨会，打造了中心又一个品牌活动——“中亚沙龙”。2016年以来，俄罗斯研究中心已成功举办了11期“中亚沙龙”，每期均邀请来自国务院发展研究中心、上海合作组织研究中心、中国社科院、中国现代国际关系研究院、中国国际问题研究院、中央党校、中国石油大学等高校及科研机构的专家学者围绕中亚问题展开深入研讨。2018年9月至2019年9月，俄罗斯研究中心成功举办了3期中亚沙龙，即第九期至第十二期。

（1）中亚沙龙第九期：我眼中的中亚

2018年2月11日，中国前驻俄罗斯大使、国务院发展研究中心欧亚社会发展研究所所长、俄罗斯研究中心名誉理事长李凤林在“中亚沙龙”作了题为“我眼中的中亚”的讲座。李大使结合自己的经历，从民族文化、宗教传统、社会生活、政治和经济形势等方面阐述了对中亚的理解，深刻剖析了中亚与俄罗斯和中国的关系。

（2）中亚沙龙第十期：中亚局势新动向

2019年3月13日，俄罗斯研究中心举办第十期中亚沙龙活动，探讨“中亚局势新动向”。国务院发展研究中心欧亚社会发展研究所上海合作组织研究室主任许涛作主旨发言。许涛研究员详细介绍了中亚国家形势的一些新情况、中亚国家的对华态度、特别是对“一带一路”倡议的接受度以及公共舆情导向，分析了其中的原因。

（3）中亚沙龙第十一期：当前中亚地区形势及中国与中亚国家关系研讨

2019年6月25日，俄罗斯研究中心举办第十一期中亚沙龙活动，讨论当前中亚地区形势及中国与中亚国家关系。中国国际问题研究院俄罗斯中亚研究所研究员、中国上海合作组织研究中心秘书长邓浩作主旨发言并详细介绍了6月初访问土库曼斯坦的见闻。

3. 中俄高级经济论坛

从2002年开始，中国人民大学和圣彼得堡国立经济大学就开始了紧密的学术合作，其中包括每隔一年轮流在两校举办“中俄高级经济论坛”。“中俄高级经济论坛”是中国人民大学和俄罗斯圣彼得堡国立经济大学的常设性论坛，已经有十余年的历史，迄今为止，已分别在中国人民大学举办了四届、在圣彼得堡国立经济大学举办了四届。这一论坛不仅是中国人民大学和圣彼得堡国立经济大学校际合作的标志性项目，更是成为推动中俄人文交流、助推中俄经贸关系可持续发展、探讨中俄经济发展模式转型及全球经济治理变革的重要平台。

2018年10月23日，由中国人民大学和俄罗斯圣彼得堡国立经济大学共同主办、俄罗斯研究中心承办的“第八届中俄高级经济论坛”在圣彼得堡隆重召开。中国人民大学校长刘伟教授和圣彼得堡国立经济大学校长伊戈尔·马克西姆采夫教授出席会议并致辞。俄罗斯研究中心主任、时任经济学院党委书记兼常务副院长关雪凌教授应邀率经济学院代表团参会并发表学术演讲。中国人民大学经济学院学者们的精彩演讲，引起了与会代表的极大关注和浓厚兴趣，得到了中俄学界同仁的高度赞誉和普遍好评，大家还就相关领域的学术问题展开了热烈的讨论。来自清华大学、上海财经大学、吉林大学、俄罗斯财政金融大学、俄罗斯国立高等经济大学、俄罗斯南联邦大学、圣彼得堡国立大学、俄罗斯科学院以及哈辛基金会等中俄高校和研究机构的百余位学者出席了会议。俄罗斯新闻媒体等对本届论坛给予了高度关注。

本届论坛不仅纳入中俄地方合作交流年框架，同时也纳入中俄人文合作委员会第19次会议成果清单。2020年将在北京举办第九届“中俄高级经济论坛”。

4.《俄罗斯经济发展研究（2018—2019）》发布会

2019年4月20日，“欧亚大讲堂暨《俄罗斯经济发展研究（2018—2019）》发布会”在深圳成功举办。中国前驻俄罗斯大使、国务院发展研究中心欧亚社会发展研究所所长、俄罗斯研究中心名誉理事长李凤林，中国人民大学党委常务副书记张建明，深圳市科技创新委员会党组书记、副主任邱宣，俄罗斯联邦驻广州总领事馆副总领事李三德（Александр Игоревич Смирнов），深圳北理莫斯科大学校长唐水源，深圳市教育局党组成员、副局长许建领，深圳市奔凯安全技术股份有限公司董事长、俄罗斯研究中心理事刘鸣宇等嘉宾出席会议。

与会嘉宾在发言中指出，目前中俄战略协作伙伴关系取得丰硕成果，全方位、各领域的合作稳步开展，本次发布会的召开是夯实中俄两国民间友好，加强两国人民交流往来的一次有益实践。同时，俄罗斯研究中心的“一体两翼式”（北京—深圳）发展，为中俄教育合作开辟了新的视角，是中俄合作在人文交流机制上一个新的创举。嘉宾们还对《俄罗斯经济发展研究（2018—2019）》进行了详细分析与点评，认为该报告积极发挥了两国高校人才密集的天然优势，促进跨地区的优化组合，具有创新活力和国际视野。

（二）创新合作模式，搭建教育合作平台

国内外政治经济形势的变化将对俄罗斯及其周边国家的研究和交流的重要性推上了一个新高点，但国内对这一区域的研究和交流相对不足和滞后，

特别是俄罗斯研究和交流人才严重不足。一方面，从事中俄政治、经贸往来相关理论政策研究的人才相对不足；另一方面，相关领域研究人才后备梯队青黄不接。习近平主席在2018年6月上海合作组织青岛峰会上指出，要“拉近人文交流合作的共同纽带”、扎实推进相关领域的交流合作。

俄罗斯研究中心抓住中俄战略协作伙伴关系进入新时代的历史机遇，大力促进俄罗斯研究和人才的交流与培养，包括高端人才交流和学生交换与联合培养。

1. 高端人才交流

俄罗斯研究中心致力于与世界一流高校建立访问学者交流计划，鼓励中青年学者走出去，开展中短期交流合作。每年与俄方及中亚国家高校开展工作会谈多场、多次接待俄方高规格代表团、组织人民大学专家团队赴俄学习、参会及考察。

为推动中心科研团队建设迈上新台阶，2017年俄罗斯研究中心与圣彼得堡国立大学达成基于《俄罗斯经济发展研究》年度报告的联合研究合作意向，为此中心向学校申请了“教师国际培训学院特色项目”，支持两校专家学者互访交流，每年12人次。2018年5月该项目开始启动。

2018年11月7日至11月21日，俄罗斯研究中心派出中国人民大学经济学院程大为教授和张国凤副教授赴圣彼得堡国立大学开展为期2周的短期讲学与学术交流。访学期间，两位专家面向圣彼得堡国立大学师生进行了3场专题讲座，参加了3场学术研讨会并发表学术报告，并代表中国人民大学经济学院与圣彼得堡国立大学经济系进行了工作会谈，就联合培养硕士研究生项目进行沟通，达成初步合作意向。

本次访问受到俄方的高度重视和热情接待，两位专家的学术报告聚焦热点问题，内容详实、论证清晰、观点鲜明，使俄罗斯学界了解到中国学者的观点，受到俄罗斯专家学者的高度关注和积极评价，进一步加深了两校的了解和友谊，对推动双方深入交流与合作具有重要作用。

2019年5月26日至6月2日，俄罗斯研究中心邀请圣彼得堡国立大学经济系世界经济教研室主任谢尔盖·苏德林教授和副教授柳德米拉·波波娃到中国人民大学开展为期一周的短期讲学与学术交流。访学期间，两位俄方专家面向中国人民大学师生进行了2场专题讲座，参加了3场学术研讨会并发表学术报告，与关雪凌教授共同完成了俄罗斯研究中心最新年度报告——《俄罗斯经济发展研究（2019—2020）》的选题设计，并代表圣彼得堡国立大学经济系与中国人民大学经济学院进行了工作会谈，就联合培养硕士研究生项目进行具体的沟通交流，达成多项合作意向。

两位专家对中俄经济极具专业性、理论性、创新性的解读以及先进的研究思路和方法使华东师范大学师生受益匪浅。中俄两国学者通过中心的平台进行思想交锋与学术碰撞，也产生了良好效果，此外，短期访学也使俄罗斯学者对中国改革开放的巨大成就有了更直观的体会。

2. 青年人才培养

2017年，俄罗斯研究中心协助中国人民大学与圣彼得堡国立大学、圣彼得堡国立经济大学达成了“中国经济硕士项目”和“‘一带一路’国际商务硕士”项目的合作意向，并于2018年9月开始招生（2018年招收了11名）。俄罗斯研究中心还与白俄罗斯使馆、哈萨克斯坦纳扎尔巴耶夫大学等初步达成了中白、中哈“中国经济硕士项目”和“‘一带一路’国际商务硕士”项目的合作意向。

2018年10月，由俄罗斯研究中心选派的中国人民大学、清华大学和中国石油大学学生代表赴俄参加了第八届“圣彼得堡国际天然气论坛”青年日活动，获团体第三名。这个项目将长期做下去，使更多的中国年轻人了解俄罗斯。同时，俄罗斯研究中心已持续举办八届“中俄高级经济论坛”等活动，也使更多俄罗斯年轻人了解中国、愿意从事中俄经贸合作。

六、科研成果

（一）著作

1. 关雪凌、维克托·梁赞诺夫:《俄罗斯经济发展研究（2018—2019）》，新华出版社，2019年版。

内容摘要:《俄罗斯经济发展研究（2018—2019）》由俄罗斯研究中心主任关雪凌教授和圣彼得堡国立大学经济系经济理论教研室主任、俄罗斯研究中心高级研究员维克托·梁赞诺夫教授联合主编，17位中俄专家学者合作完成。该研究是对俄罗斯2018年经济发展形势进行深入研究的阶段性成果，全面聚焦俄罗斯经济问题，涵盖了复苏后的俄罗斯经济发展、对外贸易结构的完善、财政政策与经济增长、货币政策与通货膨胀、欧亚经济联盟与丝绸之路经济带对接合作以及“一带一路”倡议下中俄经济贸易合作潜力等各个方面。该报告凝聚了中俄两国专家学者的智慧，体现了中俄学者的观点，在当前复杂多变的国际经济形势下，对于加深我国学者对中俄经贸关系和俄罗斯经济的了解具有重要意义。

2. 王宪举：《白俄罗斯名人传——“一带一路”列国人物传系》，当代世界出版社，2019年版。

内容摘要：该书创作历时三年，由白俄罗斯驻华大使鲁德·基里尔·瓦连其诺维奇作序，俄罗斯研究中心副主任王宪举以及15位专家、学者和高校师生共同编纂，中国著名画家、书法家吴泽浩先生作画。本书介绍了白俄罗斯总统卢卡申科，诺贝尔文学奖得主斯维特拉娜·阿列克西耶维奇，白俄罗斯芭蕾舞的象征瓦连京·叶利扎利耶夫等十位涵盖政治、文学、艺术领域的杰出代表，从不同侧面反映了白俄罗斯文明的发展过程，呈现了“一带一路”沿线国家的多彩文化和精神风貌。

（二）论文

1. 关雪凌：《中俄关系迈入新时代，为可持续发展贡献新方案》，《中国社会科学报》2019年6月15日。

内容摘要：2019年6月5日，习近平主席同普京总统会谈时强调：“今年是中俄建交70周年。70年是里程碑，也是新起点。身处世界百年未有之大变局，中俄承载着两国人民和国际社会的更大期待。中方愿同俄方携手努力，不断放大两国高水平政治关系的积极效应，让两国人民在双方合作中有更多获得感，在国际事务中贡献更多‘中俄方案’”。在此过程中值得关注的是，习近平主席提出的“一带一路”倡议同欧亚经济联盟对接合作以及普京总统倡议的构建“大欧亚伙伴关系”。

2. 关雪凌：《“冰上丝绸之路”与中俄参与全球经济治理的新探索》，《东北亚学刊》2019年第3期。

内容摘要：2017年11月，中俄正式公布了合作开展“冰上丝绸之路”的构想，成为两国深化合作的重要里程碑。“冰上丝绸之路”是北极地区自然条件发生变化、沿线各国经济发展内在需求以及中俄积极承担全球经济治理责任的共同产物，具有重要的战略意义和经济价值，对全球航运格局、能源格局、世界经济版图等都将带来深远的影响。

3. 关雪凌:《“冰上丝绸之路”的时代背景、创新实践与政策建议》，载《俄罗斯经济发展研究（2018—2019）》，新华出版社，2019年版。

内容摘要：2017年11月，中俄正式公布了两国合作开展“冰上丝绸之路”的建设构想，成为中俄深化合作的重要里程碑。2018年1月，《中国的北极政策》白皮书发布，“冰上丝绸之路”更是受到世界各国的广泛关注。“冰上丝绸之路”的提出及建设，既尊重北极自然环境变化的客观事实，又具有高度的前瞻性和预见性。本文分析了“冰上丝绸之路”提出的时代背景、历史基础及建设现状，阐述了中俄以共建“冰上丝绸之路”为契机参与全球经济治理的若干着力点，并针对顺利推进“冰上丝绸之路”建设和充分发挥其在全球经济治理中的积极作用提出了对策建议。

4. 关雪凌:《俄罗斯北方海航道沿线区域经济发展评估》，国家海洋局极地办内部报告，2019年5月。

5. 关雪凌:《推动中国与俄罗斯北方海航道沿线区域经济贸易合作》，国家海洋局极地办内部报告，2019年5月。

6. 关雪凌:《俄罗斯北方海航道对东北亚国际格局影响》，国家海洋局极地办内部报告，2019年5月。

7. 关雪凌:《“一带一路”倡议框架下参与共建俄罗斯北方航道航运发展研究》，国家海洋局极地办内部报告，2019年5月。

8. 关雪凌:《以全面深化改革开放沉着应对国际经济新形势》,《人民论坛》2019年5月（下）。

内容摘要：面对复杂的国际经济形势，中国需要进一步激发改革开放的潜能、活力和红利，赢得确定和主动，应对竞争和冲击，通过采取有效配套措施，完善基础性法律法规和相关制度，继续扩大市场准入，坚持引进来、走出去并重，积极推动全球经济治理体系朝着更加公正合理、开放包容的方向发展。

9. 王宪举:《抓住远东经济开发的合作机遇》,《国际论坛》2018年9月。

内容摘要：自2012年俄罗斯设立远东发展部以来，远东地区的经济和社会发展就进入了一个新的阶段。尤其是2014年美国和欧盟因乌克兰危机而对俄罗斯实行严厉的经济和金融制裁以来，俄罗斯进一步加大了在远东的开发力度，其中最有力的措施是通过了22部有关法律，建立了18个社会经济超前发展区和符拉迪沃斯托克自由港。

10. 赵永华：《俄罗斯媒介融合：技术与市场的双重驱动》，《新闻与传播学》2019年8月。

内容摘要：新兴的互联网媒体凭借技术优势，因其信息无偿、传播速度快且覆盖面广，迅速占领了广阔的市场。互联网给世界各国的媒体带来冲击，俄罗斯概莫能外，其传统媒体同样面临发展困境。报刊发行量逐年降低，订阅数量、订阅收入随之减少，导致广告收入缩水，进而形成恶性循环。

11. 赵永华：《文化认同视角下"一带一路"跨文化传播路径选择》，国家社科基金重大项目"中俄媒体交流、战略传播与全球治理中制度性话语权的构建研究"（项目批准号：16ZDA217），2018年12月。

内容摘要："一带一路"倡议不仅关涉与沿线国家经济利益共享问题，还包含如何获取文化认同和国际社会认可问题，即解决"民心相通"背后的承认政治和共同体构建问题。为此，需要将"文化认同"和"日常生活"等理论与"一带一路"倡议结合起来，促使沿线国家人民把"一带一路"倡议视为既具有普世性又符合其在地体验的日常的、情感的、文化的存在。因此，本文基于既有研究基础，把"一带一路"倡议的跨文化传播视为获取文化认同，以完成承认政治和实现共同体构建的过程。

12. 维克多·梁赞诺夫：《俄罗斯经济4.0：从不可持续性到高质量增长》，载《俄罗斯经济发展研究（2018—2019）》，新华出版社，2019年版。

内容摘要：经济的高质量增长能够确保国家经济的可持续稳步发展。对当代俄罗斯而言，要从危机转而进入可持续的均衡增长周期必须在新的技术工艺基础上恢复工业经济领域的优先地位。本文从这一视角出发对工业技术社会的形成前景和开展新工业革命的后果进行分析，并重点关注国家资本主义经济模式对于实现俄罗斯社会长期发展目标的必要性。

13. 弗谢沃洛德·奥斯塔边科：《俄罗斯财政政策及其在保障经济增长中的作用》，载《俄罗斯经济发展研究（2018—2019）》，新华出版社，2019年版。

内容摘要：本文在全面分析俄罗斯近十年财政政策变化趋势的基础上证

明，当前俄罗斯的财政支出优先方向具有可调整空间。研究证明，摒弃过度的紧缩性财政政策有利于在中期内加速经济增长。其主要原因在于，具有明确投资目标的财政刺激与流向生产性领域（基础设施、医疗、教育）的政府支出可以对全要素生产率产生影响，进而为持续提高潜在产出创造条件。通过对俄罗斯预算乘数的实证研究，我们可以发现，在经济萧条或危机后到经济复苏来临前的这一阶段，限制性的财政政策会进一步加重经济放缓趋势。

14. 尼基塔·洛马金:《俄罗斯能源行业及其外交政策倾向：向亚洲转移的可能性》，载《俄罗斯经济发展研究（2018—2019）》，新华出版社，2019年版。

内容摘要：在俄罗斯和西方就乌克兰问题产生冲突之前，亚洲就是俄罗斯外交的战略重点。克里姆林宫战略向东转移的根源可以追溯到1997年。20世纪90年代中国经济增长迅速，恰逢弗拉基米尔·普京在1998年8月俄罗斯遭遇毁灭性经济危机后寻求俄罗斯经济发展的新模式。对于克里姆林宫而言，这场危机表明，国际货币基金组织为后苏联时代的俄罗斯所量身定做的改革是失败之举。在这种背景下，中国被视为模范，因为其采取了促进经济增长和社会福祉的最有效机制。

15. 亚历山大·普罗塔索夫:《俄罗斯通货膨胀与货币政策的特征》，载《俄罗斯经济发展研究（2018—2019）》，新华出版社，2019年版。

内容摘要：本文回顾分析了俄罗斯20世纪90年代市场转型初期至2018年经济发展中的通货膨胀动态，并展示了21世纪初至今其现代货币政策演变的不同阶段。证明了在需求和成本推动型通货膨胀的不同条件下，俄罗斯经济运行模式呈现周期性循环机制。此外，根据俄罗斯央行公布的官方数据，对其货币政策的有效性进行了评估。

16. 格列布·鲍里索夫:《俄罗斯劳动者人力资本的群体间差异》，载《俄罗斯经济发展研究（2018—2019）》，新华出版社，2019年版。

内容摘要：本研究采用了俄罗斯1994—2013年的数据来估算包括年龄、时间和不同群体等变量在内的收入函数。我们总结出了造成群体间人力资本差异的三大主要原因：首要原因是20世纪90年代俄罗斯市场经济转型导致的人力资本贬值——这也是导致1940—1949年间和1989年出生的俄罗斯男性收入相差50%的直接原因。另外两个原因分别是劳动力进入就业市场时的条件差异和群体间教育回报率的不同。

17. 弗拉基米尔·谢罗夫·伊格纳季耶夫:《欧亚空间的一体化进程：欧亚经济联盟与丝绸之路经济带的对接》，载《俄罗斯经济发展研究（2018—2019）》，新华出版社，2019年版。

内容摘要：文章分析了中国和俄罗斯/欧亚经济联盟所实行的经济一体化模式，对欧亚经济联盟与中国相互协作的状况做出评价。文章特别把重点放在中亚、俄罗斯和中国在该地区的利益、中亚国家与俄罗斯和中国经贸关系的实际状况以及该领域的已有趋势。笔者的假设是：尽管俄罗斯与中国在中亚有竞争，但是在该地区也有发展基础设施和提升经济的共同兴趣，俄罗斯在中亚的经济阵地依然足够强大。

18. 米哈伊尔·鲁缅采夫:《中国新丝绸之路与俄罗斯基础设施建设对接问题》，载《俄罗斯经济发展研究（2018—2019）》，新华出版社，2019年版。

内容摘要：本文揭示了基础设施建设对于经济发展的重要意义，论述了基础设施建设对于推动贸易流通、技术创新发展、区域发展和物流的作用，论述了俄罗斯北极地带开发的基本方向，如建立发展示范区、修建北方海运通道和铁路。根据中国当前经济的基本特征，对中国新丝绸之路进行了多方面的分析，揭示了中国新丝绸之路与俄罗斯基础设施建设对接的潜力。

19. 谢尔盖·苏德林:《俄罗斯对外贸易结构完善的前景（以俄中产业内贸易为例）》，载《俄罗斯经济发展研究（2018—2019）》，新华出版社，2019年版。

内容摘要：文章揭示了俄罗斯外贸与其经济表现具有强烈的相关性。我们发现，1996—2017年期间，俄罗斯的外贸基本上是产业内专业化占主导地位。产业内贸易份额的不同，取决于商品的组别和伙伴。产业内专业化的水平在与欧亚经济联盟国家的贸易中非常高，而与欧盟和中国，除某些组别的产品，跨产业贸易占大部分。在俄罗斯与中国的贸易中，特别是高强度的产业内贸易，化工产品和农产品具有优势。俄罗斯贸易政策的优先方向是出口多样化，以促进非原料、非能源商品增长，发展工业合作和价值链。考虑到这点，俄罗斯高潜力工业品的多样化认证具有重大意义。

20. 方福前、王会灵:《“一带一路”背景下中俄贸易潜力分析》，载《俄罗斯经济发展研究（2018—2019）》，新华出版社，2019年版。

内容摘要：本文尝试在“一带一路”大背景下，从理论和实证两个层面分析中俄两国贸易潜力空间，并构建了贸易引力模型来评估中俄两国的贸易前景和发展方向，在此基础上对中俄贸易潜力进行纵向和横向对比分析。

21. 徐坡岭：《复苏后的俄罗斯经济：在弱增长中寻求突破》，载《俄罗斯经济发展研究（2018—2019）》，新华出版社，2019年版。

内容摘要：俄罗斯经济2016年第四季度从危机中复苏，2017年以来的增长动力正在弱化。2018年表现出的弱增长特征表明，俄罗斯要想寻求经济突破，其结构问题、基础设施问题、投资问题、进口替代问题和财政货币政策的选择问题还远没有找到合适的方案。投资问题和对外经济民族主义政策与国内宏观财政货币政策的新自由主义逻辑相矛盾，仍是影响俄罗斯长期经济增长的关键问题。

22. 刘晓音：《欧亚一体化进程：“欧亚经济联盟”与“丝绸之路经济带”的对接》，载《俄罗斯经济发展研究（2018—2019）》，新华出版社，2019年版。

内容摘要：“丝绸之路经济带”是一条贯穿欧亚的广阔经济带，是跨国跨地区经济合作的创新模式和战略平台。“欧亚经济联盟”是俄罗斯就欧亚大陆经济合作提出的倡议，有较明显的地缘政治色彩。“欧亚经济联盟”与“丝绸之路经济带”的对接将会促进全方位的贸易投资合作，提升贸易质量，扩大贸易规模，深化能源合作，促进投资领域多元化发展，提升中国和联盟成员国之间全方位的合作和发展。

23. 陈小沁：《俄罗斯、中国及东北亚国家的欧亚区域电力合作》，载《俄罗斯经济发展研究（2018—2019）》，新华出版社，2019年版。

内容摘要：电力互联互通是未来全球可再生能源大规模开发利用的重要趋势，2016年3月，中国国家电网公司发起成立了全球能源互联网发展合作组织。由该组织倡议和推动的东北亚联网工程，就是要把蒙古国、中国东北和华北以及俄罗斯远东地区的可再生能源基地与中国华北、日韩等负荷中心连接起来，实现地区可再生能源的大规模开发利用。在此过程中，中俄两国都是重要的参与方和坚定的实施力量，双方将密切合作助力欧亚电网互联互通，进而推动各国消除壁垒、深化交融，实现创新、协调、绿色、开放、共享的区域合作新模式，共同践行可持续发展与合作共赢的能源治理新理念。

24. 宋利芳:《“一带一路”倡议下中国对俄罗斯的直接投资》，载《俄罗斯经济发展研究（2018—2019）》，新华出版社，2019年版。

内容摘要：自中国提出“一带一路”倡议以来，随着中国对外直接投资的快速发展，中国对俄罗斯的直接投资也迅速增长。同时，中国对俄直接投资也面临着一些问题，包括：俄罗斯法律体系不够健全，投资政策缺乏长期稳定性；中国对俄直接投资规模较小，且主要集中于资源密集型行业；中国在俄企业直接投资模式单一；中国对俄投资中偶发生态环境问题。

（三）课题

承接国家和教育部课题10余项，其中包括：

1. 俄罗斯北方海航道各区域经济发展现状及政策研究。

2. 额尔齐斯河—鄂毕河—亚马尔半岛区域经济发展现状及政策研究。

3. 普京新保守主义辨析。

4. 加快推进中国与欧亚经济联盟自贸区建设，保持中俄关系高水平运行。

5. 俄美北极政策的基本内容及发展趋势问题研究——俄美在北极的国家利益与竞合关系。

另外，向上级部门报送内参20余篇。

中央财经大学俄罗斯东欧中亚研究中心

Center for Russian, East European and Central Asian Studies of Central University of Finance and Economics

一、重要沿革

中央财经大学于1988年成立苏联东欧研究中心，2000年更名为俄罗斯东欧中亚研究中心。

俄罗斯东欧中亚政治经济研究一直是中央财经大学优势学科领域。自20世纪60年代起，在姜维壮教授等一批知名留苏学者的带领下，中央财经大学在苏联政治经济领域开展了大量教学与科学研究活动，为中华人民共和国培育了大批专门人才，向有关部门提交了大量关于苏联政治经济研究方面的报告，对新中国财政经济方针的制订做出了卓越贡献，获得了政府有关部门及学术界的高度好评。

为延续和发展这一教学与科研优势，中央财经大学于1988年成立苏联东欧研究中心（后改名为俄罗斯东欧中亚研究中心）。该中心以服务国家战略为目标，以俄罗斯东欧中亚国家政治经济理论研究和人才培养为核心，以扩大国际影响和对外交流为方向，凭借自身在政治、经济、财政、金融等领域拥有的雄厚科研实力和独特的学科优势，开展了大量工作，发布了一大批在国内具有领先水平的高质量研究成果，为国家培养了一批高素质人才，同时，还为我国的各级立法机构、各级各类政府部门、银行、企事业单位和各类投资者提供了大量政策咨询与技术保障服务，对我国政治经济社会发展和对外开放做出了应有的贡献。

在几代人努力和积累的基础上，中央财经大学俄罗斯东欧中亚研究中心已成为一个以多学科为依托，充分吸收国内外、校内外高水平专家组成的开放式流动研究基地。研究中心现有专职、兼职研究人员9名，其中，高级职称6名，中级职称2名，所有研究人员均具有博士学位和海外留学背景。

鉴于该中心出色的教学与科研工作，俄罗斯东欧中亚研究中心于2009年获得硕士研究生招生资格，负责招收与培养俄罗斯东欧中亚政治经济研究方向的硕士研究生。2011年，在中央财经大学拥有理论经济学博士学位授予权后，俄罗斯东欧中亚财经专业成为校内第一批获得批准的新增博士研究生培养方向。

为凝练学科方向，服务于国家，服务于社会，提高人才培养质量，提升科学研究水平，中央财经大学东欧中亚研究中心将教学与科研工作的重心集中于以下几个方面：（1）以俄罗斯东欧中亚国家政治经济理论为核心，开展系列研究；（2）加强国际合作与交流，提升学术声誉，扩大国际影响；（3）为政府机关、企事业单位、高等院校及科研机构培养合格的专业人才；（4）为政府部门、银行、企业提供政策及投资咨询，服务于国家外交战略及社会经济发展需要。

围绕上述领域，俄罗斯东欧中亚研究中心开展了大量工作，并取得了较好成绩：一是学术研究成果丰硕，标志性成果突出。自2001年开始，俄罗斯东欧中亚研究中心每年推出《俄罗斯财经研究报告》，分专题对俄罗斯公共财政、政府预算、国家税收、银行与资本市场、对外贸易、企业管理、社会保险等领域的改革热点问题进行研究。《俄罗斯财经研究报告》已连续出版多年，成为俄罗斯财经研究领域较为深入和系统的研究成果。二是不断拓展社会服务领域与范围。俄罗斯东欧中亚研究中心积极参与国内各级各部门的决策活动，围绕国民经济和社会发展重大课题提供多项决策咨询报告。三是研究成果日益国际化，国际影响不断扩大。俄罗斯东欧中亚研究中心已与多所俄罗斯东欧中亚高校建立了稳定的学术关系，通过人员互派、科研合作、联合培养、进修访学、举办学术会议等形式，建立了多途径的学术交流平台，营造了良好的学术氛围，并取得了数十项国际科研合作成果。

2017年6月，中央财经大学俄罗斯东欧中亚研究中心获得教育部批准，成为教育部国别和区域研究中心。国别与区域研究中心的建立，使俄罗斯东欧中亚研究中心能够更加充分地利用教育部及学校大力支持的优势，以学科建设和人才培养为依托，以资政服务为宗旨，更好地服务于国家对外战略的需求。

二、研究方向

1. 俄罗斯东欧中亚财政理论与政策；
2. 俄罗斯东欧中亚金融、投资与贸易；
3. 俄罗斯东欧中亚能源安全与贸易等。

三、人员情况

1. 前任领导

姜维壮，教授，经济学博士（苏联），任职时间为1998—2007年，研究方向为苏联财政理论与政策，中国财政理论与政策，财政理论国际比较。2017年获得中国财政学理论终身成就奖。

罗永志，副教授，任职时间为2008—2010年，研究方向为苏联和俄罗斯财政理论与政策。

2. 现任领导

童伟，研究员，经济学博士，任职时间为2011年至今，研究方向为俄罗斯财政理论与政策，中国财政理论与政策，绩效预算管理与评价，财政投融资，入选“教育部新世纪优秀人才支持计划”，受邀担任俄罗斯教育部认定核心期刊《财经大学学报》和《经济、税收、法律》国际编委。

3. 主要科研团队

张晓涛，教授，经济学博士，中央财经大学财经研究院院长，主要研究方向为国际投资与贸易，俄罗斯投资与贸易。

王文素，教授，经济学博士，主要研究方向为财政史，社会保障，俄罗斯社会保障。

汪昊，教授，经济学博士，中央财经大学财税学院院长助理，主要研究方向为国际税收制度，俄罗斯财政税收。

伍晓光，助理研究员，经济学博士，主要研究方向为世界经济，国际贸易。

四、主办刊物

自2001年开始，中央财经大学俄罗斯东欧中亚研究中心每年发布研究报告《俄罗斯财经研究报告》。

《俄罗斯财经研究报告》每年选取一个核心内容进行中俄比较研究。至今，《俄罗斯财经年度报告》已连续出版多年。俄罗斯东欧中亚研究中心对每一期《俄罗斯财经年度报告》的研究内容都进行了精心编排，已分别对俄罗斯的公共财政、政府预算、国家税收、银行与资本市场、对外贸易、企业管理、社会保险等领域进行了较为深入的系统研究。

五、学术活动

1. 应教育部委托开展立陶宛教育体系研究

该研究报告对立陶宛教育简史、教育现状、学制体系、教育管理机制进行了系统介绍，并针对基础教育、特殊教育、课外教育，以及立陶宛教育面临的主要问题和改革举措进行了全面深入探讨。

2. 开展“中亚国家经济风险及其影响与应对”研究

自20世纪90年代初独立以来，中亚国家纷纷开始实施政治与经济改革，以实现由计划经济向市场经济的转轨。经过10余年的转型与探索，中亚各国开始步入复苏之路，市场化改革初具成效，各国经济进入稳定发展轨道，且形成了具有一定的特色发展模式。由于转型初始条件以及各国所选择的经济增长路径不同，中亚国家经济增长模式呈现出一定的差异性，部分国家凭借本国相对丰富的油气等资源出口，形成了资源依赖型增长模式，部分非资源型国家则依靠内在消费等需求推动形成了内需推动型经济增长模式。这些不同的经济增长模式既导致了中亚各国经济发展状况与结构的不同，又使各国在其经济增长中面临的内外部风险各自不一。

3. 举办“增值税理论与实践国际研讨会”

2018年11月11日，举办“增值税理论与实践国际研讨会”，来自俄罗斯远东国立大学、俄罗斯圣彼得堡国立大学、俄罗斯贝加尔国立大学、澳大利亚新南威尔士大学、日本大东文化大学、韩国律村律师事务所、美国印第安纳大学，以及中国财政部财政科学研究院、中国社会科学院、国家税务总局税收科学研究所、北京大学、中国人民大学、上海财经大学等高校和企事业单位的60余位专家学者参加研讨会。研讨会上，各国学者就“增值税遵从成本估算工具的发展与检验”“增值税改革效果”“销售税：理论与实践”“消费税制度转型与目标”“增值税制度管理”“货物与服务税”“增值税减免政策及其在政府间财政关系中的角色作用”“跨境电子商务的增值税问题”等关键性问题进行了深入系统的探讨。

4. 举办“预算绩效管理与国家治理”研讨会

2018年12月9日，举办“绩效预算改革与现代国家治理论坛”，教育部、财政部、中国财政科学研究院、北京市人大财经委、南开大学、复旦大学等学者参加了会议。全面实施预算绩效管理是推进国家治理体系和治理能力现代化的内在要求，是深化财税体制改革、建立现代财政制度的重要内容，是优化财政资源配置、提升公共服务质量的关键举措。为解决当前预算绩效管理存在的突出问题，应加快建成全方位、全过程、全覆盖的预算绩效管理体系。

六、科研成果

（一）著作

童伟：《2018年俄罗斯财经研究报告》，经济科学出版社，2018年版。

在对俄罗斯财政经济发展状况进行详细梳理的基础上，对俄罗斯近年来开展的财政税收改革，普京第三任期俄罗斯经济发展，俄罗斯产业结构调整与经济现代化，俄罗斯住房财政保障制度等领域进行了全面、深入的探讨与研究。

（二）论文

1. 童伟、宁小花：《全民健康覆盖视角下的俄罗斯医疗卫生筹资分析及启示》，《经济社会体制比较》2019年第3期，中国人民大学复印报刊资料《体制改革》2019年第8期全文转载。

全民健康覆盖是近年来国际卫生组织以及世界各国在卫生运动和卫生政策领域的热词，更是“可持续发展目标”下的全球承诺。一个国家的医疗卫生筹资体系作为医疗卫生系统中最核心的组成部分，是实现全民健康覆盖的重要基础条件。文章基于全民健康覆盖视角，希望通过对俄罗斯医疗卫生保障的发展历程、组织管理、筹资体系及其公平性进行全面剖析，为我国基本医疗卫生服务均等化的实现提供可资借鉴的思考。

2. 童伟、马胜楠:《俄罗斯政府稳定运营的财税基础：规模与结构》,《欧亚经济》，2019年第1期，中国人民大学复印报刊资料《世界经济导刊》2019年第6期全文转载。

2018年俄罗斯联邦预算由赤字转为盈余，国家财政出现了根本性好转。2019—2021年，俄罗斯依然实行紧缩的财政政策，保持财政税收的盈余状态。但自2019年起，俄罗斯将开展大规模财税改革，一是提高增值税税率，二是降低社会保险缴费费率。从预算收入平衡角度来说，增值税税率提高，社会保险缴费费率降低，不会带来预算失衡的风险。但增值税税率提高将引发物价全面上涨，直接导致养老金领取者和低收入者生活水平的显著恶化。而降低预算外社会保险基金费率，又会对国家社会保障收入产生影响，给已经赤字严重的国家预算外养老保险基金带来冲击。这些都会对俄罗斯2019—2021年的财税运行带来一定的不利影响。

3. 童伟、黄如兰:《全面实施预算绩效管理改革：实践困境与解决路径探索》,《财政科学》2018年第11期。

进入20世纪90年代以来，随着公共财政理论的建立，我国政府及财政部门逐步开始以实施预算绩效考评、建立预算绩效评价体系为突破口，以最终实行绩效预算为目标的积极探索和实践，各类关于绩效预算管理的政策措施不断发布，逐步形成了一套相对完善的政策体系与制度规范。与此同时，鉴于绩效预算理念尚未真正树立，重评价过程，轻评价结果，评价结论实际应用效力不高；绩效评价重心偏移，评价结果可操作性不强；评价管理不够规范等问题也十分突出，在一定程度上削弱了预算绩效管理的有效性。本文即是对当前中国预算绩效管理存在的实践问题及对未来选择的探讨。

4. 童伟、郄晓雨:《完善绩效目标管理之法》,《新理财（政府理财）》2018年第11期。

预算绩效管理是一种以结果为导向的预算管理模式，包括绩效目标管理、绩效运行跟踪监控管理、绩效评价实施管理、绩效评价结果反馈和应用管理四个组成部分。其中，绩效目标管理是整个预算绩效管理的起点、基础和前提，对绩效预算编制、绩效目标评审、绩效运行监控和绩效评价都具有深刻影响。

5. 童伟:《基于编制本位和流程再造的预算绩效激励机制构建》,《财政研究》2019年第6期。

中国当前的预算管理具有典型的激励不相容特征，节约成本、提高效率虽有利于社会整体效益的增进，却无益于部门利益的提升。部门不仅不能从资金节约、效率提升中获益，反而会使部门预算因资金结余被削减、部门绩效因支出目标未达成被扣分。这种逆向奖赏资金浪费、惩罚效益提升的管理机制，使部门利益与社会利益相悖，同时也与绩效预算改进政府行为模式，提高资金使用效益，以较低的成本为社会公众提供更为充足高质量服务的要求背道而驰。应通过改变预算编制基本单元、再造预算绩效管理流程、完善预算奖惩机制，构建相容性预算激励机制，诱导部门在自身利益最大化的同时选择最优社会行为，实现社会效益与部门利益的共同增进。

6. 张晓涛、蒙思丞:《“一带一路”倡议下的中国与亚美尼亚能源合作》,《海外投资与出口信贷》2019年第2期。

亚美尼亚位于亚洲与欧洲的交界处，是“一带一路”倡议向欧洲发展的支点。电力产业是亚美尼亚的支柱产业，电力项目也是亚美尼亚政府重点扶持和发展的项目。近年来，亚美尼亚在核能行业和可再生能源行业采取了一系列支持措施。中国与亚美尼亚在核能和可再生能源领域具有一定合作基础，我国企业可通过PPP等模式参与亚美尼亚的能源项目建设，为亚美尼亚提供资金、设备和技术支持，带动我国企业“走出去”。

7. 张晓涛、刘亿、杨翠:《我国劳动密集型产业向“一带一路”沿线国家转移的区位选择》,《吉林大学社会科学学报》2019年第1期。

当前，全球劳动密集型产业生产区位处于调整与重构过程中，中国劳动密集型产业向“一带一路”沿线国家转移，可以促进人类命运共同体的建设。从产业承接能力入手，在工业化水平的基础上，结合政治、经济、创新能力、市场化程度、营商环境、基础设施等因素，测算“一带一路”沿线国家劳动密集型产业承接能力指数，基于劳动密集型产业发展要素约束机制，甄别出具备承接劳动密集型产业能力的国家，通过聚类方法识别出投资区位优先顺序。

8. 张晓涛:《推动全球经贸发展的中国方案》,《人民论坛》2018年第31期。

中国的对外开放及经济发展与全球经贸发展息息相关，当前逆全球化思潮阻碍自由贸易，多边贸易体制遭到严峻挑战。在此背景之下，中国作为一个负责任的大国，坚持走对外开放道路，主动扩大进口，激发进口潜力，坚持开放融通，这对世界经济复苏与全球贸易产生积极推动作用，彰显了中国对促进全球贸易和世界经济稳定发展的切实担当。

9. 张晓涛:《全球价值链背景下产业转型升级路径》,《国家治理》2018年第40期。

全球供应链在国际政治面前是脆弱的，随着美国对中国崛起的遏制，对华高科技出口进行限制将会是美国长期使用的王牌，只有高科技才能铸造“国之重器”。增强自主创新是增强国家实力的坚实基础，通过提升产业在全球价值链位置促进产业转型升级，是全球化背景下推进我国供给侧结构性改革的重要方面。

10. 张晓涛、郭蕊、刘亿:《美国对华反倾销裁决的逻辑》,《国际贸易问题》2018年第10期。

本文以截至2016年美国国际贸易委员会(ITC)公开的全部对华96起反倾销最终裁决判例为依据，从正常价值的认定、实质性损害或威胁的认定、因果关系的认定入手，对判例英文原文的文本信息进行分析与解构，揭示美国对华反倾销裁决的逻辑。研究结果表明：中国企业一旦遭受美国反倾销调查、有很大概率被裁定为肯定性终裁，并被征收高额的普遍税率。美国将中国认定为“非市场经济国家”，采取“替代国”价格确定被诉产品的正常价值，中国企业在反倾销裁决中往往遭受到不公平对待。美国国际贸易委员会对实质性损害或威胁的认定以相关企业问卷回复资料为依据，问卷回复结果与认定存在损害或威胁直接相关，美国主管机构主要依据相关因素发展变化的趋势，得出倾销与损害或威胁是否存在因果关系的结论。

七、教学成果

中央财经大学俄罗斯东欧中亚研究中心负责本校世界经济俄罗斯东欧中亚财政经济研究方向的博士点及硕士点教学工作。学科点目前有5名博士研究生，3名硕士研究生。2019年毕业博士研究生1名，硕士研究生1名。

俄罗斯东欧中亚财政经济研究方向开设的核心课程有“俄罗斯东欧中亚财政经济”“新兴市场经济体系专题研究”等。

北京第二外国语学院白俄罗斯研究中心

Center for Belarusian Studies of Beijing International Studies University

为贯彻落实《中白友好合作条约》，夯实中白全面战略伙伴关系，全面推进中白人文交流对话机制，进一步加强中白两国在教育、文化等方面的深入交流。白俄罗斯驻华大使馆与北京第二外国语学院联合创立专业的学术研究机构——白俄罗斯研究中心。2014年10月23日，白俄罗斯研究中心在北京第二外国语学院隆重揭牌成立。时任白俄罗斯驻华特命全权大使布里亚先生出席仪式，为中心成立剪彩并致辞。2017年，白俄罗斯研究中心获批为教育部国别与区域研究中心（备案）。

白俄罗斯研究中心结合语言学科优势，依托国内外和校内外各界力量，着力做好文化交流、人才培养、智库合作等工作，努力将白俄罗斯研究中心打造成为高水平的学术交流合作平台。

自2014年成立以来，白俄罗斯研究中心做实事、求实效，稳扎稳打，不断完善研究体系和工作机制，为促进白俄罗斯问题研究，中白关系发展贡献了力量。白俄罗斯研究中心与白俄罗斯国立师范大学、明斯克语言大学等白俄罗斯高校建立并保持良好的合作关系，开展了多项丰富务实的国际学术交流。现在，白俄罗斯研究中心已成为国内白俄罗斯学术研究和国际交流的重要阵地。

一、研究方向

1. 白俄罗斯语言教学研究；
2. 白俄罗斯文学研究及翻译；

3. 白俄罗斯国情文化、民俗风情研究；
4. 白俄罗斯对外政策与外交研究；
5. 白俄罗斯旅游研究。

二、人员情况

（一）现任领导

张惠芹：白俄罗斯研究中心主任/教授

许传华：白俄罗斯研究中心执行主任/副教授

（二）科研团队

1. 张惠芹：白俄罗斯研究中心主任/教授，俄语语言学、跨文化交际
2. 许传华：北京第二外国语学院欧洲学院副院长/副教授，俄罗斯文学
3. 张变革：陀思妥耶夫斯基研究中心主任/教授，俄罗斯文学
4. 韩小也：北京第二外国语学院欧洲学院俄语系讲师，翻译学
5. 卢婷婷：北京第二外国语学院欧洲学院俄语系主任/副教授，政治语言学
6. 张冬梅：北京第二外国语学院欧洲学院俄语系教授，跨文化研究
7. 于优娟：北京第二外国语学院欧洲学院俄语系讲师，白俄罗斯对外政策与外交
8. 白云：北京第二外国语学院欧洲学院俄语系讲师，俄语语言学、白俄罗斯青年问题

（三）专家顾问

1. 鲁桂成：外交部档案馆馆长、中国前驻白俄罗斯大使馆大使
2. 吴筱秋：中国前驻白俄罗斯大使
3. 于振起：中国前驻白俄罗斯大使
4. 王宪举：中国前驻白俄罗斯参赞
5. 赵会荣：中国社会科学院俄罗斯东欧中亚研究所乌克兰、白俄罗斯、摩尔多瓦、波罗的海三国研究室主任。中国社会科学院中白发展分析中心常

务副主任

6. 韩璐：中国国际问题研究院欧亚研究所副研究员

7. 余源：西安外国语大学副教授

三、重要活动

（一）白俄罗斯教育部副部长等多团组访问北京第二外国语学院

2018年11月1日，白俄罗斯教育部第一副部长斯塔罗沃伊托娃（Старовойтова И. А.）访问北京第二外国语学院。她提出人才培养离不开师资建设、学科学术能力和科研能力的发展，建议北京第二外国语学院与白俄罗斯的高校就教师交流、联合科研等领域进一步进行沟通，建立长效交流机制。北京第二外国语学院白俄罗斯研究中心是中白人文交流的平台。双方还就2019年白俄罗斯在中国的教育年、学校办学质量评估等主题进行了广泛而深入的探讨。

2019年4月11日，白俄罗斯驻华使馆工作人员到访北京第二外国语学院，就“白俄罗斯中国教育年”框架下，进一步深化双方的合作问题与学校相关部门进行会谈。双方还就白俄罗斯语短期学习班、研讨会及白俄罗斯著名诗人扬卡·库帕拉纪念雕塑等相关事宜进行了沟通。

2019年1月11日，白俄罗斯明斯克国立语言大学校长芭拉诺娃（Баранова Н. П.）教授一行访问北京第二外国语学院。双方就近期签署的《关于北京第二外国语学院与明斯克国立语言大学联合成立教学研究实验室的合作协议》的执行情况进行了交流。双方在商定联合举办国际学术研讨会相关机制的基础上，明确了首届国际学术会议的实施方案。北京第二外国语学院计金标校长借此机会，邀请明斯克国立语言大学派代表参加由中国翻译协会与北京第二外国语学院共同主办的全国多语种口译大赛。

（二）第四届“白俄罗斯形势与中白关系学术研讨会”在京召开

2018年11月3日，由中国社会科学院中白发展分析中心与北京第二外国语学院白俄罗斯研究中心联合主办的第四届“白俄罗斯形势与中白关系”学术研讨会在京召开。研讨会共分三场主旨发言，分别聚焦“一带一路”与中白工业园、中白经贸等各领域合作以及白俄罗斯内政外交与文化艺术等主题。白俄罗斯驻华大使馆官员、中国前驻白俄罗斯大使于振起和吴虹滨、北京及外地高校和科研机构的白俄罗斯问题研究学者、相关机构和企业代表等50余人参加了此次研讨会。

（三）与明斯克国立语言大学签署合作协议

响应“一带一路”倡议，进一步推动中国与白俄罗斯发展战略对接，深化中白两国的教育合作。2019年1月10日，“白俄罗斯教育年”开幕式在大连理工大学举办。北京第二外国语学院校长计金标参加了开幕式，并与白俄罗斯明斯克语言大学巴拉洛娃·纳达利亚·彼得罗夫娜校长签署了《关于北京第二外国语学院与明斯克国立语言大学联合成立教学研究实验室的合作协议》。该协议将一进步发展北京第二外国语学院与白俄罗斯高校之间的学术合作，为共同感兴趣的教育和科研领域的互动发展建立有效通道。

（四）参加《白俄罗斯名人传》首发式与中白文学作品互译发布会

2019年6月28日《“一带一路”列国人物传系——白俄罗斯名人传》首发式在白俄罗斯驻华大使馆举行，该书是“一带一路”列国人物传系的百卷计划之一。《白俄罗斯名人传》一书编写出版历时三年，该书主编是北京第二外国语学院杰出校友，中国前驻白俄罗斯大使馆参赞王宪举研究员。北京第二外国语学院欧洲学院俄语专业3名教师和5名硕士研究生参与编写工作，共完成了5位在白俄罗斯历史上影响深远的文化名人传记，撰写内容占全部总量的1/2。北京第二外国语学院师生主要撰写的文化名人包括16世纪白俄罗斯文化与文明奠基者弗朗齐斯科·斯科林纳，19世纪20世纪之交的诗人作家马克西姆·博格达诺维奇、雅库布·科拉斯、扬卡·库帕拉，还有当今给白俄罗斯文学带来世界声誉的诺贝尔文学奖获奖作家阿列克西耶维奇。其中多数名人是首次向中国读者介绍，这充分体现白俄罗斯研究中心在中白文化交流中的桥梁纽带作用。

2019年4月16日，中国—白俄罗斯文学作品互译发布会在北京举行。白俄罗斯研究中心主任张惠芹教授与中心研究人员韩小也老师共同翻译了现代白俄罗斯作家的作品并发表在《西部》杂志上。发布会同时发布了被翻译成白俄罗斯语的中国诗人、北京外国语大学汪剑钊教授的诗作。在白俄罗斯研究中心平台下，中国—白俄罗斯文学互译工作将继续推进。

另外，张惠芹教授还参与了白俄罗斯的翻译出版项目“崇高标志——中国诗人”工作，该项目旨在将中国古代和现代（唐朝至20世纪）诗词作品译成白俄罗斯语出版。张惠芹教授作为该项目的国际编委会成员，参与了为白俄罗斯的翻译家推介中国诗人的工作。白俄罗斯新闻部长阿列克西·卡尔留恺维奇（Алексь Корлюкевич）专门发来感谢信，感谢张惠芹教授为发展中白文学交流和在出版领域积极参与国际合作方面做出的贡献。

四、科研成果

（一）译作和论文

1. 翻译并发表了当代白俄罗斯小说和诗作：张惠芹教授翻译“逃向雨的尽头”（阿列西·巴达克），韩小也研究员翻译雷戈尔、波罗、杜林三位白俄罗斯诗人作品。译作发表在《西部》2019年第2期。

2. 论文：张惠芹，韩小也：《白俄罗斯共和国警务外事礼仪》，《现代世界警察》2019年第6期和第7期。

（二）研究报告

张惠芹：《白俄罗斯教育情况手册》，省部级（教育部国际司），2018—2019年度。

（三）2018年白俄罗斯研究中心教师承担3个校级研究项目，学生承担1个北京市交委研究项目

1. 教师项目

（1）张惠芹：《白俄罗斯教育的历史及前景分析》，校级项目，2018年。

（2）于优娟：《“一带一路”背景下的中白关系研究》，校级项目，2018年。

（3）卢婷婷：《对白俄罗斯主流媒体涉华报道内容的评析》，校级项目，2018年。

2. 学生项目

林晓意:《中白教育合作的历史与现状》，省部级项目（北京市高等学校高水平人才交叉培养“实培计划”），2018—2019年度。

（四）人才培养

自2015年开设白俄罗斯语课程以来，白俄罗斯研究中心共有21名学生完成了白俄罗斯语辅修专业的课程并获得辅修专业证书。

上海社会科学院国际问题研究所

Institute of International Relations, Shanghai Academy of Social Sciences

一、单位简介

上海社会科学院国际问题研究所于2015年3月经上海市机构编制委员会批准，由成立于1985年，汪道涵先生创立的上海市人民政府上海国际问题研究中心更名组建，原上海社会科学院国际关系研究所整建制并入，核定编制60人。上海社会科学院国际关系研究所于2011年9月经上海市机构编制委员会批准、由原上海社科院东欧中西亚研究所和亚洲太平洋研究所合并成立。作为国际关系研究所的前身，东欧中西亚研究所成立于1981年，亚洲太平洋研究所成立于1990年。上海社会科学院国际问题研究所现有职工41人，王健研究员担任所长，余建华研究员、李开盛研究员担任副所长。

上海社会科学院研究院国际问题研究所现设有四个研究室和一个编辑部。四个研究室分别是：国际关系理论与外交战略研究室、欧洲与俄罗斯中亚研究室、亚洲与太平洋研究室和环印度洋研究室。一个编辑部为《国际关系研究》编辑部。《国际关系研究》（双月刊）是上海社会科学院国际问题研究所主办的综合性学术期刊，2013年正式出版发行。《国际关系研究》以当代国际体系转型和中国和平发展道路的重大理论与实践问题为研究对象，发表具有理论创新性、战略前瞻性、政策分析性及学术动态性的研究成果。《国际关系研究》旨在鼓励学术探讨和思想交锋，推动国际关系理论、外交政策、国外政治思想史、全球与地区热点等问题的深入研究，丰富国际关系、战略学和外交学等学科的理论建设。

二、人员情况

上海社会科学院国际问题研究所欧洲与俄罗斯中亚研究室（以下简称“欧亚室”）现有科研人员9人，研究室主任为崔宏伟研究员，张茗、顾炜任副主任，研究室成员包括：李立凡、戴轶尘、廉晓敏、胡丽燕、严骁骁、王子夔。张健荣副研究员于2018年12月荣休。

1. 崔宏伟：欧洲与俄罗斯中亚研究室主任、研究员，主要研究方向为欧洲区域治理、国际关系、能源问题、中国外交等。

2. 张茗：欧洲与俄罗斯中亚研究室副主任、副研究员，主要研究方向为欧盟与美国关系、太空问题、国际关系理论、国际安全。

3. 顾炜：欧洲与俄罗斯中亚研究室副主任、副研究员，主要研究方向为地区主义与地区一体化、地区战略、俄罗斯对外政策等。

4. 李立凡：欧洲与俄罗斯中亚研究室副研究员，上海合作组织研究中心秘书长。主要研究领域是：上海合作组织及中亚问题研究，重点关注中亚国家与我国的经济发展和能源合作以及中亚的非政府组织研究。

5. 戴轶尘：欧洲与俄罗斯中亚研究室助理研究员，主要研究方向为欧盟外交与安全政策研究，上海合作组织与中亚区域安全治理研究等。

6. 廉晓敏：欧洲与俄罗斯中亚研究室助理研究员，主要研究方向为俄美关系，中俄关系，中亚地区国别问题研究（哈萨克斯坦、乌兹别克斯坦），俄罗斯公共外交，俄罗斯宗教问题等。

7. 胡丽燕：欧洲与俄罗斯中亚研究室助理研究员，主要研究方向为捷克、维谢格拉德集团、中东欧问题等。

8. 严骁骁：欧洲与俄罗斯中亚研究室助理研究员，主要研究方向为欧盟外交，中欧关系，国际规范问题等。

9. 王子夔：欧洲与俄罗斯中亚研究室助理研究员，主要研究方向为比较现代化、多民族帝国转型、国家构建、社会科学方法论。

三、《国际关系研究》概况

《国际关系研究》（双月刊）是上海社会科学院国际问题研究所主办的综合性学术期刊，2013年正式出版发行。本刊以当代国际体系转型和中国和平发展道路的重大理论与实践问题为研究对象，发表具有理论创新性、战略前瞻性、政策分析性及学术动态性的研究成果。本刊旨在鼓励学术探讨和思想交锋，推动国际关系理论、外交政策、国外政治思想史、全球与地区热点等问题的深入研究，丰富国际关系、战略学和外交学等学科的理论建设。

2018年9月至今刊登的相关论文有：

1. 陶文钊:《苏联解体后美俄管理核武器扩散的经验与启发》,《国际关系研究》2018年第5期。

2. 刘义、任方圆:《欧洲的恐怖主义与反恐治理困境分析》,《国际关系研究》2019年第1期。

3. 刘莹:《新时期俄罗斯执政精英变迁及其对中俄关系的影响》,《国际关系研究》2019年第3期。

4. 孙超:《国家构建、民主化回应与中亚政治稳定的形成》,《国际关系研究》2019年第3期。

四、学术活动

上海社会科学院系全国首批25家高端智库试点单位之一，设有俄罗斯中亚研究中心、上海合作组织研究中心等机构。国际问题研究所依托院所两级资源，注重本领域的学科研究和智库建设，以主办、承办、合办、接待来访、出访调研等诸多方式开展学术活动。目前设有常规性学术活动类型包括：国际形势前瞻会、淮海论坛、上海全球问题研究青年论坛、淮海观天下、青年菁英讲座等。国际问题研究所加强全球问题与周边问题的综合研究和交叉学科研究，依据形势发展、理论研究和学科建设需要，举行涉及不同地区与国别的学术活动。2018年9月至今，与俄罗斯东欧中亚有关的学术活动包括：

1. 上海社会科学院国际问题研究所和上海欧洲学会于2018年10月27日

联合举办主题为“亚欧合作与互联互通”学术研讨会。

2. 上海社会科学院国际问题研究所于2018年11月15日承办上海市俄罗斯东欧中亚学会主办的2018年学术年会和第九届青年学术论坛。2018年年会的主题为“变动世界中的中俄关系：回顾与展望”，第九届青年论坛的主题为“俄罗斯东欧中亚国家与十字路口的世界”。

3. 2019年1月18日，上海社会科学院国际问题研究所、中国现代国际关系研究院、《现代国际关系》编辑部、上海市国际关系学会和《国际关系研究》编辑部联合召开“2019国际形势前瞻：国际大格局下的中国周边外交”研讨会。会议议题包括：“中美关系与国际格局走向”“东北亚安全经济态势”“印太战略与东南亚、南亚局势”“中俄关系与欧亚地缘合作”。

4. 2019年2月25日，由上海国际问题研究院、上海社会科学院国际问题研究所和哈萨克斯坦世界经济与政治研究所联合主办的“‘一带一路’框架下中国—哈萨克斯坦全方位合作”国际学术研讨会召开。

5. 2019年3月28日，为推动欧亚学界年轻学者的成长，加强理论化水平和方法论研究，推进学科发展，上海社会科学院国际问题研究所举办“欧亚研究方法论与前沿问题暨纪念中俄建交70周年”小型研讨会。庞大鹏研究员和曾向红教授分别以“俄罗斯政治研究方法论与前沿问题”和“中亚研究方法论与前沿问题”为题作了主题报告。杨成教授进行了专家点评。来自中国社科院、兰州大学、江苏省委党校、复旦大学、华东师范大学、上海外国语大学、上海国际问题研究院、上海政法学院及国际问题研究所的十余位青年学者参与了讨论。

6. 2019年3月29日，上海社会科学院国际问题研究所、上海外国语大学国际关系与公共事务学院、《国际观察》编辑部和《国际关系研究》编辑部合作召开第十一届上海全球问题研究青年论坛“比较视野下的地区秩序：理论进展与现实挑战”研讨会。上海社会科学院国际问题研究所廉晓敏博士主持了第四节议题“欧亚地区秩序的理论研究与现状”，庞大鹏研究员、曾向红教授、封帅博士、孙超博士分别就“俄罗斯的欧亚地区秩序观和地区战略”“欧亚地区套娃秩序的生成机理”“欧亚地区秩序的研究视角、要素、边界”“欧亚秩序的历史变迁和未来设想”等主题进行了发言和讨论。

7. 2019年5月8日，上海社会科学院国际问题研究所与上海市美国问题研究所联合主办中俄美关系圆桌研讨会。特邀美国哥伦比亚大学东亚研究所高级研究员、蒙特克莱尔州立大学政治学教授蔚莉飒（Elizabeth Wishnick）女士以“中美俄关系与朝核危机”为题发表主旨演讲。与会研究人员，还就当前的中美关系、中俄美三角关系以及其他热点问题如委内瑞拉局势等，与蔚莉飒博士展开了深入讨论。

8. 2019年6月29日，上海社会科学院国际问题研究所与上海外国语大学俄罗斯研究中心联合举办“俄乌关系与黑海地区形势”学术研讨会。

五、科研成果

1. 顾炜：《中俄战略协作与欧亚地区秩序的演进》，中国社会科学出版社，2018年版。

内容摘要：冷战后，中国与俄罗斯的关系平稳快速发展，走出了一条“结伴不结盟”的道路，这在冷战后纷繁复杂的国际形势中显得弥足珍贵。同样珍贵的是欧亚地区保持了相当长时间的相对和平与稳定。苏联解体后诞生的欧亚地区，在从国内政治向国际政治转型的过程中，塑造了自身的地区秩序，而在秩序初步构成的同时就开启了演进。这一演进过程的相对和平与俄罗斯和中国这两个大国密切相关。本书主要从地区的视角看待中俄关系，探讨中俄战略协作对欧亚地区秩序及其演进的影响。本书认为：冷战后，中俄两国建立和发展了战略协作伙伴关系，并在地区层次上进行了战略协作，从而推动了欧亚地区秩序的演进。

2. 李立凡、陈佳骏：《中亚跨境水资源：发展困境与治理挑战》，《国际政治研究》2018年第3期。

内容摘要：苏联解体后，中亚地区原有的水管理制度难以为继，中亚跨境水资源合作也停滞不前，造成的结果是，中亚跨境水资源治理陷入了一个恶性循环，即水资源的利用、分配引发地区水政治的激化，反过来又迫使各国加强对本国水资源利益的控制或放大自身对水资源利益的诉求。以多边国际开发机构为主的西方治理机制希望构建一种“去中心化”、赋权水使用者的治理模式来弱化当地矛盾，但因与当地的政治社会文化难以契合而效果不彰。“丝路经济带”为中亚国家提供了一种基于本地特色的制度化解决路径的可能。

基于跨境水资源的经济合作，可在一定程度上消除制约中亚国家间接触的传统隔阂，从而使其以更加开放包容的心态迎接在各领域的合作。

3. 王子夔:《普鲁士歧路——19世纪俄国和奥地利现代化改革中的效仿》,《世界经济与政治》2018年第10期。

内容摘要：效仿先发国家经验是后发国家现代化的核心路径之一。政治家和研究者对“普鲁士道路”多有述评，但少有深入研究。实际上，以普鲁士案例为参照，在比较视野下追溯作为“半负面案例”的俄国、奥地利19世纪现代化进程，可以看到决策相近的现代化改革如何形成分岔，进而导致不同结果。具体来说，在区分改革决策是效仿学习还是相似条件下的相近决策的基础上，考察行为体的行为在时间维度上的变迁，寻求其中的因素与机制，解释它们对改革进程和结果的影响。阶级和族群两类利益集团的固化程度同国家能力一起影响了俄国和奥地利对普鲁士经验示范效应的认同以及由此激发的效仿行为。利益集团固化程度影响了社会流动和行为体互动模式，国家能力影响了政治体制吸纳、联合阶级和族群利益集团模式。上述因素影响效仿中的具体行为，并通过各维度改革的时机、时序、进程持续时间以及现代国家转型各维度变革的顺序，影响了现代化的最终结果。

4. 刘鸣主编，顾炜、汪舒明副主编:《新世纪地区安全危机及其治理》，社会科学文献出版社，2018年版。

内容摘要：进入21世纪以来，世界范围内的大国间直接冲突的可能性在降低，但各种地区性危机与冲突层出不穷。在一些地区，危机和紧张获得了较好的管控；在另外一些地区，危机却上升为地区性冲突，并引发了域外大国或国际组织的介入和干预。这些安全难题和困局呈现新老因素交织、地区性因素与全球性因素联动的特征。如何实现对这些安全难题和困局的管控与治理，是维护全球和地区两个层次稳定与安全的重要路径，受到了国际社会的普遍关注，也引发了众多青年学者的思考。

上海国际问题研究院俄罗斯中亚研究中心

Institute for Russian and Central Asian Studies of Shanghai Institutes for International Studies

一、中心概况

上海国际问题研究院俄罗斯中亚研究中心（以下简称“俄罗斯中亚研究中心”）是上海国际问题研究院6大区域研究中心之一。上海国际问题研究院成立于1960年，是隶属于上海市人民政府的高级研究机构和知名智库。上海国际问题研究院的主要任务是：以服务党和政府决策为宗旨，以政策咨询为方向，通过对当代国际政治、经济、外交、安全的全方位研究，为党和政府决策提供有力的智力支持；通过与国内外研究机构和专家学者的合作交流，增强我国的国际影响力和国际话语权，提升国家的软实力。

目前，俄罗斯中亚研究中心共有8位成员，分别为李新、强晓云、赵隆、王玉柱、封帅、曹嘉涵、蒋旭栋、徐晓岚。所有研究人员均拥有研究生学历，其中有1位研究员，4位副研究员。多位研究人员有长期在俄罗斯、白俄罗斯留学的经历。目前，中心副主任为强晓云，主持中心工作。

俄罗斯中亚研究中心的研究方向为：一是中国与欧亚国家关系，以中俄关系、中国与中亚国家关系为主要研究导向，覆盖俄罗斯和中亚各国的国内政治、安全、经济和外交领域。二是欧亚地区的国际组织研究，包括对上海合作组织、亚信会议的研究。三是与欧亚地区相关的全球治理议题的研究，例如北极问题、国际能源治理与合作、国际移民、创新技术（人工智能），等等。

二、研究方向

1. 李新：研究员，上海国际问题研究院世界经济研究所所长。主要研究方向为：欧亚地区经济、上海合作组织经济合作、“一带一路”与欧亚国家对接。

2. 强晓云：副研究员，中心副主任，主持中心工作。主要研究方向为：俄罗斯中亚国家内外政策、上海合作组织、国际移民、“一带一路”相关问题等。

3. 赵隆：副研究员，全球治理研究所所长助理。主要研究领域：全球治理、国际法、北极治理、俄罗斯中亚问题等。

4. 王玉柱：副研究员，主要研究方向为：“一带一路”理论与实践、经济体制改革、国际发展经济学。尝试从系统论和演化论角度解释经济增长和政策改革的逻辑。

5. 封帅：副研究员，主要研究方向为：俄罗斯政治与外交，以及原苏联空间内各国家与地区的转型问题研究。

6. 曹嘉涵：助理研究员。主要研究方向：欧亚地区政经态势、亚太地区非传统安全合作、美国能源战略与能源政策、联合国2030年可持续发展议程落实等。

三、承担课题

俄罗斯中亚研究中心多位成员还是国家级科研项目的负责人，包括：

1. 李新研究员：《丝绸之路经济带建设研究》（国家社科基金重点项目，2019年1月免检结项），《俄罗斯北方海航道开发的历史文献和档案收集整理及中俄北极合作》（国家社科基金重点项目）。

2. 强晓云副研究员：《建国以来中国与哈萨克斯坦的跨国移民史研究》（国家社科基金冷门“绝学”和国别史等研究专项）。

3. 赵隆副研究员：《北极治理范式与中国科学家团体的边缘治理路径研究》（国家社科基金青年项目，2019年上半年免检结项），《以“欧亚城市创新链”建设增强上海的创新策源能力研究》，上海市哲学社科规划智库研究专项课题。

4. 王玉柱副研究员：《市场决定、政府作用与良性“竞争秩序”的体系构建研究》（国家社科基金青年项目）。

5. 封帅副研究员：《人工智能时代的国际关系研究》（国家社科基金青年项目）。

四、学术活动

（一）主办的会议

1. 2019年2月25日，上海国际问题研究院、哈萨克斯坦首任总统基金会世界经济与政治研究所、上海社科院国际问题研究所联合主办的“‘一带一路’框架下中国—哈萨克斯坦全方位合作”国际学术研讨会，在上海国际问题研究院召开。与会的30多位中外学者围绕着世界与地区格局变化及中哈两国政策，中哈共建“一带一路”的相关问题进行了深入讨论，并且重点讨论了中哈共建“一带一路”所面临的现状与问题、安全保障情况以及对于未来的建议与展望等问题。

首先，与会学者认为，当前全球的政治经济形势变迁对中亚地区格局产生了重要影响，也对中哈双边合作关系的发展提出了新的挑战。在经济层面，经济全球化进程受到了严重阻碍，一体化进程中出现了越来越多的碎片化现象。在政治层面，传统安全问题再次抬头，中美俄等对于中亚地区产生重要影响的全球大国之间的关系出现了非常深刻的变化。中美俄战略竞争的加剧对中亚政治经济格局产生直接的影响。

在这种情况下，中哈合作关系的稳定发展对于中亚地区的发展与稳定非常重要。中哈两国需要围绕着“一带一路”倡议进一步开展合作，加强战略沟通，充分利用上海合作组织、亚信等平台，加强在地区事务上的沟通协调。切实照顾对方的核心利益和重大关切，使两国关系不断走向深入。

其次，两国学者都认为，目前中哈共建“一带一路”已经取得了非常丰富的成果，在中国“一带一路”倡议提出和落实的5年时间里，中哈两国通力合作，取得了丰硕的成果。在政治方面，中哈两国已经就“一带一路”倡议与“光明大道”倡议进行了有效对接，在战略层面上巩固了双方的合作。这些项目都具有非常好的前景，将会促进哈萨克斯坦经济发展和国家工业化进程。

但同时，当前中哈共建“一带一路”进程中存在的问题，主要包括：第一，中哈围绕着“一带一路”的合作目前缺乏重大的、标志性的项目，现有的项目大多围绕着油气产业展开，但在塑造新的产业链方面的进展并不明显。第二，中哈“一带一路”合作仍呈现出“上热下冷”的态势，应更加努力让两国民众享受到“一带一路”合作的红利。第三，为维护中哈关于“一带一路”合作的稳定推进态势，还是需要抓紧解决中哈边界水资源共享问题。第四，在推进“一带一路”合作进程中，不仅要积极推动经济方面的合作，还要在文化交流与人文合作方面下大功夫，并且可以用切实可行的方式推动双方旅游合作，为中哈“一带一路”合作拓展新的空间。

再次，与会中哈学者都认为，当前在中哈共建“一带一路”过程中，主要的安全威胁来自恐怖主义、极端主义和分裂主义“三股势力”在中亚地区的不断蔓延，从根源上应对“三股势力”威胁是对中亚地区“一带一路”建设最重要的安全保障。中哈两国学者都同意，中国与中亚国家面临着共同的安全挑战，两国之间可以在社会治理和打击极端主义方面相互借鉴经验，开展有力合作。共同为保卫“一带一路”合作成果贡献力量。

最后，中哈双方学者围绕共建“一带一路”的相关问题提出了很多卓有见地的意见与建议，相关意见对于未来中哈合作的发展具有重要的参考价值。例如，继续在两国战略层面加强对接与联系，在哈萨克斯坦“光明大道”计划结束之后，继续建立新的战略对接平台。再如，动员双方更多层面的力量，凝聚政界、学界、商界的思想，打造中哈战略合作的路线图和双方合作的典型案例，以此引领合作项目的推进，等等。

（二）2019年俄罗斯中亚研究中心学者参与的会议

1. 3月22日，“中国外交70年”系列研讨会之八：“中俄（苏）关系的回顾与展望”（上海）；

2. 4月上旬，李新研究员随外交部政策司外交政策咨询委员会代表团访问俄罗斯、阿塞拜疆、哈萨克斯坦相关政府决策部门和智库，并与相关政府官员、专家就中俄、中阿、中哈关系、共建“一带一路”等相关问题进行了深入和广泛的交流；

3. 5月24日，中白全面战略伙伴关系：在“‘一带一路’倡议框架下的合作学术研讨会”（上海）；

4. 6月15日，首届新时代中俄全面战略协作高端论坛（哈尔滨）；

5. 7月12日，第五届欧洲论坛（布鲁塞尔）；

6. 8月16—18日，第七届国际安全研究论坛暨“百年国际关系学与安全问题研究”学术研讨会（兰州）；

7. 8月27日，“新中国外交70年：回顾、启示、前瞻”学术研讨会（上海）；

8. 9月初，李新教授应邀赴俄罗斯海参崴参加俄罗斯历史学会和中国社科院在“东方经济论坛”共同举办的“中国建国70周年背景下中俄关系的历史与当代”国际研讨会，并就“中俄经贸关系70年”发表演讲；

9. 9月中旬，李新教授应邀赴捷克布拉格参加捷克共和国科学院历史研究所和全球冲突研究中心共同举办的“上海合作组织对欧洲：伙伴？对手？还是敌人？”国际研讨会，并就上海合作组织与欧洲与“一带一路”的关系及构建亚欧经济伙伴关系的前景做主题发言。

五、科研成果

（一）著作

1. 李新等：《“一带一路”构建亚欧经济伙伴关系》，上海世纪出版集团远东出版社，2019年版。

内容摘要：该研究成果也是包括上海国际问题研究院俄罗斯中亚研究中心副主任强晓云等在内的课题组积极参与“一带一路”与俄罗斯和中亚国家发展战略实施对接合作顶层设计的工作结晶。该项研究以地缘经济学为理论支撑，认为“一带一路”是一个横跨亚欧大陆并辐射周边，乃至影响世界的宏大战略构想，旨在实现各国互惠互利、共享共赢的一次伟大尝试，该构想强调合作、共赢，突出经济发展为重点，是一种建立在新型国际关系基础之上的国际经济合作互动大平台，即以上海合作组织为平台实现“一带一路”与欧亚经济联盟对接合作，硬件基础设施实现亚欧大陆跨境互联互通；欧盟、欧亚经济联盟、上海合作组织、东盟、《区域全面经济伙伴关系协定》（RCEP）等及其成员国相互之间结成高质量自由贸易区网络形成未来亚欧经济伙伴关系的软件基础设施基本框架。作者同时认为，中国国内区域经济一体化发展项目如东北振兴战略、京津冀协同发展、粤港澳大湾区、长江经济带、长三角一体化发展等也是“一带一路”建设的重要组成部分，上海、广东、福建等18个自由贸易试验区已经为中国融入全球高质量自由贸易区网络做好了充分的准备。

2. 王玉柱:《全球化新阶段与上海改革新征程》，格致出版社，2018年版。

内容摘要:《全球化新阶段与上海改革新征程》从大国角色和生产方式变革两个视角分析全球化的动力机制，从周期性和阶段性两个维度分析全球化进程的演化规律，对当前有关“逆全球化”的趋势性判断提出质疑，认为全球化进程整体是向前发展的。在回顾上海的改革历史和现实的基础上，本书研究上海开放导向的经济模式和改革路径特征。

四十年的改革开放实践表明，全球化是中国经济快速增长和各项经济改革取得进展的动力基础。《全球化新阶段与上海改革新征程》对全球化问题研究的最终落脚点在于探索中国的改革逻辑。上海作为中国改革发展的排头兵，在新一轮改革和对外开放进程中被赋予更重要的改革使命。本书对于全球化的研究旨在为上海正推动的改革试验作铺垫。全书分为全球化进程和上海发展改革上下两篇，共九章。上篇注重构建全球化新阶段的相关理论体系；下篇从中国新一轮改革和对外开放角度，聚焦上海的改革试验引领。

（二）研究报告

强晓云、赵隆、曹嘉涵:《特朗普政府时期的美俄关系发展趋势及对中国的影响》，上海国际问题研究院，2018年。

内容摘要：2016年美国总统大选期间，俄罗斯成为热门的关键词之一。新上台的特朗普政府积极主张改善与俄罗斯的关系，与前任奥巴马政府形成鲜明反差。特朗普政府时期美俄关系的走向备受关注：美国是否会解除对俄罗斯的制裁？美俄两国是否会在叙利亚、乌克兰等地区热点问题上实现真正的合作？同时，美俄关系的调整也将影响中俄全面战略协作伙伴关系的发展，如何评估这一影响并加以应对？本课题对此进行深入探讨。

2018年1月，美国总统特朗普执政届满一周年。以一年的执政实践去评判、预测特朗普政府美俄关系的现状及发展趋势，显然是管中窥豹。然而，通过分析2017—2018年美国精英对俄的认知，美国政府对俄的政策，依然可以得出些许判断。美俄对抗进入“新常态”、两国彼此需求不复从前、美俄间的“敌我”意识继续深化，等等。

（三）论文

1. 李新：《中俄经贸合作70年：经验与教训》，《俄罗斯学刊》2019年第4期。

内容摘要：该文回顾了中国与苏联建交以来中苏、中俄经贸合作的历史进程与波折，得出结论认为：双边政治关系决定着两国经贸合作的水平与规模；两国不同民族意识和思维方式如俄罗斯民族的欧洲中心主义、行为方式的极端主义和安全意识等制约了俄罗斯与中国的经贸合作；两国不同的经济发展模式和经济结构决定了双边经贸合作的实质性内容；两国共同的出口导向型经济发展模式导致双边经贸合作的脆弱性；两国相互进出口商品结构发生逆转，但低附加值的特性没有改变，进而制约了双边贸易额的进一步提升；两国国内经济政策的调整对双边经贸合作产生重要影响。

2. 封帅，鲁传颖：《人工智能时代的国家安全：风险与治理》，《信息安全与通信保密》2018年10月。

内容摘要：人工智能正在成为影响未来社会最重要的技术领域，世界各国纷纷出台指导战略，助力人工智能的创新与发展。然而，人工智能作为一项具有颠覆性的技术，其发展过程本身也蕴含着很大的风险与威胁。人工智能技术发展不仅会导致法律、伦理等方面的问题，也会引发国家安全领域的风险与威胁。本文根据人工智能技术和应用的发展趋势，分析国家在不同领域所面对的安全风险，不仅有助于做好安全防范准备，也有助于处理好安全与发展之间的关系。加强对风险的有效应对，可以更好地保障人工智能技术的发展。在此基础上，国家可以从提升风险意识、完善治理体系、加强监管能力和探求国际合作等多方面来构建风险分析和应对框架，提升国家安全的韧性。

2018—2019年，俄罗斯中亚研究中心所有成员还积极为国家建言献策，共撰写了数十篇内部报告。

南京大学俄罗斯学研究中心

Russian Studies Center of Nanjing University

一、重要沿革

为推动我国对俄研究水平的提升，促进中俄各领域的交流与合作，2013年，教育部国际合作与交流司批准在中俄人文合作委员会框架下设立“南京大学俄罗斯学研究中心”。

中俄关系是世界上最重要的一组大国关系；高水平、强有力的中俄关系不仅符合中俄双方的利益，也是维护国际战略平衡和世界和平稳定的重要保障。这标志着中俄关系进入历史最好时期，两国战略互信达到空前高度。在这一背景上，南京大学俄罗斯学研究中心自成立之日起，就以深远扎实的研究传统和在两国学界已有的重要影响为基础，充分发挥南京大学的综合学科优势，凝聚各系科力量，共同推动俄罗斯学研究水平的提升，促进与俄罗斯有关方面的多领域交流与合作，更好地服务于国家需要。

2017年，南京大学俄罗斯学研究中心成功入选教育部国别和区域研究中心备案名单（备案名称“南京大学俄罗斯研究中心”），并于当年承担教育部国别和区域研究专项课题2项，分别为“俄罗斯语言政策研究”和“俄罗斯中文学习现状及未来学习和服务需求研究”，于2018年承担教育部国别和区域研究专项课题“新世纪中俄教育交流”，以上3项课题研究均已完成。

南京大学俄罗斯学研究中心成立以来，主办了“跨文化话语旅行中的巴赫金国际研讨会”“俄罗斯学国际研讨会”等多次学术会议。其中，举办于2017年6月30日至7月3日的“俄罗斯学国际研讨会”吸引了来自俄罗斯、美国、乌克兰、白俄罗斯、波兰和匈牙利的21位外国代表，以及来自中国社会科学院、北京大学、浙江大学、复旦大学、武汉大学、上海外国语大学等近100所高校和研究机构的专家学者，收到论文或摘要共计94篇。这也是迄今为止国内主办的参加国最多、规模最大的一次俄罗斯学国际研讨会。俄罗斯驻上海总领事馆副总领事到会祝贺并致辞。此会引起了国内外学界的关注与好评：在世界俄语学界具有重要影响的国际俄罗斯语言文学教师协会会刊《俄语在国外》（2017年第4期）对此会做了详细的报道；《新华文摘》（2017年第20期）全文转载俄罗斯学者沙波瓦洛夫提交的会议论文《作为一门综合性学科的俄罗斯学》；《文汇报（学人版）》（2017年7月28日）刊发了本次会议的三篇论文以及会议嘉宾、俄著名学者康达科夫的访谈；《当代外国文学》（2017年第4期）、《俄罗斯文艺》（2018年第1期）、《俄罗斯研究》（2017年第5期）等多家CSSCI来源期刊发表了本次会议的学术综述。

在外国文化译介方面，南京大学俄罗斯学研究中心成果丰硕，组织翻译、出版多部有关俄罗斯社会文化的论著。其中，《俄罗斯社会与文化译丛》（第一辑）包括《俄罗斯文明的起源与意义》《二十世纪的俄罗斯族人》《俄罗斯大众传媒》《二十世纪俄罗斯文学史》四卷论著，自出版以来产生了良好的社会影响，俄罗斯联邦驻华大使安德烈·杰尼索夫先生于2016年1月专门致函南京大学表示感谢。俄罗斯方面对译丛的后续出版工作予以高度重视。《俄罗斯文明的起源与意义》获第四届中国大学出版社图书奖优秀学术著作二等奖（2015）。

此外，南京大学俄罗斯学研究中心还定期邀请国内外著名学者到南京大学讲学，其中包括俄罗斯国立人文大学教授、俄罗斯自然科学院院士伊·瓦·康达科夫、俄罗斯莫斯科国立大学语文系资深教授谢·伊·科尔米洛夫等。

南京大学俄罗斯学研究中心的发展目标是提升我国俄罗斯学研究的广度和深度，促进对俄文化交流与合作，形成有影响力的研究成果，指导高校俄语专业教学改革与人才培养模式创新，成为国内首屈一指的俄罗斯学研究基地。俄罗斯学研究中心通过承担翻译任务和专题研究项目、撰写调研报告和学术论文的方式上呈资政成果，努力推动中俄人文交流与合作，为我国教育部高等教育司、国家汉办及高等学校外语类专业教学指导委员会制定标准和政策提供依据，为进一步提升中国俄罗斯学研究的整体水平发挥积极作用。

二、研究方向

1. 俄罗斯文化；
2. 俄罗斯文学；
3. 俄语语言学；
4. 俄语修辞学；
5. 中俄文学关系；
6. 俄罗斯教育；
7. 俄罗斯学；
8. 俄罗斯大众传媒；
9. 俄罗斯历史；
10. 中俄关系。

三、人员情况

南京大学俄罗斯学研究中心主任：王加兴（2013年至今）

副主任：赵　丹（2013年至今）

科研团队：

1. 王加兴：博士，教授、博导，俄罗斯文化、俄罗斯文学、俄罗斯教育、俄罗斯学、俄语修辞学
2. 徐来娣：博士，教授、博导，俄语语言学、俄汉语言文化对比
3. 董晓：博士，教授、博导，俄罗斯文学、中俄文学关系
4. 郑振东：博士，副教授，俄罗斯历史
5. 张俊翔：博士，副教授、硕导，俄罗斯大众传媒、俄语修辞学、俄罗斯文学
6. 范洁清：博士，副教授、硕导，俄语语言学
7. 赵丹：博士，副教授、硕导，俄罗斯文化、俄罗斯文学
8. 段丽君：博士，副教授、硕导，俄罗斯文学
9. 赵杨：博士，副教授、硕导，俄罗斯文学

10. 杨正：博士，副教授、硕导，俄罗斯文化、俄罗斯文学

11. 汪磊：博士，副教授、硕导，俄罗斯文学、中俄关系

12. 孙飞燕：硕士，讲师，俄罗斯文学、俄罗斯教育

四、学术活动

1. 2018年10月16日，中国社科院学部委员、研究员李静杰先生举办讲座“中俄关系的特殊性：历史的视角”。

李静杰对中俄历史上的领土和边界问题、苏联对华政策的继承性、影响中国百年发展的主要外部因素等问题进行了详细的阐述和分析。讲座结束后，在俄罗斯学研究中心主任王加兴的主持下，他与南京大学师生进行了热烈的学术交流。

2. 2018年11月11—25日，俄罗斯国立人文大学教授、俄罗斯自然科学院院士伊·瓦·康达科夫举办系列讲座“20世纪末21世纪初的当代俄罗斯文学”。

康达科夫是俄罗斯文学理论与文学史、艺术理论、哲学思想史等领域的著名专家，俄罗斯科学院“世界文化史”学术委员会副主席，著有俄罗斯文化史及文化理论研究著作20余部，文化史教材30多部，各类文章三百余篇。在本次系列讲座中，康达科夫不但考察苏联解体后俄罗斯文学思潮与流派之更替，对20世纪90年代至今的三十多年文学进行整体观照，分析包括回归文学、后现代小说等在内的各类文学作品代表作，还阐释了当今俄罗斯文学发展的新趋势，关注俄罗斯当代文学经典和相关研究领域的新观点。

3.《新时代俄罗斯学研究——俄罗斯学国际研讨会论文集》编辑出版。

2017年6月30日至7月2日，俄罗斯学国际研讨会在南京大学成功召开。百余位与会代表围绕“俄罗斯学前沿理论”等热点话题进行深入交流与研讨。2018年12月，此次会议论文集《新时代俄罗斯学研究——俄罗斯学国际研讨会论文集》经过王加兴主编以及赵丹、杨正、汪磊副主编的辛勤编辑和校对，由外语教学与研究出版社出版。论文集是此次会议的成果，收录的文章具有相当的代表性，反映了当前俄罗斯学的研究水平，可用于学术研究，也可作为语料用于高校俄语教学。文集共收录中外学者论文30余篇，涵盖五个方面

的内容：俄罗斯学前沿理论，俄罗斯文化关键词和核心概念研究，俄罗斯学在中国、美国和波兰的建构与发展，俄罗斯学语境下的俄罗斯文学、艺术和文化，俄罗斯学与高校俄语教学等。

4. 为纪念诺贝尔文学奖获得者、俄罗斯作家亚历山大·伊萨耶维奇·索尔仁尼琴（1918—2008）百年诞辰，美国北佛蒙特大学于2018年9月7—8日举办了“品读索尔仁尼琴”国际学术研讨会。来自俄罗斯、美国和中国的50位与会代表做了专题报告，并进行了学术交流。王加兴教授应邀在会议开幕式上致辞，并在第二场大会发言上做了题为“《伊凡·杰尼索维奇的一天》的叙事艺术和劳改营书写”的主旨报告。王加兴教授在报告中指出，小说《伊凡·杰尼索维奇的一天》以纪实性手法开创了苏联劳改营文学的先河，而成为20世纪俄罗斯文学史上的一座里程碑。需要注意的是，较之西方集中营文学，苏联劳改营文学具有其独特内涵：苏联劳改营制度始于1917年末，20世纪三四十年代急遽发展，1950年代达到顶峰，直到1987年戈尔巴乔夫执政时期方告结束。建造劳改营的目的，除了对犯人进行劳动改造，还在于“使用被剥夺自由者的劳动来开发边远地区的自然资源”。劳改营最初在托洛茨基等革命领导人的法令条文中被称作“集中营”，从1930年4月起，苏联政府公开声明停止使用集中营的称谓，要求所有官方文件一律使用“劳动改造营”，并设立“劳改营管理总局”，即“古拉格”。劳改营文学着重描述被关押的苏联劳改犯们的真实生活和内心世界，其源头为俄罗斯的“苦役小说”。

5. 2019年5月13—14日，由莫斯科国立大学新闻系和斯拉夫学研究者国际委员会修辞学分委会共同举办的“修辞学：现在与未来”国际学术研讨会在莫斯科国立大学成功召开。王加兴教授和马娜博士生应邀在研讨会上做了题为“当代东正教信函体裁的结构—交际特点”的大会发言。研讨会期间还召开了斯拉夫学研究者国际委员会修辞学分委会工作会议。委员们一致同意接纳王加兴教授作为首位中国委员加入本会。

6. 2018年9月8日，第四届“阅读俄罗斯”文学翻译奖评委会在莫斯科公布了2016—2018年度“阅读俄罗斯”文学翻译奖最终获奖名单。中国文字著作权协会推荐的南京大学王加兴教授凭借翻译作品《普希金之家》（北京大学出版社）获提名奖（即入围“短名单”）。在组委会收到的33个国家的178项申请中，有43部译作进入“长名单”，其中有译成12个语种的19部俄罗斯文学作品入围“短名单”。我国《文艺报》《中华读书报》《中华文化报》《新京报》和俄罗斯《文学报》等重要媒体都做了相关报道。“阅读俄罗斯”文学翻译奖由非营利组织——俄罗斯翻译学院于2011年设立，每两年颁发一次，由俄罗斯出版与大众传媒署提供支持。

五、科研成果

（一）著作

1. 汪磊、王加兴：《〈日瓦戈医生〉叙事特色和语言艺术研究》，北京大学出版社，2019年版。

内容摘要：《日瓦戈医生》犹如一座金字塔，由多重的思想内容层层叠加垒成，每一层面都有诸多内涵可供探索，它又犹如一个富矿，里面有采掘不尽的文学、美学与艺术价值。帕氏的这部著作之所以成为文学经典，正是由于作品本身的艺术价值——新颖别致的叙述方式、优美凝练的叙事语言和哲理深邃的思想内容。本书以《日瓦戈医生》的叙述方式、叙事语言和叙事中的互文为研究重点，以微观的形式分析为基点揭示这部经典的语言风貌、辞章特色和叙事艺术，进而探索隐藏文本之中的思想题旨和精神内涵。本书所研究的三个层面是有机统一的整体，彼此之间紧密相连、密不可分，叙述方式与叙事语言的具体分析旨在揭示帕斯捷尔纳克的创作思想，而挖掘作品的主题内涵又离不开作品形式、文本语言的逐层剖析。

2. 董晓译：《白色的虹——巴乌斯托夫斯基短篇小说选》，陕西师范大学出版社，2019年版。

内容摘要：本书收录抒情大师帕乌斯托夫斯基经典短篇小说26篇，包括《白色的虹》《细雨蒙蒙的早晨》《一篮云杉果》《碎糖块》《面向秋野》等脍炙人口的佳作。《白色的虹》中叶莲娜不顾一切穿过战时戒严的莫斯科城去车站看望受伤的画家；《细雨蒙蒙的早晨》中库兹明少校为奥尔嘉带去丈夫的信件，这次偶遇却引发两人心灵的颤动；《一篮云杉果》中伟大作曲家格里格为护林员女儿写下十年后庆祝生日的音乐剧。人生旅途上的人们于偶然相遇时碰撞出的心灵火花，在作者笔下变成一个个具有独特内涵的“诗意的瞬间”，为我们构筑起最独特、神奇、富有魅力的艺术世界。

（二）论文

1. 王加兴:《俄罗斯学:〈高等学校俄语专业本科教学质量国家标准〉的重要内涵》,《中国俄语教学》2018年第3期。

内容摘要:《高等学校俄语专业本科教学质量国家标准》（以下简称《国标》）于2018年正式发布。《国标》强调，俄语专业旨在培养多元化的复合型俄语人才。我们认为,“俄罗斯学”作为一个新兴跨学科方向应引入本科教学改革，因为这不仅可以解决以俄语为核心的复合型人才的培养问题，而且通过传授俄罗斯文化艺术知识，还可以提高学生的综合素质和人文素养。《国标》虽未直接使用“俄罗斯学”这一术语，但在“培养目标”“素质要求”“知识要求”和“课程体系”等方面，都与俄罗斯学的内涵息息相关。

2. 王加兴:《砥砺奋进：中国巴赫金研究会十年回顾》,《俄罗斯文艺》2018年第3期。

内容摘要：中国巴赫金研究会成立十年以来，积极开展相关著述的编撰与出版工作，大力推进各级人文社科研究项目的立项，积极推动巴赫金专题进入高校课堂，举办各类学术会议，积极开展与世界巴赫金学界的对话与交流活动。从《中国人文社会科学图书学术影响力报告》可以看出，巴赫金对中国学界产生了重大的学术影响。

3. 杨正:《论陀思妥耶夫斯基的“普世共鸣性”理念》,《俄罗斯文艺》2018年第3期。

内容摘要:“普世共鸣性”一词出自陀思妥耶夫斯基的演说稿《论普希金》。陀氏藉此强调普希金艺术天才中体现的“世界性和全人类性”。他认为，普希金独具其他欧洲伟大艺术天才所不具有的“普世共鸣性能力”，即充分完美地再现其他民族天赋的能力。陀氏进一步指出“普世共鸣性”是俄罗斯民族文化的共同特征，而对普世性和“全人类统一性”的终极追求便成为俄罗斯思想的核心。陀氏的“普世共鸣性”理念成为加速俄罗斯文化进一步发展的催化剂，俄国许多知识分子与思想家都先后对此做出自己的回应，如伊·屠格涅夫、康·列昂季耶夫、弗·索洛维约夫等。由此,“普世共鸣性”理念作为俄罗斯文化的特质完全融入俄罗斯民族意识。

4. 董晓:《从〈我们〉到〈长路漫漫〉：跨越70年的呼应——兼论20世

纪俄罗斯文学中反乌托邦精神的嬗变与回归》,《南京师范大学文学院学报》2018年第3期。

内容摘要：长篇小说《我们》作为20世纪反乌托邦小说之鼻祖，其对未来的深刻反思体现了俄罗斯作家在国家乌托邦主义开始盛行之际的清醒眼光和可贵人文关怀。反乌托邦思想是白银时代文学的延续，是俄罗斯文学深厚的人道主义思想传统的延续。然而，这种反乌托邦精神在随后的苏维埃时代里不断地遭到变形与扭曲，使人文精神在苏联时代的许多作品中丢失了。随着“解冻”时代到来，失落的反乌托邦精神逐渐在苏联文学中回归，至20世纪末，当代俄罗斯作家的反乌托邦写作鲜明地呈现出深化的趋势。中篇小说《长路漫漫》对《我们》的遥相呼应正是这种变化趋势的典型体现。

5. 段丽君:《俄罗斯经典作家笔下的暴风雪主题》，载论文集《民族精神生活的艺术呈现——俄罗斯文学与文学史研究》，中国社会科学出版社，2018年版。

内容摘要：暴风雪是俄罗斯文学中一个独特主题，它贯穿了19—20世纪的俄罗斯文学，并一直延续至今。普希金、莱蒙托夫、列夫·托尔斯泰、勃洛克、帕斯捷尔纳克等经典作家不断拓展这一主题。在这些名家笔下，暴风雪被赋予多种文化含义：死亡、神秘力量、社会变革，等等。

6. 张俊翔:《当代俄罗斯新生代作家在中国的译介与传播》，载《第五届文学译者国际研讨会论文集》，2018年版。

内容摘要：论文依托译介学和传播学的相关理论，以俄罗斯70后和80后作家的小说作品在中国的翻译、出版和接受为对象，从作品数量、印刷规模、传播路径、影响力、译者和读者等方面对当代俄罗斯文学在中国的接受现况加以透视。

7. 赵杨:《俄罗斯后现代主义文学中的民族文化建构》，载论文集《民族精神生活的艺术呈现——俄罗斯文学与文学史研究》，中国社会科学出版社，2018年版。

内容摘要：与西方后现代主义文学中“反传统”的主流思潮不同的是，俄罗斯后现代主义文学与民族文化传统在创作理念及艺术形式上都是密切相关的。每一个俄罗斯后现代作家都有各自的艺术特质，他们作品的思想与审美价值都不尽相同，然而在他们各具特色的艺术创作中都体现着对俄罗斯文学传统的认同。主人公们在后现代语境中都具有双重性心理特质，既紧随后现代语境的时尚潮流，又在紧张求索的潜意识中竭力挣脱专制和强权的羁绊，寻找着俄罗斯民族的出路和心灵的自由。因此可以说，俄罗斯民族的血脉特质决定了俄罗斯后现代主义文学既有西方后现代思潮的特点，又闪耀着本民族文化的光彩，俄罗斯后现代主义文学没有停留在对西方后现代主义文学浅层次的模仿和赶时髦上，而是凸现出了深厚的民族文化底蕴。

8. 赵杨:《俄罗斯后现代主义文学对历史的书写与反思》，载论文集《民族精神生活的艺术呈现——俄罗斯文学与文学史研究》，中国社会科学出版社，2018年版。

内容摘要：对历史行程的高度敏感与反思，是俄苏作家的一贯传统。然而，受西方“后现代主义”思潮的影响，俄罗斯后现代文学的反思精神从艺术形式乃至文化观念上既有西方后现代主义文学的文体特征，又有自己鲜明的独特性。因此，与传统的现实主义作家的创作相比，在强烈的文体意识和反乌托邦思想的驱使下，俄罗斯后现代文学对历史的书写和反思具有注重文体意识和高度哲理化的特点。

9. 王加兴:《20世纪俄罗斯战争文学印象》,《中华读书报》2018年9月12日第5版。

内容摘要：20世纪，俄罗斯在上半叶经历了日俄战争、第一次世界大战、国内战争和卫国战争，在下半叶则一度陷入阿富汗战争和车臣战争的泥潭。以小说为代表的俄罗斯文学对这些战争题材作了多维呈现，尽管也走过了一段曲折的弯路。在苏联文学史上，富尔曼诺夫的《夏伯阳》（1923）、绥拉菲莫维奇的《铁流》（1924）和法捷耶夫的《毁灭》（1927）曾被称为20年代文学中的三座“里程碑”，而这三部小说正是以国内战争为题材，塑造了淬火成钢的英雄人物。此类高扬爱国主义和英雄主义主旋律的作品，在卫国战争文学中达到了登峰造极的地步，一大批讴歌战斗英雄的小说应运而生。有些西方学者将这种多从国家立场出发激励国民战斗意志，颂扬革命英雄主义的表达范式称为世界战争文学中的“苏联模式”。然而纵观20世纪俄罗斯文学史，不难发现，即便在苏联时期，俄苏文学绝非仅用同一副笔墨来描写战争。既有对战争背景下复杂人性和阶级性的客观书写，也有对人道主义的张扬，人物形象从英雄、非英雄到反英雄的演绎过程，而对战争的深刻反思、对人之生命存在的终极关怀——这一点在转型时期的俄罗斯文学中得到了深度挖掘。

10. 董晓:《从〈三姊妹〉看文学经典艺术特质的生成》,《中国语言文学研究》2018年第二期。

内容摘要：契诃夫的剧作《三姊妹》已成经典。对其经典性生成的考量，是审视文学经典的艺术特质生成的一种有效途径。《三姊妹》成为文学经典，其艺术特质具备了两个方面的功能：一方面，以“淡化戏剧冲突”“营造抒情氛围”为特征的“静态化”戏剧形态作为该剧作独特新颖的艺术个性，完成了艺术创新的功能，提供了一个具有突破意义的新戏剧艺术理念；另一方面，这种艺术创新又具有强大的影响力，辐射到20世纪众多戏剧家及戏剧思潮流派的创作中，并获得了新的艺术生命，实现了这种新的艺术理念的延续、发展和深化，体现出影响力的内在化，即超越了浮泛外在的影响而达至深刻内在的精神对话。这两方面的功能正是许多文学经典作品成为经典的必要条件。

11. 王加兴:《索尔仁尼琴学研究新进展》,《当代外国文学》2019年第1期。

内容摘要：为纪念诺贝尔文学奖获得者、俄罗斯作家亚历山大·伊萨耶维奇·索尔仁尼琴(1918—2008)百年诞辰，美国北佛蒙特大学于2018年9月7—8日举办了“品读索尔仁尼琴”国际学术研讨会。来自俄罗斯、美国和中国的50位与会代表做了专题报告，并进行了学术交流。

12. 董晓:《在乌托邦与反乌托邦之间：论契诃夫戏剧对未来的书写》,《广东社会科学》2019年第1期。

内容摘要：契诃夫作为俄国经典剧作家，在其戏剧创作中巧妙地游走在对未来的乌托邦式幻想和冷峻的反乌托邦幻想之间，在矛盾对立的交汇面上完成了对人类未来的独特书写。对未来形象的这一书写因此而具有了矛盾性、模糊性和暧昧性的特征。这种艺术特征通过契诃夫对戏剧人物矛盾的精神状态的揭示，通过将戏剧人物所处的特定的悲观忧郁的戏剧情境与戏剧人物特定的乐观理性的心境之间的矛盾性对照，通过对时间的独特感受而展现出来。契诃夫对人类未来的这种矛盾性书写对其剧作独特的喜剧性艺术特质的生成，对融幽默与忧郁于一体的独特的喜剧精神的形成起到了重要的作用。

13. 董晓:《激进与纯粹：论梅耶荷德对斯坦尼斯拉夫斯基戏剧观的反叛》,《戏剧》2019年第1期。

内容摘要：梅耶荷德的戏剧观体现了对斯坦尼斯拉夫斯基戏剧体系激进的反叛。从根本上讲，这种激进的反叛与斯坦尼斯拉夫斯基的基本戏剧观并不呈对立关系，而是进一步强化了戏剧舞台艺术规律中舞台动作、背景音乐、舞台布景、道具等诸多基本因素，使之达至纯粹化的程度，以期体现出戏剧舞台艺术的本质特征。这种反叛体现了具有先锋性质的现代主义文艺观与传统的现实主义文艺观之区别。准确到位地理解梅耶荷德对斯坦尼斯拉夫斯基戏剧理念的反叛，不仅有益于加深对戏剧舞台之本质艺术规律的认识，亦有益于拓宽和深化对斯坦尼斯拉夫斯基戏剧体系的认识。

14. 张俊翔：《俄语专业八级水平测试对新闻听力教学的正面反拨作用》，《中国俄语教学》2019年第1期。

内容摘要：从语料的真实性、交际性，从考点的针对性和题目的难易度等方面来看，全国高校俄语专业八级水平测试听力理解的命题体现了科学的考试观，具备对教学发挥正面反拨作用的可能性。测试反馈的信息表明，整体而言，学生的新闻听力水平有待进一步提升，这说明相关教学活动尚存在不足。基于对各校新闻听力教学现状的调查，结合功能修辞学和语篇语言学理论，本文提出，教师应充分利用课堂内外的教学资源和社会资源，引导学生积累新闻背景知识，掌握新闻语篇的语体归属和结构特征，促使其保质保量地演练听力微技能。

15. 王加兴：《当前俄语教师科研工作存在的问题及建议》，《俄语学习》2019年第2期。

内容摘要：我国高校俄语专业有着优良的学术研究传统。中华人民共和国成立以来，俄语界老前辈们为我们树立了光辉的榜样。他们的许多研究成果不仅获得了俄罗斯学界的赞誉，而且还引起了我国（汉语言文学）学界的高度关注。新时代对我们俄语教师的科研工作提出了新要求。我们必须增强科研意识，在“优化知识结构”的基础上，加强科研创新。一方面，要扎实做好基础性研究工作；另一方面，要以国家发展需求为导向，不断提升和拓展自身的研究能力。

16. 段丽君：《弗·索罗金小说中的“新中世纪”图景》，《俄罗斯文艺》2019年第2期。

内容摘要：弗拉基米尔·索罗金是当代俄罗斯著名作家。进入21世纪以来，索罗金创作了一系列中长篇小说，想象21世纪中期的社会生活。其中，《特辖军的一天》《碲钉国》和《熊掌山》分别描绘俄罗斯、欧洲以及欧亚大陆的未来图景。这三部小说中的21世纪中期因具有明显的中世纪色彩，被批评家称为“新中世纪”。本文通过分析索罗金这几部作品，揭示作家笔下“新中世纪”社会图景的主要特点。

17. 徐来娣:《从“强化教学”到“俄语+俄罗斯学”——南京大学俄语专业教学改革回顾与展望》,《俄语学习》2019年第3期。

内容摘要：南京大学俄语专业在历史上曾多次进行教学改革：20世纪60—70年代的“听说领先，读写跟上”、80年代的“强化教学”、90年代至21世纪初的“高强度交际教学”和现阶段的“俄语+俄罗斯学”。其中“强化教学”改革在我国俄语界影响尤大。本文从教改理念、实践和效果三个方面，梳理南京大学俄语专业教学改革发展史，旨在探寻贯穿其中的核心思想，以期对本专业未来的俄语教改有所启发，同时也为我国其他院校今后的俄语专业教改工作提供一点参考。

18. 张俊翔等:《论报纸新闻表达情感评价的句法手段》,《第22届俄语修辞学国际学术研讨会论文集》，2019年2月。

内容摘要：这篇文章探讨了报刊新闻中的情感评价句法手段，分析了插入语、情感色彩谓语副词、反问在传达作者情感和评价的过程中所起的作用，揭示了作者借助直接呼语提高读者信任度的机制。

19. 汪磊:《试析〈尤里·日瓦戈诗作〉中的大自然形象》,《俄罗斯新大学语言教育20周年暨跨文化交际学国际学术会议论文集》，2019年4月。

内容摘要：苏联作家帕斯捷尔纳克在长篇小说《日瓦戈医生》中将现代抒情诗和伟大俄罗斯叙事文学传统完美结合，荣膺1958年诺贝尔文学奖。作为诗人，帕斯捷尔纳克清新脱俗、卓尔不群，他曾是未来主义诗派的舵手，深受象征主义诗歌和印象主义画派的影响。组诗《尤里·日瓦戈诗作》即《日瓦戈医生》散文叙事的延续，在这些诗作中，帕斯捷尔纳克充分发挥了自己的语言天赋与绘画才能，他用富含象征意义的色彩、光线以及大自然中的形象描绘出一幅幅具有立体感的画面，将情节叙事与语言之美融为一体。在诗中，帕斯捷尔纳克使用象征手法，淡化抒情主人公活动的背景及情节发展的脉络，把诗歌语言变成作家心灵符号的载体，使读者既看到充满意象的故事画面，又深切感受到浓郁的情感和深邃的哲理。本文作者认为，大自然形象是该组诗中最为重要的意象，它并不只是故事所发生的背景和参照物，而且还是抒情主人公内心感受的见证人、表达者。诗中大自然形象以“四季交替”“岁月变换”的形式出现，象征的是永恒与不朽。帕斯捷尔纳克的大自然观源自他的宗教世界观，其要义即在于，大自然乃和谐与美的化身。因此，在《尤里·日瓦戈诗作》中，大自然象征主人公的精神世界，从另一个侧面揭示出基督的形象：大自然与上帝紧密相连，它是上帝的“另一部作品”，见证了基督复活的神性。

（三）研究项目

1. 王加兴：教育部人文社会科学重点研究基地重大项目“俄罗斯汉语教育现状调查与分析”。

南京大学俄罗斯学研究中心主任王加兴教授作为主持人，于2015年成功申请了教育部人文社会科学重点研究基地重大项目“俄罗斯汉语教育现状调查与分析”，目前项目在研究中。随着中国的和平崛起，汉语正在以前所未有的步伐加快走向世界。在俄罗斯，汉语已跃居第四大外语，俄罗斯联邦教育科学部拟于近期将汉语纳入（俄罗斯中学毕业生）国家统一考试的外语科目。调查俄罗斯汉语教育的现状，分析俄罗斯汉语教育的政策及其实施状况，对比俄罗斯与其他国家在汉语教育方面的异同，总结出俄罗斯汉语教育的主要特色，并对俄罗斯汉语教育的发展方向、发展价值，以及发展中存在的问题进行思考、提出建议，不仅有助于我国汉语教育相关部门制定更适合俄罗斯汉语教育的政策和措施，而且还有利于俄罗斯相关主管部门更好地开展此项工作，以进一步促进汉语教育在俄罗斯的蓬勃发展。另外，本课题的研究对推动我国的对外汉语教育事业以及我国的俄语教育事业也有一定的借鉴和参考作用。目前，该项目进展顺利，已完成三篇调研报告，并在CSSCI来源期刊上发表2篇论文。

2. 董晓：教育部人文社科研究基地重大项目“斯坦尼斯拉夫斯基戏剧体系及其在中国的传播研究”。

斯坦尼斯拉夫斯基戏剧体系作为世界两大戏剧体系之一，以鲜明的现实主义倾向著称于世。这既成为斯坦尼斯拉夫斯基戏剧体系的标志，亦成为后来多次被人诟病的主要原因。在20世纪以来的对斯坦尼斯拉夫斯基戏剧观念的诸多批评中，有一种观念比较普遍，即认为斯坦尼斯拉夫斯基的表演艺术理念局限于现实主义艺术观念，因而显得过于陈旧。但是，斯坦尼斯拉夫斯基的现实主义戏剧表演艺术理念并非人们所想像的那样保守和陈旧，它所秉持的一些戏剧艺术理念不仅仅代表了现实主义戏剧理念，更包含了戏剧表演艺术的根本性的、实质性的理念，体现了戏剧艺术的基本的、本质的特征。此外，斯坦尼斯拉夫斯基的戏剧表演艺术理念具有开放性特质，这与后来人们对它的种种批评并不相符。真正理解斯坦尼斯拉夫斯基的戏剧表演艺术观念，必须矫正以往对它的种种误解。这是深入研究斯坦尼斯拉夫斯基戏剧表演艺术理念，以实现戏剧艺术的真正发展和创新的前提。因此，该课题研究对于我国戏剧研究和戏剧表演具有非常重要的理论和实践意义。目前该项目已于2019年1月顺利结项。

3. 董晓：2019年度教育部哲学社会科学研究重大课题攻关项目“多卷本《俄国戏剧史》编撰与重要资料翻译研究”。在俄罗斯文学文化研究领域，系统而深入的俄罗斯戏剧史研究尚属空白。该项目通过国内首次多卷本《俄国戏剧史》的编写，尝试填补这一空白。《俄国戏剧史》共分四卷，从公元13世纪俄国戏剧的发端至苏联解体后的当代俄罗斯戏剧，不仅涉及剧作家、戏剧创作思潮，还涉及重要的舞台艺术流派、导演、演员乃至剧场表演艺术流派。通过收集、翻译相关研究资料，为我国戏剧研究和戏剧表演提供全面而系统的参考资料。

六、教材建设与人才培养

1.《俄语阅读教程（第1册）》（国家级规划教材，第二版，王加兴主编，上海外语教育出版社，2018年版）。

2.《俄语阅读教程（第2册）》（国家级规划教材，第二版，王加兴主编，上海外语教育出版社，2018年版）。

3.《俄语阅读教程教师用书（第1—2册）》（国家级规划教材，第二版，王加兴主编，上海外语教育出版社，2018年版）。

4.“俄罗斯学”首次作为本专业三个研究方向之一被列入南京大学2019

年硕士招生目录。

5. 2019年8月，冷雪峰的博士学位论文《“狂欢化”视角下的俄语笑话研究》顺利通过论文答辩。

山东大学俄罗斯与中亚研究中心

Center for Russian and
Central Asian Studies of Shandong University

山东大学俄罗斯与中亚研究中心（以下简称“俄罗斯与中亚研究中心”）成立于2014年12月，挂靠于山东大学当代会主义研究基地，是专门研究俄罗斯和中亚地区（包括政治、经济、文化与外交）、中俄关系、中国与中亚地区关系的专门学术研究机构。

俄罗斯与中亚研究中心的筹建、成立和发展经历了几个主要发展阶段：第一，2012—2014年，为初创阶段。2012年12月，俄罗斯与中亚研究中心成立申请获得山东大学的批准。第二，2014年12月，俄罗斯与中亚研究中心正式成立，各项学术活动开始启动。第三，2015年5月17—18日，俄罗斯与中亚研究中心在青岛大学国际学术交流中心举办了第一次国际学术研讨会。同时，俄罗斯与中亚研究中心与俄罗斯人民友谊大学、俄罗斯总统国民经济和行政管理研究院建立了学术交流合作机制。第四，2016年10月28—30日，俄罗斯与中亚研究中心在泰安广播电视局举行了第二次国际学术研讨会。第五，2017年12月，俄罗斯与中亚研究中心入列教育部国别和区域研究中心备案名单，并获得两项科研立项。第六，2018年5月26—27日，俄罗斯与中亚研究中心在山东大学青岛校区与中国中俄关系史研究会联合举办了大型国际学术研讨会。

一、研究方向

第一，俄罗斯政治、经济、文化与外交；第二，中亚政治、经济、文化与外交；第三，中俄关系；第四，中国与中亚关系；第五，“丝绸之路经济带”

与中亚命运共同体。

研究中心下一步拟在下列问题着力开展研究：1. 中亚国际机制与地区治理问题研究。2. 俄罗斯外交战略与大国关系变化及中国的战略应对研究。3. 俄罗斯和中亚国家的人才政策研究。4. 俄罗斯和中亚国家的民族和宗教问题研究。

二、中心成员

中心主任：马风书教授（任期8年），研究方向为俄罗斯和中亚政治、文化与外交。

中心副主任：黄登学教授（任期8年），研究方向为俄罗斯和中亚政治与外交。

科研团队：

1. 陆南泉研究员，中国社会科学院荣誉学部委员、中国社会科学院俄罗斯研究中心副主任；

2. 王海运少将，中国前驻俄罗斯大使馆武官、中国国际战略学会高级顾问、俄罗斯国防安全法制研究院外籍院士；

3. 李兴教授，北京师范大学历史学院、北京师范大学俄罗斯中心学术委员会主任；

4. 李新研究员，上海国际问题研究院俄罗斯中亚研究中心主任、上海合作组织研究中心常务理事；

5. 庞大鹏研究员，中国社会科学院俄罗斯研究中心主任；

6. 姜毅研究员，中国社会科学院俄罗斯东欧中亚研究所研究员；

7. 冯玉军教授，复旦大学国际问题研究院教授、中俄友协常务理事；

8. 李中海研究员，中国社会科学院俄罗斯东欧中亚研究所研究员、《俄罗斯东欧中亚研究》杂志执行主编；

9. 杨成教授，上海外国语大学国际关系与公共事务学院教授；

10. 亚历山大·卢金（А. В. Лукин）教授，莫斯科国际关系学院东亚与上海合作组织研究中心主任、《俄罗斯—21世纪》杂志主编、俄中双边企业家理事专家委员会主席、莫斯科州州长顾问；

11. 德米特里·萨夫金（Д. А. Савкин）副教授，俄罗斯伊尔库茨克理工大学副校长；

12. 谢尔盖·乌亚纳耶夫（С. В. Уянаев）通讯院士，俄罗斯科学院远东研究所副所长、中俄关系研究中心主任；

13. 李亚洲教授，山东大学当代社会主义研究所研究员、山东大学政治学与公共管理学院教授、中国社会科学院世界社会主义研究中心特邀研究员；

14. 崔桂田教授，山东大学当代社会主义研究所主任、山东大学政治学与公共管理学院教授；

15. 展妍男副教授，山东大学政治学与公共管理学院；

16. 王广振教授，山东大学文化历史学院；

17. 安娜·库杰列瓦（Анна П. Кутелева）博士，俄罗斯高等经济大学副教授。

三、学术活动

1. 2019年5月，俄罗斯与中亚研究中心副主任黄登学教授受邀赴俄罗斯人民友谊大学参加山东大学——俄罗斯人民友谊大学联合培养硕士研究生毕业论文答辩，并进行学术交流。

2. 2019年5月，陆南泉研究员和李永全研究员赴山东大学青岛校区进行学术讲座。

3. 2018年11月，完成教育部国别和区域研究两个课题的结项。其中马风书教授承担的项目为“当代俄罗斯民族问题研究”，黄登学教授承担的项目为“欧亚经济联盟一体化政策研究”。

4. 2019年8月，完成教育部国别和区域研究两个课题的论证和申报工作。其中马风书教授承担的项目为“俄罗斯与中亚五国的语言政策研究”，黄登学教授承担的项目为“美俄中导纷争对中国国家安全利益的影响及应对策略研究”。

四、科研成果

1. 马风书:《斯大林民族政策及其实践再思考》,《当代世界社会主义问题》2019年第3期。

内容摘要：苏联的民族政策及其制度设计是在斯大林的领导和直接参与下完成的。总体看，这一政策基本坚持了列宁的思想精神，并在很大程度上保障了苏联各民族的平等，促进了落后民族地区的经济文化发展，加强了民族团结，有效巩固了多民族联盟国家的统一。但随着形势的发展，苏联民族理论的内在矛盾逐步显现，民族政策的某些缺陷日益暴露，民族工作中也出现了偏离政策和违背政策的现象，致使苏联民族关系中的负面因素不断积累。（1）斯大林在民族构建方面的做法和民族化政策严重割裂了国家和社会。（2）这一政策带有浓厚的理想主义色彩和简单化特点。（3）20世纪30年代后的民族政策在两个维度上存在严重矛盾。（4）突出俄罗斯民族在经济和文化上的主导地位、实质上放弃联邦制的做法总体上符合苏联现代化建设的要求，基本方向正确。（5）以俄罗斯族为核心的民族融合是苏联最终解决民族问题的必由之路。（6）斯大林的民族政策及其实践推动了各民族对苏联认同的不断增强。（7）迫害少数民族的行为埋下了民族关系恶化的种子。（8）斯大林错失了改革民族政策的良机。

2. 黄登学，刘洪正：《全球能源互联网视域下的中亚地区冲突及域外大国立场研究》，《武汉科技大学学报》2019年第1期。

内容摘要：中亚地区是我国全球能源互联网建设的“首站”，其成功与否直接关系到整个项目的实施前景。虽然中亚能源互联网建设具有良好的机遇及条件，但同时也存在不可忽视的制约性因素，这突出表现在该地区错综复杂的领土、民族、资源、宗教等矛盾和冲突方面；同时，域外大国对中亚地区矛盾和冲突的立场与态度也是需要认真考虑的重要一环。抓住机遇，降低或及时应对各种风险，是成功推进中亚能源互联网建设项目落实的必然选择。

3. 黄登学，王骏腾：《俄罗斯的欧亚一体化政策：目标、风险及影响因素》，《当代世界社会主义问题》2018年第3期。

内容摘要：近几年来，在乌克兰危机背景下，随着俄罗斯与整个西方关系的急剧恶化，俄罗斯的欧亚一体化政策重新获得了强大的发展动力。从中短期来看，俄罗斯的欧亚一体化政策目标聚焦在集中资源和建立灵活的联盟，防止地区混乱与无序，实现共同发展以及重建建设性伙伴信誉四个方面；所面临的风险包括地区冲突风险、一体化项目的经济风险、社会风险以及“政治化”风险等；而俄罗斯相对“孱弱”的国力、令人疑惧的帝国“抱负”以及美国因素则构成了俄罗斯欧亚一体化政策的制约性因素。当然，俄罗斯推进这一政策也存在一些主客观方面的有利因素。扬长避短，趋利避害，谨慎而细致地逐步推进欧亚一体化进程，乃是俄罗斯的明智选择。

4.《俄罗斯与乌克兰关系：前景透视——兼论乌克兰危机背景下的俄罗斯战略“转向”》,《外国问题研究》2019年第2期。

内容摘要：乌克兰危机暴发五年来，俄乌双边关系不仅未得到缓和，反而因为层出不穷的“热点”问题而“逐级”下落，各种冲突与矛盾亦愈发尖锐；特别是最近一个时期以来，乌克兰方面的“频频动作”——从政治上宣布终止《乌俄两国友好合作伙伴关系条约》，到战略层面确定乌克兰加入欧盟和北约的方针，再到宗教上摆脱对俄罗斯东正教牧首的从属地位，如此等等，都让俄乌关系的互动呈现一种“剑拔弩张”的态势。从未来发展看，俄乌关系大致存在三种可能的前景：维持现状、陷入“冷战”或者乌克兰充当俄罗斯与西方之间的“桥梁”。观察近年来俄罗斯的外交战略趋向可以发现，以乌克兰危机爆发为契机，俄罗斯外交战略已经发生“转向”性变化：一方面，俄罗斯已然对西方彻底失望，其与美国主导的西方的“对抗”变为现实；另一方面，俄罗斯战略“转向”东方特别是“转向”中国似成必然选择，中俄美三边关系的互动态势成为国际社会关注的一个焦点。

5. 李亚洲:《俄罗斯联邦共产党理论与实践的新发展》,《当代世界社会主义问题》2018年第4期。

内容简介：2017年，俄罗斯联邦共产党采取了一系列举措和行动，不但维护了俄罗斯民众利益和国家利益，扩大了党在国内外的影响力，而且在实践的基础上不断丰富和发展了社会主义理论：缅怀伟大领袖列宁，重申俄罗斯社会主义发展方向；举行中央委员会和中央纪律监察委员会联席全体会议，坚决与俄罗斯社会上的反苏反俄现象作斗争；召开第十七次全国代表大会，规划未来一个时期的发展方向；积极投入地方选举，力争获得更多民众支持；主办十月革命系列纪念活动，极大提升党在国际上的影响力；参加北京政党高层对话会，盛赞中国共产党提出的“构建人类命运共同体”理念。

6. 展妍男：《俄罗斯“转向东方”的历史探析》，《东亚评论》2018年第2期。

内容简介：随着亚太地区经济的飞速发展，尤其是乌克兰危机后俄罗斯与西方国家关系持续恶化，俄罗斯再次将目光转向“东方外交”，认为其对俄罗斯与西方的博弈及俄罗斯的未来发展都将起到至关重要的作用。本文试图结合俄罗斯对“东方”的认知及其与“东方”的关系演变两个方面剖析俄罗斯“转向东方”的历史逻辑。文章通过对这一逻辑的探索得出，在东方和西方之间的选择贯穿了俄罗斯民族历史的始终。在“转向东方”的进程中，俄罗斯的自我定位也在逐渐发生变化。尽管俄罗斯“转向东方”的进程不会是一片坦途，但将影响其成为“东西方的桥梁”这一身份的重构。

7.《俄罗斯朝鲜半岛政策演变、特点及动因》，载李冬新、崔明旭主编：《深化合作　共创未来——中日韩与东北亚合作研究》论文集，世界知识出版社，2019年版。

内容简介：朝鲜问题及朝核问题是关系到东北亚地区安全与稳定的关键问题，受到东北亚各国的持续关注。作为东北亚地区的一员，俄罗斯历来重视朝鲜问题及朝核问题，在朝鲜半岛形势发展的不同时期，俄罗斯的朝鲜半岛政策也在发生着变化和调整。本文尝试对俄罗斯在朝鲜半岛的政策演变以时间顺序分阶段进行梳理，在此基础上指出俄罗斯朝鲜半岛政策具有重视平衡、多边和中俄协作的特点，并指出冷战结束后东北亚地区安全结构的变化、俄罗斯在东北亚地区实力的下降、俄罗斯在该地区自身定位的变化和发展的需求是其调整朝鲜半岛政策的动因。

五、教学成果

1. 2018年至今，俄罗斯与中亚研究中心成员共培养有关俄罗斯与中亚研究方向的硕士研究生35名、博士研究生18名，其中12名硕士生顺利毕业，6名博士生顺利毕业。

2. 2018年至今，俄罗斯与中亚研究中心共为本科生和研究生开设有关俄罗斯与中亚研究方向的课程4门：俄罗斯政治与外交、俄罗斯对外战略和对外政策、独联体政治与外交、中亚政治与外交。

河北师范大学中俄远东研究中心

Russian Far East Research Center of Hebei Normal University

河北师范大学中俄远东研究中心（以下简称“中俄远东研究中心”）成立于2016年11月，2017年3月入选“教育部国别与区域研究中心备案”名单。其前身为20世纪80年代成立的苏联东欧研究所，后更名为俄罗斯东欧中亚研究所，历任所长分别为贺安保、赵秋长、孟国华、郭小丽和王洪庆。目前王洪庆担任中俄远东研究中心主任，王旭为中心副主任，主要成员为俄语系部分教师、俄罗斯及乌克兰学者，共11人。中俄远东研究中心现有教育部新世纪人才、河北省优秀中青年社科专家、省百名创新人才、省三三三人才（第二层次）1人；教授3人，副教授4人，讲师2人；具有博士学位的教师5人，俄罗斯、乌克兰的专兼职学者2人。2018—2019年，团队成员郭小丽和程红分别获得国家社科基金项目2项，教育部区域国别项目专项2项，王旭获得河北省哲学社会科学项目1项，河北省外专局项目1项。中俄远东研究中心主要研究方向为中俄远东历史问题认知研究、中俄文化比较研究以及中俄关系史研究。

一、学术活动

2018—2019年，中俄远东研究中心与国内外其他单位合作：一是在莫斯科举办国际学术会议；二是在石家庄举办“庆祝新中国成立70周年暨中俄建交70周年”系列活动。

1. 为庆祝中俄建交70周年，2019年7月4—5日，中俄远东研究中心与莫斯科经济、法律与历史研究所共同筹办了“中俄关系的回顾与展望”国际学术研讨会。来自复旦大学历史学院、南京大学历史学院、上海交通大学、俄罗斯联邦政府财政金融大学、莫斯科国立师范大学、伊尔库茨克国立大学、阿斯特拉罕国立大学、普列汉诺夫经济大学、伏尔加格勒国立医科大学、太平洋国立大学等国内外高校和科研机构的50余名专家学者参加了本次会议。参会论文选题涉及中俄经济交往史等方面的研究，与会学人进行了广泛而深刻的研讨，认为本次研讨会具有很强的跨学科性，开拓了学术视野，有助于突破自己用自己的材料、自说自话的研究方式。俄罗斯学者就中国学者的一些观点和论据提出了自己的看法，双方学者运用的档案史料及研究视角、方法都深化了研究内容。大会从提交的论文中精选了部分内容结集出版，目前正在刊印本次会议的论文集。

2. 中俄远东研究中心与俄罗斯远东国家科学图书馆联合举办“庆祝中华人民共和国成立70周年暨中俄建交70周年”系列活动。

2019年9月5—30日，中俄远东研究中心和宴梁学术研究中心共同策划，中俄远东研究中心和中俄图书馆共同主办的“庆祝中华人民共和国成立70周年暨中俄建交70周年”系列活动顺利举行。

系列活动分为国际学术系列讲座与研讨、馆际交流与合作、大学生爱国教育主题电影展三个部分。中俄远东研究中心结合学术研究特点，深入贯彻落实“教育部关于切实加强新时代高校美育工作意见”，积极打造艺术思政课堂，特邀请俄罗斯远东国家科学图书馆馆长雅库芭女士、莫斯科国立大学历史学院安德烈耶夫先生以及乌克兰外教尤利娅博士参加。活动期间，雅库芭女士和安德烈耶夫先生分别举办专题讲座，并就有关学术问题与师生进行了深入研讨。

俄罗斯远东国家科学图书馆与河北师范大学图书馆达成初步合作意向，探讨资源共享的可能性和交流方式。中俄远东研究中心与俄罗斯远东国家科学图书馆共同起草了俄罗斯联邦总统基金项目申请书。

为期一个月的爱国教育主题电影展与图书馆光影阅读系列教育活动有机结合，为学生播放了《钢铁是怎样炼成的》《斯大林格勒保卫战》《列宁在十月》等系列爱国题材影片，观影师生再次思考生命的意义，激发了青年一代昂扬向上的奋斗精神和爱国热情。

二、学术成果

1. 郭小丽:《中俄是文明交流与对话的典范》,《光明日报》2019年7月14日。

内容摘要：国际局势正处于复杂严峻时期，反全球化、反自由贸易等思潮泛滥，给世界带来不稳定因素。在此背景下，美国有人抛出“文明冲突”。属于不同文明类型的中俄两个大国，正在用实际行动证明，文明之间可以因交流而多彩，因互鉴而丰富。

首先，中俄两国已成为“各美其美、美美与共”的世界文明典范。中俄在文明起源及文化特性上存在差异，俄罗斯孔武有力，擅长以少胜多，中国稳健务实，外圆内方；俄罗斯人追求精神的纯粹性，中国人更注重现实生活。但中俄尊重差异，交流互鉴，可以做到平等、协商和尊重。其次，尽管中俄文明的起源和内涵不同，但在尊重其他文明以及对本国发展道路的认知上，一直存在共同的诉求。中俄两国以海纳百川的胸怀，对西方社会的工业、法治、管理等诸多领域的文明成果进行有效吸收和借鉴。在世界文明体系中，以西方特别是美国为主导的历史叙事，可以得到来自多元文明进程的丰富和补充。比如关于现代性的诠释，到底是停留在韦伯式的“祛巫”，抑或是简单地强调文明冲突，还是要追求对于现代性问题的更深刻、完整、更富当代指向的系统诠释，中俄的共同文明经验可以在很大程度上提供启示和佐证。最后，在开放共荣和孤立主义相向而行的国际环境中，中俄两国以实际行动向世界展示，只有守望相助，深度融通，才能做到文明之间的普惠共赢。

2. 郭小丽:《历史真相探寻——评〈1920年谢辽日村起义〉》,《古代工艺构思报》(俄罗斯学术期刊)2019年2月。

内容摘要:《1920年谢辽日村起义》是俄罗斯著名历史学家B.达旗升教授与B.奥夫恰洛夫先生共同撰写的学术专著。叶尼塞省阿钦斯克县谢辽日村于1920年的暴力冲突，反映了俄罗斯在关键历史节点上出现的问题。书评简要介绍了专著的特点、内容和创新之处，指出运用档案研究历史的重要意义。另外，书评也指出，还原历史事件的真相固然重要，但对历史事件的评判需放置到更加宏观的历史背景中审视，应综合政治、经济、社会发展等多种因素进行考量，只有这样，才能得出更加客观而又科学的结论。

3. 程红:《语言文化视域下“16+1”合作的机遇与挑战——以河北省与波罗的海三国为例》，载《文化与意识形态建设新论》，河北大学出版社，2019年版。

内容摘要：在党中央“一带一路”倡议方针的指引下，中国政府提出了“16+1”的方针。涵盖在16国之内的波罗的海三国，战略地位尤其重要，它们与俄罗斯为邻，在地缘政治中有着举足轻重的地位，对中俄关系的发展也有一定的影响。在与其交往互动过程中，语言文化因素发挥着不容小觑的作用。河北省在京津冀一体化的框架内，正处于国家战略的重要环节。2016年6月，第三次中国—中东欧国家地方领导人会议在河北唐山召开，为河北带来历史发展的良好契机。但是，机遇与风险并存，波罗的海三国与俄罗斯复杂的历史渊源与纠葛，在中俄友好的大环境下，还需合理沟通，趋利避害，利用河北的软实力优势，以文化交流为主导，加强经济互补，为河北打造经济强省寻找出路。

4. 程红:《石家庄的苏联专家——1950年代苏中关系的映射》，“中俄关系：历史与未来”国际学术研讨会（莫斯科），会议发言，2019年7月5日。

内容摘要：2019年是中俄建交70周年，具有里程碑意义。20世纪50年代，正值中华人民共和国成立伊始，百废待兴，工业基础薄弱，在中华人民共和国专业技术人员极度匮乏的情况下，国家156个重点项目建设（其中河北省10个），急需大量的技术外援。应中国政府邀请，苏联派遣了大约2万名专家来华，对中国各个领域的发展起到了帮助作用。先后有20多位苏联专家来到河北提供项目技术支持，本文以河北省华北制药厂、国营棉纺织厂和河北钢铁厂三个项目为例，研究苏联援建的重要意义。该项研究表明，中俄战略合作伙伴关系具有坚实的历史基础。

5. 程红:《纳博科夫〈天赋〉中概念隐喻手法的运用分析》,《当代教育实践与教学研究》2018年第12期。

内容摘要：论文作者从语言学理论角度，分析美籍俄裔作家纳博科夫早期俄文自传体小说作《天赋》。作品中对修辞隐喻手法的把握和创新运用，对“天空、日、月、星辰”及相关概念的诠释，给小说贴上了辨识度极高的纳博科夫标签，展示了作家非凡的语言魅力和不落俗套的写作技巧，在某些地方甚至颠覆了传统的概念，无论从文学还是从语言角度，纳博科夫在俄罗斯文学史上都占有一席之地。

6. 张春芳:《〈大公报〉背景下的吕碧成女学教育思想研究》,《科教文汇》2019年第7期。

内容摘要：吕碧成是中国女子教育的先驱，第一位女性撰稿人和编辑，亦是近代教育史上第一位执掌校政的民国才女。她指出，开办女子学堂对国家发展具有重要意义，认为女子接受教育参与社会生活的目的，不是与男子争利，而是对男性社会的补充。母亲接受教育会对子女教育产生重要影响，是对全民参与社会发展和承担国家责任的补充。在担任第一所国立女子学堂——北洋女子公学总教长时，吕碧成先生强调说，办学宗旨应该是“开通女智，普及知识，培养师资，普及教育”。其稳健务实的教学宗旨和教学方法、注重实践的教学思想，促进了中国近代女性接受教育的进程，极大地推动了教育救国思想的形成和发展。

7. 郭小丽:《加强河北省与俄罗斯合作的若干建议》，研究报告，2019年6月。

内容摘要：在世界发生重大变化的特殊时间和关键节点，中俄两国共同发表了两项重要《声明》。一是旨在加强中俄两国内部各个领域的深度融通；二是强调中俄两国将联手坚定维护世界的和平与稳定。在这种大形势下，加强河北省与俄罗斯的合作是大势所趋。

首先，从国内形势来看，加强河北与俄罗斯的合作已经刻不容缓。2018—2019年中俄地方合作期间，除东北地区外，华北地区的山东、华南地区的江苏、西南地区的四川、珠三角地区的广东都与俄罗斯进行了深度合作。其次，从合作领域和对象来看，中俄合作已经深入到高科技领域，且多与大学合作。建议河北省在以下几个方面与俄罗斯进行合作：一是促进河北省与俄罗斯科研单位及高校的具体项目对接，寻找合作切入点。二是加强科教卫生和人文领域交流；三是充分利用省内三所双一流高校的俄语资源，使之充分服务于中俄地方高校联合科技创新领域。河北省与俄罗斯在科研领域的合作，不仅是拉动本省经济增长的重要引擎，也是改变观念、开阔视野的重要方式。

8. 郭小丽:《欧亚经济联盟与‘一带一路’对接的民间阻力——西伯利亚考察》，研究报告，2019年2月。

内容摘要：推进“一带一路”建设和国家战略布局，是中国当前面临的重要课题。将欧亚经济联盟与丝带之路对接，搭上中国经济发展的顺风车，是俄罗斯的头等大事之一。一方面，俄罗斯全境共有八大联邦管区，西伯利亚联邦管区位于俄罗斯中央地带，其南部地区毗邻蒙古国、中国新疆和中亚国家，是中蒙俄经济走廊的关键地区，也是欧亚经济联盟的俄罗斯核心区域之一，更是与中国丝路建设对接的重要地带。该地区中国商品市场占有率颇高，口碑也越来越好。

但另一方面，西伯利亚的居民对中国知之甚少，且多有戒备之心。主要表现在对土地租赁态度、中俄合资项目及森林砍伐问题上。西伯利亚和远东地区占俄罗斯全部领土的77%，人口3,913万，平均每平方公里2.5人。这里不仅地广人稀，而且人口呈逐年下降趋势。俄因此实施“经济特区”和“超前社会经济发展区”等政策，允许租赁土地，努力吸引外资，以推动地方社会经济的发展。

中方或可在五个方面加强与俄罗斯的合作：一是政府方面合作，两国政府部门共同制定防止相关领域官员腐败的措施，特别是在农业合作及木材出口领域，以严格的法律和规章制度规范项目合作；二是共同约束中资企业在当地为追求利润最大化的不负责行为，用激励机制去维护其商业信誉和企业文化形象；三是让中国对外投资的切实福利在俄罗斯民间社会层面具体化，真正使沿线企业和百姓获利；四是借力俄罗斯民众热爱文化艺术的特点，开展地方文化交流年活动，将喜闻乐见的艺术形式送到民间，促进民心相通；五是为内陆省份，特别是北方省份寻找机遇和时机，引导北方省份在国外开展项目建设。这些措施，需要中俄两国中央、地方、企业和民间社会的相互配合。

总之，西伯利亚和远东地区不仅是俄罗斯国家建构和未来经济发展的新重点，也是国际格局转型期牵动世界的关键枢纽，更是促进东北亚合作与稳定、推进“一带一路”建设的重要区域。

会员单位

Member Unit

中国国际问题研究院欧亚研究所

Department for European-Central Asian Studies of China Institute of International Studies

一、重要沿革

中国国际问题研究院（以下简称“国研院”）是中国外交部直属专业研究机构，其前身为创设于1956年的“中国科学院国际关系研究所”。1986年更名为“中国国际问题研究所”。2014年6月，“中国国际问题研究所”更名为“中国国际问题研究院”，其组成单位欧亚研究室也更名为欧亚研究所（以下简称“欧亚所”）。

二、研究方向

国研院欧亚所是国内重要的研究俄罗斯、中亚、独联体及上海合作组织的综合性学术机构之一，主要从事欧亚地区国家内政外交、地区形势等领域的研究，定期承担国办、国安办、外交部及其他相关部委的研究任务。主要研究方向包括：跟踪和研究俄罗斯、中亚等欧亚各国内外政策的变化；中国与欧亚国家的关系；“一带一路”以及上海合作组织发展现状、前景和面临的挑战等问题，并提出相关政策建议，以供决策参考。

三、研究人员

欧亚研究所现有研究人员10人，拥有博士、硕士学位和高、中级研究职称，大部分都有在欧亚地区国家常驻、进修经历。其中，正高级职称1人，副高级职称4人，中级职称5人。李自国担任欧亚研究所代理所长。

四、学术活动

国研院欧亚所负责组织和安排中国上海合作组织研究中心的活动。除举办和参与中国上海合作组织中心活动外，国研院欧亚所也举办国内外学术会议，研究人员常参加国内国际重要学术会议，与国内相关研究机构交往合作密切，与俄罗斯莫斯科国际关系学院、哈萨克斯坦首任总统基金会世界经济与政治研究所、白俄罗斯国立大学建立合作伙伴关系，与其他欧亚国家知名智库也经常开展合作。

2018—2019年度主要学术活动如下：

1. 2018年10月16—20日，戚振宏院长率欧亚所研究人员赴莫斯科参加莫斯科国际关系学院主办的第18届中俄双边学术研讨会。双方就大国关系与国际形势新变化、美国的印太战略、中俄在中亚和阿富汗的合作等议题进行了广泛深入的研讨。访问期间，代表团还同俄罗斯外交部第一亚洲局局长乔治·季诺维耶夫进行了座谈。中俄双边研讨会由国研院与莫斯科国际关系学院轮流举办，自1996年举办首次会议以来，共举行了18届。

2. 2018年12月3日，乌兹别克斯坦国家行政学院第一副校长胡多伊库尔·艾泽佐夫一行访问国研院。徐坚副院长及欧亚所研究人员与之会谈。双方介绍了各自机构的发展历程和使命任务，并就中国改革开放、外交政策、中乌关系、“一带一路”等问题深入交换意见。

3. 2018年12月10日，欧亚所举办“‘一带一路’与欧亚经济联盟”专题研讨会。吉尔吉斯斯坦公共政策研究所研究员巴克特古洛夫、白俄罗斯国立大学国际关系系副教授达利多维奇、欧亚经济委员会条法与组织保障司对接分析处专家克鲁平以及国内相关著名专家学者受邀与会发言。双方就“一带一路”与欧亚经济联盟对接的现状、问题及前景进行了深入交流探讨，并提出相关建议。

4. 2019年2月19—20日，应乌兹别克斯坦外交部邀请，戚振宏院长率欧亚所研究人员出席在乌兹别克斯坦首都塔什干举行的主题为“中亚互联互通：挑战与新机遇”的国际会议。会上，戚振宏院长以《“一带一路”与中亚地区经济合作》为题在“区域经济合作与互联互通”分会场上作主旨发言。本次会议由乌兹别克斯坦外交部和联合国中亚地区预防性外交中心联合举办，乌兹别克斯坦外长卡米诺夫出席会议并致辞。来自乌兹别克斯坦、哈萨克斯坦、吉尔吉斯斯坦、塔吉克斯坦和土库曼斯坦等中亚五国以及中国、俄罗斯、伊朗、巴基斯坦、阿富汗、世界银行、国际货币基金组织等近40个国家和国际组织的100多名官员及专家学者与会。

5. 2019年3月14日，徐坚副院长及欧亚所研究人员会见了来访的乌兹别克斯坦总统安全委员会副秘书乌斯曼诺夫一行。双方就中乌关系、“一带一路”倡议、上海合作组织的发展等议题深入交换意见。

6. 2019年4月1日，应俄罗斯外交部邀请，邓浩研究员参加俄外交部、内务部在莫斯科举办的打击国际恐怖主义国际研讨会。来自亚洲、欧洲、中东等国相关机构代表及学者出席此次会议，就国际恐怖主义新态势及如何应对进行了深入探讨。

7. 2019年5月12日，应吉尔吉斯斯坦国家战略研究所邀请，李自国代理所长、邓浩研究员赴吉尔吉斯斯坦比什凯克参加第三届“吉尔吉斯斯坦—中国智库专家对话”论坛，并会见了吉尔吉斯斯坦政府官员。

8. 2019年5月15—16日，应俄罗斯高等经济大学邀请，国研院阮宗泽副院长率欧亚所研究人员赴俄罗斯莫斯科参加“文明与世界秩序”国际研讨会。来自俄罗斯、中国、英国、瑞典、丹麦等国学者出席此次会议，就东西方文明冲突与世界秩序新构建进行了深入交流。

9. 2019年5月22—29日，戚振宏院长和欧亚所李自国代理所长访问乌克兰，先后参加“一带一路中乌战略伙伴关系论坛”“一带一路：中乌学术交流与务实合作研讨会”，并走访乌克兰国家科学院、乌克兰外交学院、戈尔舍宁研究所、拉祖姆科夫研究中心、敖德萨国立大学等相关智库及当地中资企业，就乌克兰大选后的内外政策、中乌关系、“一带一路”框架下的中乌务实合作等议题展开深入交流。

10. 2019年5月29—30日，应俄罗斯国际事务委员会邀请，国研院徐坚副院长率欧亚所研究人员赴俄罗斯莫斯科参加第五届中俄智库高端论坛，并作“全球变革与中俄战略协作”的专题发言。本次论坛会议由俄罗斯国际事务委员会与中国社会科学院联合主办，主题为“中国与俄罗斯：新时代的合作暨中俄建交70周年”。来自中俄两国著名专家学者就中俄关系历史、变化世界中的俄罗斯与中国、中俄经济合作等议题进行了坦诚而热烈的交流。原国务委员、中俄和平友好合作委员会中方主席戴秉国和俄罗斯政府副总理阿基莫夫出席开幕式并致辞。

11. 2019年6月6日，欧亚所举办中国—乌兹别克斯坦落实第二届“一带一路”国际合作高峰论坛成果研讨会。荣鹰副院长、外交部刘江平参赞、欧亚所李自国代所长及欧亚所研究人员参会。乌方代表团由乌兹别克斯坦总统战略与地区间研究所所长阿里波夫率领，成员包括乌兹别克斯坦国际关系信息分析中心副主任库尔班诺夫、乌兹别克斯坦驻华大使馆公使衔参赞图尔松诺夫等。双方就落实第二届“一带一路”国际合作高峰论坛成果，加强中乌双边务实合作、智库交流等进行了深入探讨。

12. 2019年6月10日，应土库曼斯坦外交部邀请，邓浩研究员赴土库曼斯坦阿什哈巴德参加水外交国际研讨会，并作主旨发言。该研讨会由土库曼斯坦外交部、水利部联合举办，来自中亚国家、俄罗斯、中国、美国、欧洲等国家的相关机构代表、学者与会，就如何利用好中亚地区水资源问题交换了意见。

五、科研成果

（一）著作

1. 李自国:《“一带一路”与欧亚空间》，世界知识出版社，2018年版。

内容摘要:《“一带一路”与欧亚空间》一书分为两大部分。第一部分，“一带一路”与欧亚空间综述，宏观分析“一带一路”与欧亚地区关系，特别是与欧亚地区主要区域一体化机制的关系。第二部分，“一带一路”与欧亚空间国别分析。欧亚空间的国家虽然脱胎于苏联，但各国的国家间经济规模、发展水平、开放程度、资源禀赋、发展战略、社会状况、思想理念、法律法规、民心取向等差别很大。因此，这一部分按国别分别梳理“一带一路”与各国的关系、各方对“一带一路”的态度、各国的发展战略以及与“一带一路”的契合点、“一带一路”建设在不同国家的有利因素和不利因素。

2. 邓浩：执行主编，《上海合作组织：回眸与前瞻（2001—2008）》，世界知识出版社，2018年版。

内容摘要：本书旨在全面总结上海合作组织成立17年来所走过的道路，展示上海合作组织全方位、多领域合作的概貌，以勾勒上海合作组织成长壮大的全景。

（二）论文

1. 李自国：《人文合作发展历程》，载《上海合作组织：回眸与前瞻（2001—2008）》，世界知识出版社，2018年版。

2. 李自国：《哈萨克斯坦》，载《中亚发展报告（2019）》，社会科学文献出版社，2019年版。

3. 李自国：《“一带一路”与中亚国家》，载《“一带一路”建设发展报告（2019）》，社会科学文献出版社，2019年版。

4. 李自国：《俄罗斯形势：稳中有小变　格局无大改》，载《国际形势与中国外交蓝皮书（2019）》，世界知识出版社，2019年版。

5. 邓浩：《南高加索地区政局：回眸与前瞻》，载《中亚发展报告（2019）》，社会科学文献出版社，2019年版。

6. 邓浩：《“一带一路”与南高加索地区合作》，载《“一带一路”建设发展报告（2019）》，社会科学文献出版社，2019年版。

7. 邓浩：《从青岛峰会看上海合作组织发展方向》，载《欧亚发展研究（2019）》，中国发展出版社，2019年版。

8. 邓浩：《“一带一路”与中国的中亚外交》，《当代世界》2018年第6期。

9. 韩璐：《区域经济合作发展历程》，载《上海合作组织：回眸与前瞻（2001—2008）》，世界知识出版社，2018年版。

10. 韩璐：《上海合作组织与“一带一路”协同发展》，《国际问题研究》2019年第2期。

11. 韩璐：《上海合作组织与“一带一路”的平台建设与合作》，载《上海合作组织报告（2019）》，社会科学文献出版社，2019年版。

12. 赵臻：《对外合作发展历程》，载《上海合作组织：回眸与前瞻（2001—2008）》，世界知识出版社，2018年版。

13. 赵臻：《中国与中亚国家关系：高位运行 行稳致远》，载《国际形势和中国外交蓝皮书（2019）》，世界知识出版社，2019年版。

14. 赵臻：《上海合作组织框架下的青年交流与合作》，载《上海合作组织发展报告（2019）》，社会科学文献出版社，2019年版。

15. 白联磊：《欧盟与上海合作组织的关系发展》，载《上海合作组织：回眸与前瞻（2001—2008）》，世界知识出版社，2018年版。

16. 康杰：《美国与上海合作组织的关系：（2001—2018）》，载《上海合作组织：回眸与前瞻（2001—2018）》，世界知识出版社，2018年版。

17. 康杰：《从观望到竞争：美国对上海合作组织的认知与政策变化（2001—2018）》，《国际问题研究》（英文刊）2019年第1期。

18. 康杰：《评弗雷德里克·斯塔尔〈丝绸之路上的长博弈：反思美国与欧盟的中亚和外高战略〉》，载《中国国际战略评论2018（下）》，世界知识出版社，2019年版。

19. 徐坚、康杰：《"人类命运共同体"理念下中乌共建"一带一路"的前景、问题与建议》，《乌克兰—中国》专刊（Україна–Китай），2018年9月。

（三）媒体文章

1. 李自国：《2018年中俄关系回顾：在内生动力和外源推力下全面深化》，俄罗斯卫星网，访问日期：2018年12月28日。

2. 李自国：《"新加坡模式"落地，哈萨克斯坦开启政权交接》，中国网，访问日期：2019年3月19日。

3. 李自国：《首届"一带一路"高峰论坛后出现的新特点与新变化》，一带一路网，访问日期：2019年4月11日。

4. 李自国：《白皮书还原历史溯本清源，"三股势力"当休矣》，中国网，访问日期：2019年7月23日。

5. 邓浩：《确保合作蛋糕越做越大——写在李克强总理参加上海合作组织政府首脑会议之际》，《光明日报》2018年10月12日。

6. 邓浩：《中国与欧亚国家合作方兴未艾》，新华网，访问日期：2018年10月23日。

7. 邓浩：《"四个典范"确保上海合作组织行稳致远》，新华网，访问日期：2019年6月16日。

8. 邓浩:《绘制中吉中塔共建“一带一路”新篇章》,《大众日报》2019年6月16日。

9. 韩璐:《丰富地区合作内涵 中俄关系再添新动力》,《中国日报》2018年9月13日。

10. 韩璐:《抓住历史机遇 实现互利共赢》,《解放军报》2018年9月15日。

11. 韩璐:《俄白罗斯，相煎何太急》,《文汇报》2019年1月6日。

12. 韩璐:《上海合作组织：回眸过去 展望未来》,《北京周报》2019年1月。

13. 韩璐:《中俄关系提质升级》,《解放军报》2019年6月13日。

14. 韩璐:《务实笃行 构筑上海合作组织命运共同体》,《解放军报》2019年6月18日。

15. 白联磊:《面对贸易摩擦——这三种心态我们要坚定》,《工人日报》2019年6月5日。

16. 康杰:《美太空军难逃军种利益掣肘》,《中国国防报》2018年9月26日。

17. 康杰:《重兵云集意欲何为》,《解放军报》2019年6月20日。

18. 李莹莹:《安倍普京东盟峰会再会晤，俄日领土争端现转机?》,《亚太日报》2018年11月19日。

19. 李莹莹:《俄乌刻赤海峡危机：一波未平一波又起》,《亚太日报》2018年11月30日。

此外，2018—2019年度，中国国际问题研究院作为高端智库培育单位在智库建设方面取得了较好成绩，欧亚所对此也贡献了自己的力量，完成了一批研究报告和专项课题，其中部分报告得到相关部门的转发和批示，起到了较好的建言献策效果。

中国上海合作组织研究中心

China Center for SCO Studies

经国务院批准，中国上海合作组织研究中心（以下简称“中心”）于2006年3月30日在北京成立，被视为上海合作组织国家研究中心。

一、组织架构和人员情况

中心主要由国内权威学术机构的著名专家学者组成，同时邀请外交部、商务部、教育部、文化部、中联部等职能部门的官员参与。

中心的组织架构包括核心组、理事会、秘书处。中心领导和常务理事代表组成的核心组为中心的最高决策机构。

中心设主任1名，执行主任3名，秘书长1名，同时聘请高级顾问和常务理事、理事若干名。中心主任原则上由中国国际问题研究院院长担任。现任主任是中国国际问题研究院院长戚振宏，执行主任为国务院发展研究中心欧亚社会发展研究所所长李凤林、中国社会科学院俄罗斯东欧中亚研究所所长孙壮志，秘书长是中国国际问题研究院研究员邓浩。秘书处为中心的常设机构，设立秘书长1名以及联络员若干名。常务理事和高级顾问主要由来自国内政府机构、国内高端智库、科研等单位的负责人或代表以及阅历丰富和具有一定研究成果的权威专家担任。中心自2017年开始增设理事，以适应上海合作组织不断发展的需要。理事会主要由来自国内高端智库、科研等单位的负责人或代表以及业绩突出、年富力强的资深专家构成。

中心的日常工作由中国国际问题研究院上海合作组织研究中心负责。

二、主要宗旨

中心的主要宗旨是：以中心为平台整合国内智力资源，加强对上海合作组织的理论、战略、对策与动态研究。主要任务是同上海合作组织其他成员国相应的国家研究中心一道，组成上海合作组织论坛，并通过论坛携手各成员国专家学者，开展有关上海合作组织的学术研究和理论探讨，提升上海合作组织的国际影响和地位，发挥上海合作组织智囊团的作用。

中心秉承共建、共享、共赢原则，吸纳国内权威学术机构的著名专家学者，同时聘请部分政府官员参加，打造中国与其他上海合作组织国家智库之间的“二轨”交流平台，也为促进中国与其他上海合作组织国家关系的全面发展提供智力支持，共同促进上海合作组织研究。

三、主要功能与运作方式

中心依托中国国际问题研究院，并充分利用国研院与国内外学术智库交流密切的优势，搭建机制化平台，推动国内相关智库之间及其与上海合作组织国家智库的交流与合作。通过智库对话、实地调研等方式，充分发挥中心的统筹功能，以“二轨”形式推进上海合作组织国家在各个领域的务实合作。

具体包括：

1. 参加或主办上海合作组织论坛会议。上海合作组织论坛会议每年召开1次，由各成员国的国家研究中心轮流主办。会上各国知名学者专家就上海合作组织自身发展、地区形势等问题进行交流和讨论。按照惯例，每次论坛会议在元首峰会前的1—2个月举行，会后就讨论成果形成备忘录，呈报上海合作组织峰会元首理事会。中国上海合作组织研究中心是该论坛的中方代表。论坛会议相关事宜由中国国际问题研究院具体负责。

2. 召开中心内部研讨会，及时向上级有关部门报送新情况和最新研究成果。每年上海合作组织论坛会议召开之前，中心都要召开内部年会，就涉及上海合作组织发展、欧亚地区形势的重大问题进行探讨，为论坛会议做准备。每年年末，中心举办内部年终形势研讨会，对当年的地区形势进行总结。此外，中心还不定期召开针对热点问题、突发问题的核心组专家会议。

3. 举办国际研讨会，与国外相关研究机构进行交流。探讨上海合作组织及地区面临的问题也是中心作为“二轨”外交平台的一项重要工作。

4. 利用上海合作组织秘书处位于北京这一有利条件，中心不定期邀请上海合作组织秘书处官员、上海合作组织国家驻华使馆代表参加活动，共同支持上海合作组织发展。

四、年度学术活动

1. 2018年11月21日，中心主任戚振宏会见上海合作组织候任秘书长弗拉基米尔·诺罗夫一行。双方就落实青岛峰会成果、上海合作组织发展等问题深入交换意见。

2. 2018年12月5日，中心举办2018年年终形势研讨会。与会专家就扩员后上海合作组织地区形势、加强上海合作组织安全、经济领域务实合作等议题进行探讨并提出政策建议。

3. 2019年1月10日，由中心编著的《上海合作组织：回眸与前瞻（2001—2018）》首发式在北京举行。此书系中心首部蓝皮书，也是国内第一部全面系统总结上海合作组织17年发展历程的著作。

4. 2019年1月25日，中心举办“弘扬‘上海精神’，践行‘新五观’”内部研讨会。

5. 2019年1月29日，中心主任戚振宏赴上海合作组织秘书处与新任秘书长诺罗夫举行会晤，双方就举行上海合作组织论坛会议问题进行了深入沟通。

6. 2019年3月7日，中心举办2019年年会。与会代表围绕上海合作组织比什凯克峰会预期成果、上海合作组织与“一带一路”建设、上海合作组织参与全球治理等议题进行了深入讨论。

7. 2019年4月17—18日，中心与中国国际问题研究院共同主办了上海合作组织论坛第十四次会议。时任外交部副部长张汉晖、上海合作组织秘书长诺罗夫出席开幕式并致辞。这是中心第三次作为轮值主席主办论坛会议。来自上海合作组织8个成员国的上海合作组织国家研究中心以及观察员国、对话伙伴国的专家学者、上海合作组织秘书处和有关国家驻华外交官共100余人出席会议。与会代表围绕新时期上海合作组织面临的形势和任务展开深入研讨，并就进一步推动上海合作组织各领域合作建言献策。会议结束时，8个成员国的上海合作组织国家研究中心的负责人共同签署了会议纪要。

8. 2019年6月21日，中心举办“深化上海合作组织人文合作”内部研讨会。

9. 2019年9月6日，中心举办上海合作组织地区形势报告会。

10. 2019年9月12日，中心举办“‘亚信’会议的前景与定位”研讨会。

五、主要成果

1. 李自国:《人文合作发展历程》，载《上海合作组织：回眸与前瞻（2001—2008）》，世界知识出版社，2018年版。

2. 韩璐:《区域经济合作发展历程》，载《上海合作组织：回眸与前瞻（2001—2008）》，世界知识出版社，2018年版。

3. 韩璐:《上海合作组织与“一带一路”协同发展》,《国际问题研究》2019年第2期。

4. 韩璐:《上海合作组织与“一带一路”的平台建设与合作》，载《上海合作组织报告（2019）》，社会科学文献出版社，2019年版。

5. 韩璐:《上海合作组织：回眸过去 展望未来》,《北京周报》2019年1月。

6. 韩璐:《务实笃行——构筑上海合作组织命运共同体》,《解放军报》2019年6月18日。

7. 邓浩:《上海合作组织：回眸与前瞻（2001—2008）》执行主编，世界知识出版社，2018年版。

8. 邓浩:《扩员后上海合作组织的发展前景》,《国际问题研究》（英文刊）2018年第5期。

9. 邓浩:《确保合作蛋糕越做越大——写在李克强总理参加上海合作组织政府首脑会议之际》,《光明日报》2018年10月12日。

10. 邓浩:《从青岛峰会看上海合作组织发展方向》，载《欧亚发展研究（2019）》，中国发展出版社，2019年版。

11. 赵鸣文:《政治安全合作发展历程》，载《上海合作组织：回眸与前瞻（2001—2008）》，世界知识出版社，2018年版。

12. 赵臻:《对外合作发展历程》，载《上海合作组织：回眸与前瞻（2001—2008）》，世界知识出版社，2018年版。

13. 赵臻:《上海合作组织框架下的青年交流与合作》，载《上海合作组织发展报告（2019）》，社会科学文献出版社，2019年版。

14. 白联磊:《欧盟与上海合作组织的关系发展》，载《上海合作组织：回眸与前瞻（2001—2018）》，世界知识出版社，2018年版。

15. 康杰:《美国与上海合作组织的关系：2001—2018》，载《上海合作组织：回眸与前瞻（2001—2018）》，世界知识出版社，2018年版。

16. 康杰:《从观望到竞争：美国对上海合作组织的认知与政策变化（2001—2018）》,《国际问题研究》（英文刊）2019年第1期。

17. 程敏:《教育合作发展历程》，载《上海合作组织：回眸与前瞻（2001—2018）》，世界知识出版社，2018年版。

18. 杨莉:《上海合作组织的宗旨原则、组织构架》，载《上海合作组织：回眸与前瞻（2001—1018）》，世界知识出版社，2018年版。

中国石油大学（北京）俄罗斯中亚研究中心

Center for Russian and Central Asian Studies of China University of Petroleum (Beijing)

2018—2019年，中国石油大学（北京）俄罗斯中亚研究中心（以下简称“俄罗斯中亚研究中心”）在学校各部门的支持下，积极举办国际学术交流，承担国家部委课题，发表论文，圆满完成年度规划。

一、学术交流

2018年10月10日，莫斯科国际关系学院外交系教授塔季扬娜·佐诺娃教授访问俄罗斯中亚研究中心，并就俄罗斯、欧盟和北约的关系作学术报告。佐诺娃教授在报告中详细回顾了苏联解体后俄罗斯与欧盟、俄罗斯与美国和俄罗斯与北约关系在不同历史时期的演进进程，分析了格鲁吉亚战争和乌克兰危机对俄罗斯与西方关系的影响，以及俄罗斯对待西方立场的转变等问题。佐诺娃教授还同中心研究人员就中俄关系、能源在俄欧关系中的地位，以及美国对俄罗斯制裁等问题进行了交流。

2018年12月18日，英国邓迪大学教授廖宣力访问俄罗斯中亚研究中心，就中国对中亚的能源外交及其地缘政治影响做学术报告。廖宣力教授在报告中重点分析了中亚地区的地缘政治形势，中国对中亚地区的能源投资与合作历史及其在中国—中亚关系中的重要地位，中国与中亚国家、俄罗斯在“一带一路”倡议方面的合作等问题。廖宣力教授还同中心研究人员就中哈原油管道、中亚天然气管道的重要地缘政治影响，以及中国的海外油气投资的经济性等问题进行了交流。

2019年3月1日，俄罗斯中亚研究中心与俄罗斯能源与安全研究中心在北京共同举办学术讨论会。俄罗斯能源与安全研究中心主任安东·赫洛普科夫、研究员德米特里·科努霍夫参加了会议。俄方专家就美朝和谈失败、朝核问题的前景，以及中俄在朝核问题解决方面应发挥的作用等问题做了分析。中国社科院研究员樊吉社、北京大学教授韩华等就朝美在朝核问题上各自立场的差异、特朗普对朝政策，以及美国国内政治局势对朝核谈判的影响等问题进行了深入的分析。

2019年3月28日，著名俄罗斯问题研究专家、澳大利亚原驻俄罗斯大使馆参赞波波罗教授访问俄罗斯中亚研究中心，就当代世界秩序与大国博弈，俄罗斯的外交政策与国际环境之间的相互影响，以及新的地缘政治形势与冲突做了学术报告。在与中心研究人员的交流中，波波罗还回答了有关俄美关系、中美关系和俄罗斯与美国的亚太战略等问题。

2019年6月15日，2019年北京高等教育学会国际政治研究分会年会暨学术报告会在中国石油大学召开。本次年会由北京高等教育学会国际政治研究分会（以下简称“研究分会”）主办，中国石油大学马克思主义学院承办，年会主题为“新中国外交70年：理论与实践”。来自中国人民大学、北京师范大学、中国政法大学等近20所高校的专家学者，马克思主义学院师生80余人参加会议。研究分会副理事长、对外经贸大学全球化与中国现代化问题研究所所长王志民教授主持开幕式，中国石油大学党委副书记韩克飞致欢迎辞。韩克飞代表中国石油大学向与会专家学者表示热烈欢迎，并介绍了学校及国际政治学科的基本情况，指出国际政治的变化将越来越深入地影响我国的对外经济交往，对国际政治的研究已成为高等学校政治学教研中亟待加强的一个重要方面，北京高校国际政治研究会在促进高校间教学、研究的交流中起到重要作用。

北京高等教育学会常务副会长王晓纯在致辞中表示，研究分会在近三十年的发展中，充分发挥平台纽带作用，为国际政治学科研究和人才培养作出重要贡献，并且影响力不断提升，希望研究分会能够发扬传统、发挥优势，百尺竿头更进一步。

在大会报告环节，研究分会副理事长董秀丽作了学会工作汇报；在学术研讨环节，与会学者就新中国70年外交理论和实践、“一带一路”建设、新时期美欧关系、中俄关系、能源政治等方面进行了学术研讨；青年教师围绕国际政治课程方面的教学经验和体会进行了交流；研究分会理事长李永辉教授为教学比赛和征文获奖者颁发了荣誉证书。中国石油大学马克思主义学院庞昌伟副院长就中国石油大学政治学硕士学位点和俄罗斯中亚研究中心的特色建设与学者进行了交流。

2019年9月27日，中国石油大学（北京）俄罗斯中亚研究中心在俄罗斯圣彼得堡斯莫尔尼大学与俄罗斯教育科学院、俄罗斯社会科学院及欧亚自然科学院共同举办《中俄外交关系70周年：回顾与前瞻》国际会议，总结了中俄关系的经验与教训，取得了良好的反响。

二、主要成果

1. 王鸣野:《中间地带的通道政治与中间地带国家的国际行为——以吉尔吉斯斯坦玛纳斯空军基地为例》,《俄罗斯研究》2019年第3期。

2. 王鸣野:《亚美尼亚的人口发展趋势及其影响》,《新疆社会科学》2019年第3期。

3. 杨晓锋，孙璐:《加拿大油气法治体系镜鉴》,《黑河学院学报》2019年第1期。

4. 刘乾:《中国与中亚的能源关系及展望》，载《中亚国家发展报告（中亚黄皮书）2019》，社会科学文献出版社，2019年版。

5. 刘乾:《上海合作组织框架内能源合作：现实与前景》，载《上海合作组织发展报告（上海合作组织黄皮书）2019》，社会科学文献出版社，2019年版。

6. 刘乾:《西方制裁下的俄罗斯北极油气开发》,《欧亚经济》2019年第4期。

三、研究课题

1. 完成《校基金—前瞻导向基金：教育部备案俄罗斯中亚研究中心建设与发展培育项目》第二阶段任务。

2. 教育部国际合作司基地培育两个项目《欧亚经济联盟一体化政策研究》

《欧亚经济联盟能源市场区域合作机制研究》验收结题。

3. 王倍倍:《苏联时期哈萨克斯坦加盟共和国的历史研究》，2018年9月获得校基金——拔尖人才科研启动基金立项。

4. 2018年年底完成生态环境部“中国—上海合作组织环境保护合作中心”和“中国—东盟环境保护合作中心”委托课题《俄罗斯的国际环保合作经验研究》。本课题研究了俄罗斯参与的国际性多边环保合作条约，以及同欧盟、美国、日本等国在生态环境保护领域的合作经验，分析了中国与俄罗斯在生态环境保护领域合作的现状，存在的问题和未来加强合作的前景，并就中俄两国在固废处理、跨境水资源保护等领域合作提出了政策建议。

5. 2019年3月完成中石油集团软科学课题《基于“一带一路”倡议的天然气管道基础设施互联互通研究》。本课题研究了“一带一路”沿线国家的天然气管道基础设施的现状和规划、建设的前景，分析了中国的天然气进口管道与“一带一路”沿线国家天然气管道基础设施互联互通的可行性和风险，对潜在的联通对象进行了评估，提出了中国与周边国家实现天然气管道基础设施互联互通的政策建议。

6. 2019年6月22日,《石油科学通报》评选“2018年度中国石油科学十佳论文奖”。《俄罗斯在国际能源战略格局变化中的地位及中俄能源合作》（作者：冯玉军、庞昌伟、许勤华等，载《欧亚经济》2019年第3期）作为唯一一篇社会科学论文获奖。中国石油大学庞昌伟、徐斌、刘乾、王晓光四位教师作为合作者参加了论文撰写。

上海外国语大学俄罗斯研究中心

Center for Russian Studies of Shanghai International Studies University

上海外国语大学俄罗斯研究中心（以下简称“俄罗斯研究中心”）于2011年12月正式成立，是教育部国际合作与交流司设立的首批区域国别和区域研究基地之一。

上海外国语大学的前身是上海俄文专科学校，成立于1949年，是我国重要的外语院校之一，其俄语语言文学学科是全国第一个获得俄语语言文学博士学位授予权（1983）的学科点。1980年，俄语系成立了苏联研究所，以苏联社会学和苏联教育学为主要研究方向，成为国内最早从事国际问题研究的专业机构之一，迈出了从单一的语言教学型院系向教学—科研相结合学科转型的第一步。1992年5月，在苏联研究所的基础上成立了国际问题研究所，研究方向拓展到国际关系，研究范围增加到除俄罗斯以外的美国研究、德国研究、法国研究、中东阿拉伯研究等领域。俄罗斯问题研究长期以来一直是主要的研究领域之一，在国内具有一定的影响力。

上海外国语大学俄语系俄语语言文学专业1987年被国家教委列为全国俄语语言文学唯一的重点学科，2001年被上海市教委评定为上海市重点学科。2002年和2007年又连续被列为国家重点学科，2009年入选国家级特色专业，在国内同类学科中占有重要的地位，综合实力位居全国前列，2016年在教育部学位与研究生教育发展中心发布全国第四轮学科评估中被评为A+学科，2017年，俄语语言文学所在的一级学科外国语言文学学科入选“双一流”建设名单。

2011年12月，上海外国语大学俄语系和国际关系与外交事务研究院积极整合校内俄罗斯研究资源，相互协调与配合，将俄语语言文学、俄罗斯中亚区域国别研究、外语战略研究与国际关系研究等学科有机结合，在上海外国语大学悠久的俄罗斯研究传统的基础上，共同组建成新的俄罗斯研究中心，并获批成为教育部国际司国别和区域研究基地。

2012年6月2日，俄罗斯研究中心学术委员会成立，正式聘请潘大渭、唐朱昌、李新、汪之诚为兼职研究员。

俄罗斯研究中心在与校内外专家多次深入交流的基础上，就基地的发展规划和研究方向达成了共识，即充分汲取国内外俄罗斯教学和研究的经验，努力发挥上海外国语大学长期积淀的俄罗斯文化研究、语言与文学研究、中俄关系史研究、俄罗斯思想研究的优势，以国家文化发展战略为导向，构建一个方法创新、学科交叉融合、专业优势互补的新型的、跨学科的对俄研究和人才培养的新格局。

一、研究方向和研究人员

（一）研究方向

研究方向为欧亚问题研究、普京思想研究、俄罗斯外交、俄罗斯文化战略、俄语国家语言政策与语言规划等。

（二）研究人员

汪宁，俄罗斯研究中心主任，法学博士，上海外国语大学研究员，国际关系专业博士研究生导师，上海市俄罗斯东欧中亚学会副会长。主要研究领域：国际政治，大国关系，外交学理论，俄罗斯政治、经济、文化。主要著作有《普京的“俄罗斯新思想”》《俄罗斯私有化评说》《“给我20年……”——解读普京》《俄罗斯文化复兴战略》等。

章自力，俄罗斯研究中心常务副主任，教育学博士，上海外国语大学俄罗斯东欧中亚学院副教授，硕士生导师。中国俄罗斯东欧中亚学会理事、上海市俄罗斯东欧中亚学会常务理事。主要研究方向是教学法、俄罗斯社会与文化。

杨波，俄罗斯研究中心副主任，俄罗斯教育部哲学（语文学）博士，上海外国语大学俄罗斯东欧中亚学院教授，俄罗斯中亚区域国别研究、语言战略与语言政策学博士生导师。中国俄罗斯东欧中亚学会理事、上海市俄罗斯东欧中亚学会副秘书长、上海市法学会法学翻译研究会常务理事、复旦大学中国反洗钱研究中心兼职研究员、俄罗斯卫星通讯社特约评论员、人民网国际频道常约评论员。主要研究领域：俄罗斯中亚语言、社会与文化。出版《词汇与言语——俄语词汇学与文学的联姻》《Функции антонимии в художественной и научной речи》《塔吉克斯坦国家发展与社会文化研究》等学术专著，在国内外核心期刊和媒体发表论文数十篇，《普京文集（2012—2014）》《普京文集（2015—2017）》中文版主要译者。近年来领衔完成《“丝绸之路经济带”沿线国家文化教育政策研究》《新编〈突厥通史〉译介暨中外突厥语族民族历史构建与族群认同研究》《多语种网络空间语言战略研究》等省部级课题十余项，主持国家社科基金课题《大国博弈视角下的中亚语言竞争与语言规划研究》。上海文广集团（SMG）国际问题评论员兼俄语同声传译直播译员、联合国注册俄语同声传译员。

杨成，法学博士，上海外国语大学国际关系与公共事务学院教授，院长助理，上海外国语大学欧亚文明研究特色研究生班项目负责人。中国俄罗斯东欧中亚学会理事、上海市俄罗斯东欧中亚学会理事，主持各类课题多项，在各类核心期刊和媒体发表多篇论文。

毕洪业，法学博士，上海外国语大学俄罗斯东欧中亚学院教授，博士生导师，主要从事俄罗斯问题研究、国际政治与经济研究。出版专著《俄罗斯与欧洲关系研究》和《俄罗斯对独联体外交政策研究》，在《俄罗斯中亚东欧研究》《世界经济研究》《国际论坛》《东北亚论坛》《世界经济与政治论坛》《俄罗斯研究》等核心刊物上发表多篇论文。

吴爱荣，文学博士，上海外国语大学俄罗斯东欧中亚学院副教授，硕士生导师，中亚九三学社上海市青年委员会委员、上海外国语大学委员会委员。在《俄罗斯东欧中亚研究》《外语教学》等期刊发表多篇论文。研究方向：翻译理论与实践，俄罗斯中亚区域国别研究。

二、学术活动

1. 第四届“伟大丝绸之路上的多元价值观：语言、文化和教育”国际学

术研讨会

2018年11月16—17日，第四届“伟大丝绸之路上的多元价值观：语言、文化和教育”国际学术研讨会在上海外国语大学举行，会议的主题是“‘一带一路’沿线国家的语言、文化和教育研究”。上海外国语大学党委书记姜锋和乌兹别克斯坦共和国驻上海总领事馆总领事阿戈扎姆赫德热耶夫在开幕式上致辞。姜锋书记指出，中亚和中国历史上繁荣的原因正是因为开放，开放是交流的基础，中乌两国交往历史悠久，新时代交给两国的使命就是如何复苏古老的丝路精神。阿戈扎姆赫德热耶夫总领事指出，上海和塔什干缔结友好城市至今24周年，他感谢上海外国语大学积极筹备此次会议，高度肯定上海外国语大学在中乌两国人文合作领域发挥的积极作用。时任乌兹别克斯坦总统战略与区域间研究所所长，上海合作组织秘书长诺罗夫以“丝绸之路在中亚区域的作用”为主题做了主旨报告。来自中国和乌兹别克斯坦共和国多所高校、科研机构的学者60余人参加了本次研讨会。

2.“‘一带一路’建设的关键地区和重点国家：建设领域与成果经验”学术研讨会

2019年7月20日，俄罗斯研究中心与国家中医药管理局中医药国际化研究中心共同举办“‘一带一路’建设的关键地区和重点国家：建设领域与成果经验”学术研讨会。来自复旦大学、华东师范大学、上海外国语大学、上海社会科学院、上海国际问题研究院、上海中医药大学、上海政法学院、江苏省委党校、上海立信会计金融学院、重庆科技学院、中国产业海外发展协会和上海日报社等高校、科研机构、企业以及媒体代表共50余人参加会议。会议就地区安全与“一带一路”建设、中医药国际化与“一带一路”建设、人文交流合作与“一带一路”建设、地区务实合作与“一带一路”建设、地区务实合作与“一带一路”建设等议题进行了深入研讨。

三、科研成果

2018年9月至2019年9月俄罗斯研究中心研究人员主要取得了以下科研成果：

1. 汪宁、纪悦生:《俄罗斯文化复兴战略》，上海财经大学出版社，2018

年版。

内容摘要：进入21世纪以来，国际局势扑朔迷离变化万千，新的国际秩序迟迟难产。在这样的大背景下，国际政治本身及国际政治学科的研究都在发生着深刻而复杂的变化，一个明显的标志就是，在复杂多变的国际关系中，文化的因素大幅度增加，软实力竞争日益激烈。普京自千年之交执政以来，大力推动出台了一系列文化政策，在提高国际形象方面做出了诸多努力，一套完整的俄罗斯国家文化战略已经逐步形成。面对以美国为首的西方文化的强势扩展，俄罗斯文化面临着被否定，边缘化，俄罗斯可能沦为“二流国家”的危险。为了抓住对国际事务的主导权，恢复和维护俄罗斯的大国强国形象，普京采取了一系列强硬的应对措施，以增加民族凝聚力、大力宣扬传统的爱国主义精神为抓手，从恢复俄罗斯语言文化地位开始做起，辅之以一整套法规和文化发展规划，形成了完整的文化复兴战略，以国家战略的形式用法规正式固定下来。俄罗斯2016年2月29日正式颁布出台了《2030年前俄罗斯联邦国家文化政策战略（草案）》，与此前已经正式颁布的其他许多国家级的战略文献如《2025年前俄罗斯民族政策战略》《国家政策基础》《俄罗斯联邦国际人文合作领域政策的基本方向》等一系列政策文件一起，构成了一个完整的国家战略法规文献体系，标志着俄罗斯国家文化战略的正式形成，极具特色。全书共分五个部分（篇章）展开，报告最后部分为附录文件。

2. 杨波：《共建“丝绸之路经济带”：欧亚经济联盟国家学界的认知综述》,《欧亚经济》2019年第3期。

内容摘要：中国共建“丝绸之路经济带”的倡议在欧亚经济联盟国家学界引发了持续关注，欧亚经济联盟国家学界围绕共建“丝绸之路经济带”进行了多方面的解读，其基本认知也从最初的不理解逐步转向理解，从最初的质疑逐步转向致力于共建合作，实现发展互补。文章认为，鉴于中国与欧亚经济联盟国家经济力量的不对称，欧亚经济联盟国家的部分学者仍然会对“丝绸之路经济带”和“一带一盟”对接持观望置疑态度，中国和联盟国家部分民众中仍然在一定程度上存在“非互信”现象和思维，这是不同理解、不同视角、不同立场、不同利益诉求碰撞所产生的自然现象，毕竟“带盟”对接合作是不同运行机制、不同模式之间的对接合作，是共创“欧亚经济联盟+”机制的创新合作，这种创新合作本身需要不断磨合，需要不断发现矛盾解决矛盾，需要中国政府与欧亚经济联盟之间建立多层次的交流，需要中国学界和欧亚经济联盟学界之间展开多形式和多渠道的沟通，通过强化民间交流不断增强双方良性互动和增信释疑的机会。

3. 杨波:《网络空间俄语传播战略研究》,《语言文字应用》2019年第1期。

内容摘要：从大国成长经验来看，构建本国特色话语传播战略来实现国家的战略目标，历来为世界大国所重视，俄罗斯就是一个典型的例子。在全球化、信息化时代，俄罗斯从国家发展战略高度制定俄语网络传播战略，以俄语为媒介推广俄罗斯价值、俄罗斯话语，提升俄罗斯的“软实力”，服务国家内政外交。本文基于拉斯韦尔的“5W”传播模型考察互联网俄语传播，分析俄罗斯的举措与经验，为制定中国特色的网络话语传播战略提供启示和借鉴。

4. 杨波:《哈萨克斯坦非物质文化遗产保护：从政策到实践，国外非物质文化遗产保护的经验与启示》，社科文献出版社，2018年版。

内容摘要：本文系上海市人民政府发展研究中心“外国文化政策”决策咨询研究专项课题“哈萨克斯坦非物质文化遗产的经验与启示”的最终成果。报告对哈萨克斯坦非物质文化遗产保护的政策与实践进行评估性分析，重点聚焦该领域的法律、机构和政策，参照哈萨克斯坦官方网站发布的最新俄语、哈萨克语资讯，重点把握哈国在非物质文化遗产保护方面的指导思想、基本方针、总体战略和现状问题，总结经验，吸取教训，为我国非物质文化遗产保护建言献策。

5. 韦进深，唐朱昌:《倡议、议程与规范：中国国际组织外交的新变化》,《广西财经学院学报》2018年第3期。

内容摘要：中国共产党第十八次全国代表大会以来，中国的国际组织外交更为积极和主动。中国不仅提出了一系列有关全球治理的新理念，并且通过国际组织外交践行新理念，提出全球治理的中国方案，推动全球治理和治理体系的转型，开创了新时代中国国际组织外交的新局面。在国际组织外交的实践中，中国通过在全球性国际组织和区域性国际组织发起国际倡议，推动了这些国际组织在组织发展、议题设置和管理程序等方面的改革，强化了国际组织的治理作用。中国通过在国际组织中的重要地位和主场外交活动，统筹国家治理和全球治理，设置国际议程推动全球问题的治理，避免全球治理的“失灵”。最后，面对国际规范的调整和变迁，中国在国际安全、国际经济、人权和环境保护等领域主动塑造规范，推动了国际关系民主化的发展和全球治理体系的转型。

6. 汪宁、韦进深:《当代俄罗斯文化战略评析》,《国际观察》2018年第4期。

内容摘要：以《2030年前俄罗斯联邦国家文化政策战略》的出台为标志，俄罗斯形成了明确的国家文化战略。论文从多方面论述了俄罗斯文化安全面临的挑战，在俄罗斯文化复兴的理论导向和制度重建、语言文化战略、文化外交战略三个维度对俄罗斯文化战略的内容进行分析，认为出台文化战略是俄罗斯应对苏联解体的文化冲击和西方文化挑战的重要举措，而重塑国内文化环境和扩大俄罗斯文化国际影响力是俄罗斯文化战略的根本目标。

上海大学上海合作组织公共外交研究院

Public Diplomacy Institute of Shanghai Cooperation Organization of Shanghai University

一、重要沿革

上海大学上海合作组织公共外交研究院（以下简称“公共外交研究院”）成立于2011年3月，是经中华人民共和国外交部批准成立的学术机构，致力于上海合作组织和平发展、我国公共外交事业发展的学术研究、人才培养及国际交流。研究院的使命：第一，建设上海合作组织与公共外交战略的研究基地，组织开展我国与相关区域及国家交流合作的战略性研究，为各级政府和企事业单位提供决策咨询服务；第二，建设公共外交高级人才的培养基地，针对目前各级政府和企事业单位日益增多的国际化交流和民间外交人才的需求，开展专门的人才培养。培养民间外交人才，服务国家公共外交战略；第三，建设国际人文与科技交流合作基地，广泛开展国际人文交流，从而带动经济合作、科技合作、产业合作以及社会治理合作，为各级政府、企事业单位引进相关领域高科技人才与项目提供服务。

公共外交研究院成立之时，上海合作组织秘书长穆拉特别克·伊马纳利耶夫发来亲笔签名的贺信表示祝贺，并指出公共外交研究院从事的是一项十分有意义的工作。教育部国际司司长张秀琴于2013年11月20日致公共外交研究院学术委员会主席张德广的复信，信中指出：“上海大学自成立上海合作组织公共外交研究院以来，致力于上海合作组织和平发展和我国公共外交事业的发展，人才培养，科学研究，国际交流和社会服务等方面积极探索，成果显著。在将来的工作中我们将更加注重发挥该校在促进上海合作组织区域友好协作和文化交融等方面的良好作用。”

2016年12月27日，中国公共外交协会召开第一届理事会第五次会议暨公共外交专门委员会成立仪式，宣布上海大学上海合作组织公共外交研究院与北京外国语大学、外交学院、上海大学、清华大学、中国人民大学、北京大学、三亚公共外交研究院，入选“地方及院校公共外交委员会”。

上海大学上海合作组织公共外交研究院与中国社会科学院、中国公共外交协会、中国中亚友好协会、察哈尔学会、上海市公共外交协会合作，同时与俄罗斯、哈萨克斯坦、乌兹别克斯坦、吉尔吉斯斯坦、塔吉克斯坦、德国、美国、爱沙尼亚、韩国等国的政府与学术机构建立了紧密联系。2018年2月，公共外交研究院副院长张恒龙教授当选第二届中国中亚友好协会理事。公共外交研究院持续获得教育部和上海市智库项目资助，积极参与组织编撰《上海合作组织发展报告》（黄皮书），2018年发展报告由副院长张恒龙教授担任副主编。

二、研究方向

1. 围绕上海合作组织成员国发展风险开展储备研究，重点是中亚国家政治稳定与社会风险评估。主要开展国家社科基金重点课题1项:《中亚五国政治与社会稳定的总体评估及发展趋势研究》。

2. 围绕上海合作组织经贸发展与务实合作开展资政研究，重点是上海合作组织金融合作与上海合作组织开发银行组建。主要开展三项课题，分别是教育部国别和区域研究2016—2017年度指向性课题《未来10—15年上海合作组织金融合作的前瞻性研究》，2017年度上海高校智库内涵建设计划资助课题《上海合作组织金融合作促进“一带一路”建设研究》，中信改革发展研究基金会委托课题《国际开发性金融机构和世界经济秩序的转换》。

3. 围绕上海合作组织框架内高端合作机制开展公共外交活动及研究，重点是中国—中亚国家智库合作。主要开展课题3项：上海大学国际交流平台《上海合作组织公共外交》，2018年度上海高校智库内涵建设计划资助课题《中亚国家政治风险及发展趋势》，全国文化和旅游系统2018年度课题《上海建设“一带一路”文化领域桥头堡对策研究》。

三、人员情况

上海大学上海合作组织公共外交研究院名誉院长是前外交部长、全国人大常委、全国人大外事委员会原主任委员、中国公共外交协会会长、上海大学名誉教授李肇星。学术委员会主席是中国国际问题研究基金会理事长、外交部前副部长，上海合作组织首任秘书长、上海大学名誉教授张德广。学术委员会副主席分别是中国前驻俄罗斯武官、中国国际战略学会高级顾问、上海大学博士生导师王海运少将，中国社科院俄罗斯东欧中亚研究所所长、上海大学自强教授孙壮志研究员。院长是李伟。研究院拥有一支由资深外交官、国内外大学教授和海外归国人才组成的专家团队。

校内团队成员

张恒龙教授、张丹华教授、王祝研究员、何树全教授、王国松教授、尹应凯教授、李华副教授、赵金龙副教授（留韩）、毛雁冰副教授（留德）、贾利军副教授、王雨琼博士（留俄）、张真真助理研究员（留俄）、李雪助理研究员（留俄）。

校外团队成员

1. 王海运：兼职教授、博导
2. 孙壮志：自强教授、中国社科院俄罗斯东欧中亚研究所所长、研究员
3. 许 涛：兼职教授、国务院发展研究中心欧亚社会发展研究所研究员
4. 徐坡岭：兼职教授、中国社科院俄罗斯东欧中亚研究所研究员
5. 张 宁：兼职教授、中国社科院俄罗斯东欧中亚研究所研究员
6. 王四海：兼职教授、兰州大学教授
7. 王晓泉：特聘研究员、中国社科院俄罗斯东欧中亚研究所副研究员
8. 徐晓天：特聘研究员、现代国际关系研究院副研究员
9. 戴勇斌：特聘研究员、比利时根特大学博士
10. 弗拉基米尔·彼得罗夫斯基：特聘研究员、俄罗斯科学院远东研究所首席研究员
11. 雅罗斯拉夫·利索沃利克：特聘研究员、欧亚开发银行首席经济学家

四、主办刊物

不定期编撰内部刊物《公共外交参考》与《公共外交与全球治理学术沙龙通讯》。

五、学术活动

1. 举办“一带一路”上海国际论坛

“一带一路”上海国际论坛由上海大学与中国社会科学院俄罗斯东欧中亚研究所联合主办，由上海大学上海合作组织公共外交研究院承办。论坛内引外联，整合校内外资源，邀请中外知名学者、智库专家、政府部门、高校和媒体代表参加，特邀国际组织代表及上海合作组织成员国驻华使馆官员出席。论坛主要围绕上海合作组织成立以来，中国与上海合作组织成员关系的现状及前景、上海合作组织区域内安全形势、大国与中亚等议题，突出战略性、前瞻性、时代性、科学性特点，展开高层次、高水平的研讨，力争打造成为沿线国家政产学研各界对“一带一路”进行综合研讨的高端平台。

2018年10月24—25日，第三届“一带一路”上海国际论坛在上海大学国际会议中心成功举办。论坛聚焦“一带一路”与欧亚的繁荣稳定主题，与会学者围绕上海合作组织扩员进程展望、“一带一路”框架内的人文与科技合作、上海合作组织发展的新机遇与“一带一路”框架内欧亚地区经济合作四个议题开展了深入研讨。此次论坛由上海大学、中国社会科学院俄罗斯东欧中亚研究所主办，上海大学上海合作组织公共外交研究院、中国社会科学院“一带一路”研究中心承办，上海大学国际部、上海大学高等研究院协办。来自中国、俄罗斯、中亚、外高加索、乌克兰、白俄罗斯、印度等欧亚地区国家的专家学者以及相关国家驻华使领馆官员百余人参会。

2. 举办上海—中亚科技创新研讨会

2019年10月26日，上海—中亚科技创新研讨会在上海举办。大会由“一带一路”科技创新联盟成员单位上海科学技术交流中心、上海交通大学、上海大学共同举办。来自包括哈萨克斯坦、乌兹别克斯坦、吉尔吉斯斯坦、塔吉克斯坦等中亚各国嘉宾、新疆克拉玛依市科技代表团成员、长三角地区有关单位的代表以及上海市科技主管部门、大学高校、科研机构、园区、投融资机构及企业的代表约150多人参加了活动。大会秉承“和平合作、开放包容、互学互鉴、互利共赢”的丝绸之路精神，重点围绕清洁能源、农业科技等领域，运用圆桌会议、专题讨论、展览展示、参观对接等多种形式进行交流与探讨，内容丰富。

3. 举办第十届俄罗斯东欧中亚与世界高层论坛

2018年12月27—28日，由中国社会科学院俄罗斯东欧中亚研究所、中国俄罗斯东欧中亚学会和上海大学共同主办的“第十届俄罗斯东欧中亚与世界高层论坛”在上海大学国际会议中心举行。论坛由上海大学上海合作组织公共外交研究院和中国社会科学院“一带一路”研究中心联合承办。

来自外交部欧亚司、商务部、中央党史和文献研究院、国务院发展研究中心、中国社科院、中国国际问题研究院、中国现代国际关系研究院、北京大学、中国人民大学、北京师范大学、复旦大学、华东师范大学、上海外国语大学、辽宁大学、武汉大学、山东大学、四川大学、安徽大学等国内各学术单位和相关机构的近百名学者共聚一堂，就当前俄罗斯东欧中亚地区的总体局势和热点问题进行了研讨。

4. 举办海洋亚洲国际研讨会

2019年3月1—2日，海洋亚洲国际研讨会在上海大学成功举办。来自奥地利萨尔茨堡大学、美国纽约州立大学宾汉姆顿分校、日本国际基督教大学、香港大学、上海纽约大学、北京大学、暨南大学、山东大学、福建师范大学、复旦大学、上海师范大学、广东社会科学院和上海大学的专家学者参会。

为期一天半的会议中，专家们围绕“地理知识，海路和地图”“中国和东亚和东南亚的邻国”“中国和更广阔的印度洋世界”“沿海防御和海盗”和“中国和太平洋”等议题开展了富有成效的研讨。

5. 举办中国—白俄罗斯经贸合作研讨会

2019年5月9—10日，中国—白俄罗斯经贸合作研讨会在上海大学举办。白俄罗斯总统经济顾问，白俄罗斯国立大学经济系主任卡拉廖娃·安娜、副系主任杜提娜·阿丽娜受邀参会。研讨会围绕“中国与白俄罗斯经贸合作的主要挑战与机遇”“白俄罗斯经济发展的主要困难”“白俄罗斯民众对‘一带一路’和中国投资的态度”等议题开展热烈的讨论。

6. 举办中国—乌兹别克斯坦战略合作研讨会

2019年7月9—11日，乌兹别克斯坦国会议员、“崛起”全民运动主席阿克马尔·布尔汉诺夫受邀访问上海，其间于上海大学召开了中国—乌兹别克斯坦战略合作研讨会。“崛起”全民运动是根据乌兹别克斯坦国家总统令，为促进“2017—2019年乌兹别克斯坦五大优先发展方向行动战略”实施而成立的组织。2018年12月，时任乌兹别克斯坦发展战略中心主任的阿克马尔·布尔汉诺夫受邀参加了由高等研究院与上海科学技术交流中心共同主办的上海—中亚科技创新研讨会。双方就中乌合作达成了初步意向。此次阿克马尔·布尔汉诺夫访问上海，进一步夯实双方合作基础，有效对接上海科技服务“一带一路”建设三年行动计划。

7. 参加“第二届中乌共建‘一带一路’合作前景”圆桌会议

应乌兹别克斯坦民族关系和对外友好委员会（以下简称“乌对外友协委员会”）邀请，由全国对外友协欧亚部主任沈昕率领的全国对外友协代表团于2019年4月15—19日访问了乌兹别克斯坦，并出席了由全国对外友协、中国驻乌使馆和乌对外友协委员会在乌首都塔什干共同举办的“第二届中乌共建‘一带一路’合作前景”圆桌会议。公共外交研究院助理研究员张真真应邀参加并在会上作“Роль Шанхайского университета в продвижении дружбы между Китаем и Узбекистаном”（《发挥高校作用，促进中乌友谊：以上海大学为例》）发言。

8. 参加“一带一路”乌中战略伙伴关系论坛

2019年5月23日，受乌克兰国家科学院与汉学家协会邀请，公共外交研究院副院长张恒龙教授赴基辅参加第三届“一带一路”乌中战略伙伴关系论坛。该论坛由中国驻乌克兰大使馆和乌克兰国家安全与国防委员会支持召开。来自中国社会科学院、中国国际问题研究院、上海大学的中方代表与乌克兰各界专家就中乌战略伙伴关系开展深入富有成效的讨论。张恒龙教授作为中国高校智库代表，在会上作了“基于‘一带一路’背景下的中国—乌克兰合作前瞻分析”的主题发言。

9. 与俄罗斯智库及高校开展学术交流

2019年2月18—22日，上海大学代表团访问俄罗斯智库及高校。其间受到伊尔库茨克州副州长（副省长）弗拉基米尔·达罗费耶夫先生的亲切接见。访问团一行分别造访俄罗斯伊尔库茨克国立理工大学、莫斯科国立大学、俄罗斯国际事务委员会、俄罗斯科学院远东所等高校及科研机构。双方就举办中俄双边国际小型研讨会及合作发表论文、共同出版刊物等交换意见。

10. 张恒龙副院长参加纳扎尔巴耶夫总统授勋仪式

2019年4月28日，国家主席习近平在人民大会堂中央大厅为哈萨克斯坦首任总统纳扎尔巴耶夫举行“友谊勋章”颁授仪式。张恒龙副院长受邀参加。

六、科研成果

（一）著作

张恒龙:《“一带一路”与扩员中的上海合作组织》，时事出版社，2018年10月。

内容摘要:“一带一路”上海国际论坛是由上海大学与中国社会科学院俄罗斯东欧中亚研究所联合举办的学术活动。第二届“一带一路”上海国际论坛于2017年10月31日至11月2日在上海大学举办。论坛主题是“‘一带一路’与扩员中的上海合作组织”。来自中国、俄罗斯、中亚、印度、巴基斯坦等上海合作组织成员国以及外高加索、乌克兰等域外国家的专家学者与相关国家驻华使领馆官员与会，开展了高层次、高水平的研讨。论坛为沿线国家政产学研各界对“一带一路”进行综合研讨打造了高端平台。该论文集就是与会专家学者研讨成果的集成。

（二）论文

1. 张恒龙:《中国担当成就世界机遇》,《光明日报》国际版2018年11月9日。

内容摘要：当前，全球经济仍然深受国际金融危机的影响，世界经济复苏远不及预期，全球产业布局正在加剧调整，经济全球化存在较多制约因素，难以适应各国经济发展新诉求，严重制约了经济全球化的健康发展。而且，一些西方发达国家奉行单边主义政策，贸易保护主义抬头，逆全球化倾向日趋严重，经济全球化正面临着严峻考验。在这关键时刻，中国提出要让经济全球化进程更有活力、更加包容、更可持续的主张，并以举办首届中国国际进口博览会的实际行动，向世界宣示了主动开放市场，助推经济全球化健康发展的重大决心，体现了作为世界第二大经济体的责任与担当。

2. 张恒龙:《今天的世界比以往更需要多边合作》,《光明日报》国际版2019年3月31日。

内容摘要：当前，国际金融危机的影响远未消弭，世界经济复苏乏力，新风险日益增多、新挑战层出不穷，逆全球化、贸易保护主义思潮开始抬头，单边主义、霸权主义愈演愈烈，地区动荡、民族冲突时有发生，恐怖主义、难民危机持续蔓延，传统和非传统安全威胁有增无减。严峻的形势迫切需要各国加强多边协作，共同应对挑战。而多边主义强调平等协商、开放包容、相互尊重的精神，多边主义奉行双赢、共赢、多赢的理念，多边主义是维护世界和平、促进共同发展的有效路径。可见，今天的世界比以往更需要多边主义，多边主义已成为推动世界和平发展的必由之路。

3. 何树全:《40年中国开放型发展道路的理论内涵——融入世界经济，整合国内经济》,《世界经济研究》2018年第12期。

内容摘要：从1978年到2018年，我国改革开放走过了整整40年。回顾我国改革开放历程，一个重要的关键词就是：融合，即融入世界经济、整合国内经济。我国改革开放的过程是融入世界经济的过程，同时也是整合国内经济、区域经济协调发展的过程。改革开放以来，我国经历了认识世界、倒逼融入世界、主动融入世界和共建美好世界的过程。20世纪80年代，沿海城市的开放、经济特区的建设，是融入世界的开始；复关入世的努力、改革开放的深化、中国自贸试验区和自由贸易港的建设，是中国主动融入世界的体现；“一带一路”倡议的提出、进口博览会的举办，是中国与世界各国共建美好世界的作为。开发长江三角洲和珠江三角洲、提出西部大开发和振兴东北战略、决策雄安新区与京津冀协同发展、建设长江经济带和粤港澳大湾区等都是整合国内经济、促进区域协同发展的重要举措。

4. 何树全:《中国服务业在全球价值链中的地位分析》,《国际商务研究》2018年第5期。

内容摘要：服务业的全球碎片化日益明显，生产过程中服务的投入已成为全球价值链中重要的组成部分。本文运用OECD—WTO增值贸易数据库评估中国服务业在价值链中的地位，得到以下基本结论：（1）服务在制造品生产过程中越来越重要，尤其是电子与光学设备，全球碎片化的发展速度较快。（2）服务的国际碎片化与制造业相比是不显著的。（3）在中国制造业及服务业的国外服务增值中，欧盟已经超越东亚和北美，向中国出口的服务增值比例越来越大。（4）批发和零售贸易及住宿餐饮业和建筑服务业的直接增值出口的大幅上升表明这些服务业可贸易性提高，在国际碎片化生产中越来越重要。

5. 何树全，斯庆：《全球价值链下中国参与全球化和区域一体化的程度及演变趋势》，《区域与全球发展》2018年第3期。

内容摘要：本文运用欧盟的世界投入产出数据库（WIOD），对2000—2014年中国进口中间产品所包含的来自不同国家的增加值比重进行测算，并把这些国家分为四个区域，分析不同区域对中国的增加值贡献，以及中国对以上四个区域的增加值贡献，对比全球价值链下中国参与全球化和区域一体化的不同演变趋势。同时把WIOD数据库中所列的56个行业细分为13个产业，对比不同产业的国外增加值比重和区域内及区域外增加值比重。分析我国不同产业的发展对于其他国家和地区的依赖程度。得出以下结论：（1）中国的最终产品中所包含的国外增加值比重呈波动下降的趋势，其中矿产品、燃料产品以及机械制造业两类产业所包含的国外增加值比重较高，但是中国在机械制造业方面对国外生产的参与程度也较高；而农业、纺织业和运输业等劳动密集型产业的国外增加值比重则在平均水平以下。（2）中国的区域内增值比重不断下降，但是区域外增值比重相较于2000年基本保持不变，因此中国参与全球化分工的程度要高于参与区域内分工的程度。（3）中国的矿产品和燃料产品增加值较多依赖于国外，尤其是对北美依赖程度较高，服务业增加值对欧盟依赖程度较高。

6. Jafarzadeh, E., He, Shuquan（何树全）："The Impact of Income Inequality on the Economic Growth of Iran: an Empirical Analysis"（《收入不平等对伊朗经济增长影响的实证分析》），*Business Ethics and Leadership*, Vol.2, 2019,（《商业伦理与领导力》，乌克兰，2019年第2期）。

内容摘要：The research study considers the role of income equality, trade openness and GDP per capita in enhancing economics growth of Iran. After reviewing the related literature, it has been witnessed that the available empirical evidence so far does not specify obvious increase in the worldwide economic inequality. There is some slight uncertainty in the belief that in terms of per capita income the gap among the richest and poorest economies has been amplified. However this does not essentially mean income distribution between countries or the world's population has become worse. Actually, there is no concurrence among economists so far that income distribution is deteriorated in a large number of economies in recent past. Therefore, no simple outcome can be derived regarding income distribution trends in general from observing different countries situations. There are a small number of empirical studies that are trying to build compound indicators for economic inequality at global level. This does not construct definite evidence of increasing inequality. To sum up, available empirical literature on trends in the global economic inequality is still insufficient and inconclusive.（本研究考虑了收入平等、贸易开放和人均GDP对伊朗经济增长的促进作用。在回顾了相关文献后，我们发现现有的经验证据并没有明确指出全球经济不平等的明显加剧。有人认为，就人均收入而言，最富裕和最贫穷经济体之间的差距已经扩大，但这在本质上并不意味着国家之间或世界人口之间收入分配的恶化。实际上，到目前为止，经济学家之间还没有达成一致意见，即最近许多经济体的收入分配恶化。因此，观察不同国家的情况，就总体收入分配趋势而言，无法得出简单的结果。有少数实证研究试图在全球水平建立经济不平等的复合指标，但这并不能构成不平等加剧的明确证据。综上所述，现有的关于全球经济不平等趋势的经验文献仍然不足，也没有定论。）

7. He, Shuquan（何树全）："Agricultural Trading System and Global Food Crisis"（《粮食贸易体系与全球食品危机》），*SocioEconomic Challenges*, Vol.4, 2018（《社会经济挑战》，乌克兰，2018年第4期）。

内容摘要：Though analysts attributed 2007–2008 global food prices spike to various causes, it has its long–term origins in trade policies and agricultural trading system. The paper examines global agricultural trade policies and selected World Trade Organization (WTO) agricultural rules in the light of the 2007–2008 global food prices spike. It argues that first, agricultural trade distortion policies are among the long–term contributors to the recent food prices spike. Second, export restrictions during 2007–2008 played a critical role in pushing the food commodity prices upward. And the third, the current WTO rules are weak in effect in disciplining export restrictions on food export. The paper recommends that additional attention be paid to this issue within the Doha Development Round.（尽管分析人士将2007—2008年全球食品价格飙升归因于各种原因，但其长期根源在于贸易政策和农产品贸易体系。本文以2007—2008年全球粮食价格飙升为背景，分析了全球农业贸易政策和世界贸易组织（WTO）有关农业的规则。本文认为，第一，农产品贸易扭曲政策是近期食品价格飙升的长期因素。第二，2007—2008年的出口限制对推动食品价格上涨起到了关键作用。第三，现行世贸组织规则在规范食品出口限制方面效果不佳。该文件建议在多哈回合中进一步关注这一问题。）

8. 赵金龙，赵静媛，杨帆：《中澳、中韩FTA对我国经济、贸易和产业的影响研究》，《上海大学学报社科版》2019年第5期。

内容摘要：中澳和中韩自由贸易协定（FTA）对我国经济、贸易和产业具有深远的影响。通过GTAP（全球贸易分析）模型，结合资本累积模型和全要素技术进步效应的分析和研究发现：中澳FTA和中韩FTA预期将增加我国福利、GDP和外贸，而且两个FTA的整体经济效应大于个体FTA效应；中韩FTA对我国的经贸促进效应预期将显著大于中澳FTA；中澳和中韩FTA的贸易开放预期将提高我国的技术进步，将对提高我国经济福利作出最大贡献。此外，中澳和中韩FTA的实施将使得我国制造业产出和附加值普遍受益，部分农业部门的产出预计将遭受不同程度的负面冲击。

9. 赵金龙，张蕊，陈健：《中国自贸区战略的贸易创造与转移效应研究：以中国—新西兰FTA为例》，《国际经贸探索》2019年第4期。

内容摘要：文章基于1996—2015年14个国家的宏观与微观出口贸易数据，运用拓展的引力模型对中国—新西兰自由贸易区（CNFTA）的贸易创造与转移效应进行了实证分析。研究结果显示：第一，CNFTA的建立使得中国和新西兰之间的年平均贸易额增加了15.7%；第二，无论是从出口还是进口角度，中新FTA均存在正向的贸易创造效应，且进口创造效应高于出口创造效应；第三，中新FTA不仅促进了两国双边贸易额的增长，而且促进了两国对区域外非成员国的出口和进口；第四，CNFTA对两国农产品和工业制成品的贸易创造与转移效应存在一定的差异。

10. 张真真:《塔吉克斯坦》,《中亚国家发展报告（2019）》（黄皮书），社会科学文献出版社，2019年版。

内容摘要：2018年塔吉克斯坦依然面临着尚未走出经济危机、社会矛盾有所激化、安全隐患不断显现三大挑战。面对国内外的挑战与压力，塔吉克斯坦当局力求通过发展经济走出困境的愿望更为迫切。

（三）科研项目

1. 张恒龙，2018年度上海高校智库内涵建设计划资助课题:《中亚国家政治风险及发展趋势》，已结题。

2. 张恒龙，上海市文广局委托课题:《上海建设“一带一路”文化领域桥头堡对策研究》，已结题。

3. 张恒龙，上海市科技交流中心委托课题:《协助推进上海—中亚地区科技创新合作交流》，在研。

4. 张恒龙，2019年度上海高校智库内涵建设计划资助课题:《“一带一路”与欧亚发展国际论坛》，在研。

5. 张恒龙，2019年度上海高校智库内涵建设计划资助课题:《当前中亚五国政局稳定与“一带一路”建设风险研究》，在研。

6. 尹应凯，2017年国家社科基金年度项目（一般项目）:《〈巴黎协定〉生效后中国碳交易体系的发展路径研究》，在研。

7. 尹应凯，2018年上海市金融学会重点课题:《上海建设全球金融科技中心的路径研究》，已结项。

（四）获奖与荣誉

张恒龙获评甘肃省飞天学者讲座教授（兰州大学）（2019）。

南开大学俄罗斯中亚研究中心

Center for Russian and Central Asian Studies of Nankai University

一、重要沿革

南开大学具有悠久的俄罗斯中亚研究传统。经济学院景维民教授专注于转型经济、俄罗斯中亚国家向市场经济转轨研究。马克思主义学院丁军教授从事俄罗斯、乌克兰政治变迁与外交思潮的研究。周恩来政府管理学院谭融教授讲授比较政治制度课程，研究俄罗斯行政制度。2006年8月，杨雷教授从北京大学国际关系学院获得博士学位后来南开大学任教，先后为本科生开设“俄罗斯政府与政治”“中亚五国政府与政治”课程，为研究生开设“俄罗斯政治与外交”“中亚研究”等课程。2016年12月，南开大学俄罗斯中亚研究中心（以下简称“俄罗斯中亚研究中心”）宣告成立，中心依托周恩来政府管理学院、外国语学院、马克思主义学院、经济学院、历史学院等教育资源和专业研究力量，充分发挥南开大学在学科建设、科学研究和国际交流合作等方面的综合优势，以欧亚大陆，特别是俄罗斯、中亚、西亚的重大理论和实践问题为重点，开展相关课题研究、政策咨询、人才培训和国际交流等，努力建设成为国内外知名的俄罗斯中亚研究高端智库、国内外学术交流合作平台和专业人才培训基地，为国家“一带一路”建设提供理论支撑和智力支持。中心适应国家战略需求，积极承接与俄罗斯和中亚研究相关的课题，在相关学科逐步设立俄罗斯中亚研究学生培养方向，开设与俄罗斯中亚地区政治、经济、文化相关的课程，开展“一带一路”人才培训。中心拥有一支精干高效的研究队伍，其中教授7人，副教授11人，讲师和助理研究员5人，还有一大批来自欧亚各国，特别是俄罗斯中亚各国的博士、硕士研究生。他们分别熟练掌握俄语、英语、阿拉伯语和土耳其等语种，是欧亚地区研究不同领域的专家。中心与研究对象国的相关机构建立了良好的学术交流关系，拥有举办国际学术会议的经验。中心依靠南开大学图书馆和各学院图书馆的丰富藏书，以及学校订购的国内外各类知名网上数据库资源，具备开展俄罗斯中亚研究的雄厚基础。

俄罗斯中亚研究中心的目标是发展成为运转高效、研究成果快捷准确、具有强大国际影响力的新型智库，通过打破学科之间的人为界限，推动各类智力成果的综合凝结，在俄罗斯中亚区域研究方面实现跨学科的协同创新，取得更多具有实践意义的研究成果。在育人上，中心将通过扩大吸收留学生参与相关研究的形式，促进他们更好地发展跨学科研究方法，提高跨文化交流的能力。

二、科研成果

俄罗斯中亚研究中心近年来承担和完成了一系列国家社科、教育部人文社科规划和天津市社科规划项目，取得了较好的声誉。目前正在进行中，尚未结项的主要课题如下：2017年度国家社科基金一般项目《“一带一路”与大欧亚伙伴关系倡议的对接路径及其发展趋势研究》；2016年国家社会科学基金重点项目《全球治理中制度性话语权的构建研究——基于中俄传媒交流的实证研究》；2019年度国家社科基金一般项目《我国社会组织参与“一带一路”研究》；2016年天津市社科基金项目《俄国传教团成员笔下的清代京津冀地区的社会与生活》；2018年中央高校基本科研业务项目《“一带一路”框架下的中国海外农业投资研究》等。

俄罗斯中亚研究中心的研究项目覆盖了俄罗斯中亚地区的政治学与国际关系、经济学、民族学、历史学、语言文化等广泛领域，以下按照上述学科顺序来呈现中心成员自2017年以来涉及俄罗斯中亚地区研究的公开发表成果。未发表成果成员、其他内容的研究成果从略。

（一）政治学与国际关系

1. 杨雷，南开大学周恩来政府管理学院，中心主任，副教授，硕导，主要从事俄罗斯中亚地区政治、大国关系的研究。

（1）参编著作《国际战略形势与中国国家安全》中《俄美关系战略走向评估》部分，国防大学战略研究所编，东方出版社，2017年版；英文版“An Assessment of the Strategic Trends of Russian-American Relations”，*INTERNATIONAL STRATEGIC SITUATION AND CHINA'S NATIONAL SECURITY*，V.2，Institute for Strategic Studies，PLA National Defense University，World Scientific 2017。杨雷主任连续五年参与国防大学年度国际形势评估蓝皮书的写作工作，为中国人民解放军对外学术交流做出了自己的贡献。该年度报告的英文版获得了美国国会图书馆统一检索码，具有较强的国际影响力；

（2）《中俄共推欧亚地区合作的基础与路径》，《新疆师范大学学报》2018年第3期；

（3）《“一带一盟”对接与第二轨道协调》，《新疆大学学报》2017年第3期；

（4）《中国—中亚—西亚国际运输走廊建设的现状与发展趋势》，《新疆师范大学学报》2017年第1期；

（5）《俄罗斯与金砖国家：个体诉求与集体合力》，《俄罗斯中亚东欧研究》2017年第4期，被《社科科学文摘》2017年第9期转摘；

（6）《俄罗斯在中亚地区的媒体外交》，载《全国第一届斯拉夫研究会议论文集》，外语教学与研究出版社，2019年版；

（7）《论人文交流在中俄伙伴关系建设中的作用》，《东北亚学刊》2019年第4期；

（8）《“一带一路”建设的理论初探》，《徐州工程师范学院学报》2018年第2期；

（9）《“一带一路”背景下中俄关系的发展》，《东北亚学刊》2018年第1期；

（10）《上海合作组织在阿富汗问题上的政策运筹》，《亚非研究》2017年第1辑；

（11）《“一带一路”战略：性质与前景》，载于薛力主编《“一带一路”：中外学者的剖析》，中国社会科学出版社，2017年版；

（12）“US Attitude toward BRI Critical to Relations”, *Global Times*, June 13, 2018；

（13）《美俄缠斗升级》，深圳卫视《关键洞察力》节目访谈，2019年9月4日；

（14）《首次“普金会”如何影响半岛局势》，参与深圳卫视《关键洞察力》节目访谈，2019年4月25日；

（15）《泽连斯基掌权，乌克兰向俄还是向欧?》，记者访谈，《中国产经新闻》2019年4月23日第A16版。

（16）《改革开放40年俄罗斯中亚研究的学科发展》，《俄罗斯学刊》2018年第6期，被《中国社科文摘》2019年第6期转摘，《学术交流》2019年第3期摘要转载。

内容摘要：苏联解体后，俄罗斯中亚区域国别研究经历了一段从苏联东欧问题研究中独立和分化出来、在研究内容和重点方向上发生变化、学科内外的协作力度不断加强的发展过程。改革开放40年来，我国俄罗斯中亚区域政治研究发生了一定的变化：第一，从学科发展的角度来看，俄罗斯中亚区域政治研究在冷战结束后从苏联学中分化出来，它们在切割彼此关系的基础上，明确了各自的研究范围。第二，在适应国际关系理论和区域政治研究发展的背景下，俄罗斯中亚区域政治研究出现了不同于苏联学研究方法和路径的变化。第三，在兼容并蓄已有成果、学科发展意识明显增强的基础上，俄罗斯中亚区域政治研究无论是与其他学科之间，还是在自身内部都主动、积极地加强协作，以增强发展动力，适应不断扩大的解释和指导现实问题的需要。这些变化呈现出不断加强的学科化趋向，这对于俄罗斯中亚研究的长远发展非常有益。由于得到既有理论的支撑，学科化发展使区域研究在不同学科之间形成了协作。对于不同国别之间差异性和一致性的认识，使研究者们相互间的合作成为可能。学科化增强了中国研究者的国际对话能力，越来越多的学者走出国门。为了实现教学和科研的双重目标，俄罗斯中亚区域研究的两种基本方法倾向——学科化和跨学科化，将会长期平行发展下去。随着国家“一带一路”倡议的推进，中国学界在为俄罗斯中亚研究提出新的更多任务的同时，也将为其带来快速发展的机遇。

2. 柳建文，南开大学周恩来政府管理学院教授，博导，从事区域政治与区域发展、社会经济转型与政治稳定研究。

（1）《试论“一带一路”倡议与文化圈合作》,《广西民族研究》2018年第6期；

（2）“International Regional Cooperation between Foreign Non–governmental Organizations and China under the Background of the Belt and Road Initiative”, *Foreign Affairs Review*, December, 2017.

（二）经济学

孙景宇，南开大学经济学院副教授，硕导，研究方向：转型经济学、俄罗斯东欧中亚经济。

《俄罗斯进口替代战略的当前效果和未来挑战》,《欧亚经济》2018年第1期。

内容摘要：2014年乌克兰危机以来，进口替代战略越来越受到俄罗斯的重视。从所出台的相关文件来看，俄罗斯要通过实行进口替代，一方面维护国家安全，保障食品和国防产品的自给，另一方面也试图解决长期以来一直困扰俄罗斯经济的结构问题。这意味着，进口替代战略既是俄罗斯应对西方制裁的权宜之计，也是其进行结构调整的战略性安排。从俄联邦国家统计局所公布的数据来看，2016年，俄罗斯经济开始触底反弹。但是进口替代战略并没有改变俄罗斯进口结构，也没有改变俄罗斯的出口结构。因此，俄罗斯的经济复苏更像是触底反弹，进口替代战略的效果仍有待观察。

（三）民族学

马伟华（回），南开大学周恩来政府管理学院副教授，硕导，主要研究领域：民族社会学、中亚地区民族文化研究。

（1）《中亚东干人伊斯兰教派、门宦及其变迁的社会、文化要素分析》,《中国民族学》2017年第1期；

（2）《中亚东干人的宗教认同及其变迁》,《跨界民族研究》（第三辑），辽宁民族出版社，2017年版；

（3）《国家治理现代化视角下的城市少数民族流动人口基本权利保障》,

《贵州民族研究》2018年第12期。

（四）历史学

1. 肖玉秋，南开大学历史学院教授，博导，从事中俄文化关系史、俄罗斯历史及世界近现代史研究。

（1）《翻译俄版〈中国通史〉，促进中俄学术交流》,《中国社会科学报》2019年8月1日；

（2）《北京俄罗斯旗人的历史与命运》,《南开学报》（哲学社会科学版）2017年第2期。

内容摘要：满洲镶黄旗俄罗斯佐领是清代八旗军中的一个特殊群体，也是俄国向中国派出传教团的主要借口。随着俄罗斯旗人在文化上和体质上迅速与满汉民族融合，从精神上对其进行影响和控制便成为俄国传教团长达两个世纪的重要任务，并且始终处于前者不断疏离而后者设法拉拢的角力之中。在俄国传教团的利诱之下，各时期虽有数量不等的俄罗斯旗人接受洗礼，但大多是出于改善贫困生活的现实需求，而非精神上的真正皈依。俄罗斯旗人对中华民族和中国文化的认同是俄国人难以实现维持其东正教信仰目的的根本原因。

2. 徐振伟，南开大学周恩来政府管理学院副教授，硕导，主要研究领域：国际关系史，俄罗斯历史，俄罗斯粮食外交与经济政策。

（1）《欧安会/欧安组织与颜色革命的起源》,《中共中央党校学报》2018年第1期；

（2）《冷战中后期美国对苏联的粮食外交与美苏博弈》,《当代世界社会主义问题》2019年第2期。

内容摘要：冷战期间美苏的粮食贸易始于1963年，1972年美苏签订贸易协定，此后的粮食贸易成为两国外交斗争的新战场。美国对苏联的粮食战略相继与人权议题、石油议题和阿富汗议题相互挂钩。尽管美国在20世纪70年代处于相对被动的地位，但苏联日益依赖粮食进口的供应以及过于依赖能源出口的经济模式，使得苏联在20世纪80年代陷入严重的缺粮困境之中，进而在两极对峙中渐落下风，直至最后解体。

（五）语言文化

1. 阎国栋，南开大学外国语学院院长，教授、博导，研究方向：俄罗斯汉学、俄罗斯人中国观、汉籍俄译、中国俄罗斯学史。

（1）《别林斯基的中国观及其与俄国汉学的关系》,《俄罗斯研究》2017年第4期；

（2）《〈聊斋志异〉俄英译本对比研究》,《俄罗斯文艺》2017年第4期；

（3）《19世纪上半期俄国人来华行纪与俄国人中国观的转向》,《俄罗斯文艺》2017年第1期。

内容摘要：19世纪上半期俄国人的中国观发生了显著改变。这一时期有多位来华俄国人在其行纪中就中国的历史与文化、政治与法律、社会与风俗运用了不同于18世纪的负面评价套语。中国由18世纪令人艳羡的文明国度沦落为停滞、腐朽、落后的代名词。欧洲社会的进步、黑格尔等人的历史哲学、英国马戛尔尼使团成员的来华行纪深刻影响了来华俄国人关于中国的书写倾向并与后者共同促成了19世纪上半期俄国人中国观的转向。

三、学术活动

1. 2016年11月4日，应南开大学俄罗斯中亚研究中心主任杨雷邀请，中国地质大学（武汉）土库曼斯坦研究中心主任王四海教授访问南开大学，并为周恩来政府管理学院国际政治学专业学生做了一场题为“世界小国国家政治治理——独立中立视角下的土库曼斯坦治国理政实践”的讲座。王四海教授在讲座中指出，土库曼斯坦治国的独立路线来源于历史经验，用土库曼人的话来说就是“一个锅里不能煮2个羊头”；奉行的中立路线精髓就是睦邻友好、和平，用土库曼人历史传统来讲就是“邻居家的碗”。土库曼斯坦治国理论与发展模式的核心是“中立模式”，无论从历史形成、理论内容上，还是从实践过程看，“土库曼斯坦中立模式”绝不仅仅是一个外交原则，其在国家治理的方方面面都得到了充分体现。其内容涵括了：保证人权、睦邻友好、维和维稳、国际合作、国家建设等内容。“土库曼斯坦中立模式”是土库曼斯坦国家建设与发展的基础，是土库曼斯坦国家治理的有效模式，体现了土库曼斯坦人治国兴邦的国家思想，是中小国国家建设与发展的成功范例，可为中小国生存与发展提供借鉴经验。讲座后学生们就感兴趣的话题向王教授提问，均得到了严谨、认真的回答，最后以热烈的掌声感谢王教授的精彩演讲。

2. 2017年6月26日，俄罗斯中亚研究中心主任杨雷在北京举行的第10届政治学与国际关系学术共同体年会上召集主持了"'一带一路'与欧亚地区合作"分论坛。这场研讨会着眼于中国在推进"一带一路"建设中所面临的现实性问题，不回避，不空谈，用真实的数据和逻辑清晰的问题分析说话，务求为中国政府和企业在这前所未有的世纪性跨国工程探索中提出有针对性的解决办法和思路。本次研讨会以其国际性视野和直面核心难题的风格吸引了观众的注意力，取得了巨大的成功。鉴于这场研讨会成果的重要性，以下择要介绍发言者的主要观点，以期扩大社会效益。

武汉大学经济与管理学院刁莉副教授研究了从中俄蒙到地中海42个丝绸之路沿线国家的贸易潜力问题，认为目前这些国家的贸易潜力还处在中等程度，还有更多的发展空间。她还通过对这42个丝绸之路沿线国家贸易互补、贸易竞争的分析，运用数学分析，把这些国家按照贸易潜力不同进行分类，分为核心区、重要区和拓宽区。呼吁中国政府在"一带一路"倡议的具体开展与实施中，应该对这三个区域的国家分别对待，分区域进行政治、文化和经济的不同次序的合作。

商务部研究院副研究员彭波以《"一带一路"与文明交融》为题发表了自己的看法。他认为，"一带一路"不是产能输出的问题，也不仅仅是贸易问题，还不仅仅是经济问题，而是一个文明问题。"文明"是由经济、政治和文化三方面因素彼此有机结合的一个共同体。假如中国在推进"一带一路"的过程中不关注文化和软实力问题，那么中国推进"一带一路"就是有害无益，可能引火烧身。只有在促进经贸发展的同时，促进"一带一路"沿线国家之间的政治合作，同时关注文化与软实力建设，促进不同宗教与文化之间的交流、相互理解与合作，实现文明交融，才能够实现长治久安。"一带一路"才能够真正成为一个促进全世界不同制度、不同文化的国家的合作平台，利人利己。

杨雷主任在发言中指出，中国与俄罗斯先后提出推进欧亚地区合作的倡议，这不是偶然的，而是国际、地区和国内形势发展的结果，有其合理性与必然性。他通过对"一带一路"和大欧亚伙伴关系倡议在理论基础、主要内容、国际社会的支持三方面的对比分析后认为，两大倡议的理论基础虽然不同，但在主要内容上同大于异，对接有着较强的现实需要。中俄两国政府已经确定将两大倡议对接，但它们之间还存在着一些差异。为避免理论基础的差异导致中俄之间分歧的出现，应当不断做大欧亚合作的"蛋糕"，吸纳更多的国家参与进来，并在这一过程中不断完善国际制度，特别是国际仲裁机制的建设，通过欧亚大陆集体合力的方式来形成制约力量，最终建立起区域共同体。

暨南大学新闻与传播学院教授吴非和上海外国语大学中东研究所副研究员潜旭明对发言者的观点做出了精彩的评论，同时他们也提出了自己的看法。由于时间的限制，各位发言者和参会听众在意犹未尽中结束了这场讨论。

3. 中心成员多人参与辽宁大学主办的学术活动。2017年6月底至7月初，由辽宁大学转型国家经济政治研究中心主办的2017年欧亚经济政治论坛暨"'一带一路'背景下的中国与欧亚国家合作"系列学术会议在沈阳辽宁大学召开。杨雷主任和孙景宇教授分别参加了不同主题下的分会场研讨。

在"一带一路"背景下的中哈合作分会场，杨雷主任主要围绕中国在中亚的"软实力"的现状展开分析，并提出相应对策建议。"软实力"是一种无形的力量，是一国对其他国家的吸引力、说服力和影响力。当前世界正在进入大规模实力转移的时期，"软实力"成为衡量一个国家国际地位和影响力的主要指标。杨教授认为中国在中亚地区的"软实力"并不显著，这与中国在中亚地区经济存在的快速扩大明显不相称。从地缘、经济和历史上来说，通过分析俄罗斯、美欧等国在中亚地区的"软实力"状况，他认为中国在中亚地区拥有丰富"软实力"资源，但缺乏正确的力量转化途径，中国在中亚的"软实力"资源无法得到有效发挥。因此，杨雷副教授提出中国必须重视在中亚的"软实力"推广和建设工作。在政策建议方面，他强调：政策要统一协调，形成合力；推动孔子学院建设；善用民间组织的力量出面活动；要扩大中亚精英教育的参与力度，提高中国和中亚国家学生、教育科研工作者之间的流动性；制订计划，实施一些具体项目，在短期内取得明显成效等。

在"一带一路"与中俄合作分会上，南开大学经济学院孙景宇教授对中国与"一带一路"沿线国家贸易成本问题进行了研究，他发现中国与"一路"沿线国家的双边贸易成本小于与"一带"沿线国家的双边贸易成本；中国与中亚国家的双边贸易成本小于与独联体成员国及蒙古国的双边贸易成本，也小于与中东欧国家的双边贸易成本。中国与俄罗斯的双边贸易成本也处于较低水平。中国与“一带一路”沿线国家贸易增长的主要原因是收入的增长。这一方面意味着经济增长潜力较大的国家是中国开展贸易的优先对象，另一方面也意味着，在当前世界经济处于停滞常态化的情况下，降低双边贸易成本对于推进中国与“一带一路”沿线国家的贸易联通具有更为重要的意义。由于“一带一路”沿线国家在社会文化、政治制度和法律规则方面存在着极大的多样性，除了应当重视政府间的协调，降低政策性或歧视性贸易壁垒外，还应注重经济手段在解决贸易纠纷、保障交易顺利进行方面所发挥的作用。

4. 2018年10月20日，中国国际关系学会“改革开放40年中国国际关系学科建设与理论发展”专题研讨会在南开大学举行。本次会议由中国国际关系学会、南开大学周恩来政府管理学院联合主办，来自中国社会科学院、中国现代国际关系研究院、中国人民解放军国防大学、北京大学、清华大学、中国人民大学、复旦大学、中国政法大学、国际关系学院、外交学院、南开大学等30多所高校、研究单位和学术期刊的知名专家、青年学者和主编参加会议。本次研讨会围绕“改革开放40年中国国际关系学科建设与理论发展”这一主题，分别从“学科建设与理论发展”“国际格局与中国对外战略”“区域国别研究与周边外交”三个角度展开了分论坛讨论，与会专家学者就相关问题踊跃发表看法，交流了各自研究的心得体会。俄罗斯中亚研究中心主任杨雷在会议上做了题为“改革开放40年俄罗斯中亚研究的学科发展”的发言，文章在2019年年初发表后，随即被《中国社科文摘》转载。

5. 受外交学院俄罗斯研究中心主任谭继军教授、高飞教授邀请，南开大学俄罗斯中亚研究中心主任杨雷参加了2018年11月18日在外交学院国际交流中心举行的“2018年新形势下的中俄关系”学术研讨会。来自北京大学、中国社会科学院、北京师范大学、中央党校、国际关系学院、军事科学院、国防科技大学、南开大学、黑龙江大学和四川大学的近30名学者、专家出席了会议。在会议上，杨雷主任就其最新研究成果《中美竞争加剧下的中俄美三角关系再平衡》做了汇报。这场思想盛宴汇聚了中国顶尖俄罗斯研究专家的观点，对未来中俄关系的发展走向做出了分析，得出了积极的判断。

6. 2019年1月20日，杨雷主任应邀赴广州参加广东外语外贸大学俄罗斯研究中心成立大会暨中俄关系国际学术研讨会。与会学者们围绕俄罗斯研究面临的困境与出路等各地俄罗斯中心建设普遍遇到的问题，俄罗斯的“东转”战略与中俄关系等进行了全面而深入的研讨。杨雷主任在会上做了题为“中俄关系面临的机遇与挑战”的演讲，参会的专家、学者们就此话题进行了热烈而富有成效的讨论。

7. 杨雷主任受邀参加2019年4月24日天津社科院主办的“共建东北亚命运共同体”暨第十二届中俄东北亚学术研讨会。本次会议由天津社科院和俄罗斯科学院远东研究所共同主办，会议邀请俄罗斯科学院远东研究所、俄罗斯国际关系学院、圣彼得堡大学、高等经济大学和中国社会科学院所属亚太与全球战略研究院、日本研究所、俄罗斯东欧中亚研究所，以及中国现代国际关系研究院、黑龙江省社会科学院等机构的16位专家学者参加。俄罗斯中亚研究中心主任每年都会代表南开大学参与这一年会。在2019年的研讨会上，杨雷做了《中俄人文交流在伙伴关系建设中的作用》的报告。

8. 2019年6月15日，杨雷主任应邀赴哈尔滨参加中俄全面战略协作省部共建协同创新中心在黑龙江大学的揭牌仪式，并在随后举行的首届新时代中俄全面战略协作高端论坛学术研讨会上发表了题为“中俄北极合作的议题与方向”的演讲。

四、国际交流

1. 2016年9月24—25日，第七届“东亚斯拉夫—欧亚研究国际会议”在华东师范大学举行，由俄罗斯中亚研究中心杨雷主任召集并使用英语在现场主持的分组研讨会“中俄美三角关系的逻辑与发展趋势”在此期间成功举办。北京师范大学政府管理学院教授李兴、暨南大学新闻传播学院教授吴非和新加坡国立大学公共政策研究所研究员卡拉列夫在会上发表了演讲。来自中、日、俄、美、德、东南亚等国家的学者参与了研讨。

李兴教授认为，美日等海洋国家一直试图将其影响力渗透到欧亚大陆的中心地带，结果，中国和俄罗斯面临美国主导的西方遏制，面临着类似的困境，并且彼此建立了互惠的安全关系。除了经济合作和文化交流，地缘政治因素在中国和俄罗斯两个亚欧大国的关系中发挥了重要作用。中俄关系的发展表明，两国可以在核心利益问题上相互合作和相互支持。俄罗斯吞并克里米亚后受到经济制裁，只有中国可以减轻莫斯科的负担。中国被美国、日本在东海和南海搅局，只有俄罗斯可以缓解中国的压力。美国的遏制政策促进了当前中俄全面战略协调伙伴关系的发展。

吴非教授提出一个有趣的观点：美俄之间正在制造一场以舆论宣传为主的“假冷战”，这一场面对双方都有利。对于美国来说假冷战可以分裂俄欧关系，使美欧关系不致疏远，美国还可以借机转移中国的视线，实施亚太再平衡战略；对于俄罗斯来说，“假冷战”使俄罗斯有理由加强对苏联空间的控制，并积极实施转向亚太的战略调整。但是美俄必须谨慎，要加强沟通，以防误解不能消除，假戏真做，出现真的冷战。

卡拉列夫通过分析中国对后苏联空间中的两次重大危机——2008年高加索危机和2014年乌克兰危机的政策反应，指出，中国已经建立了一种独特的反应模式，有助于它在该地区合理地扩大其利益，同时与俄罗斯保持良好关系。为了解释这种模式，他应用新古典现实主义模型，评估系统和单位因素对大国行为的变化产生的影响，并预测它们的外交政策轨迹。他的研究表明，中国对两个危机的特殊外交政策立场是由国际系统和国家因素的复杂相互作用产生的。他还预测了中俄关系的未来轨迹。

杨雷主任认为，美国亚太再平衡战略对亚太地区局势产生了重大影响，中俄两国的利益一致性扩大，中俄有关亚太地区国际事务的战略协作力度有所增强。他通过罗列数据来证明：为了应对亚太地区局势的变化，中俄进一步加强外交沟通和政策协调，增加以促进互信为目标的交往活动，经济合作的规模也不断扩大。展望未来，中俄关系不可能走向结盟，因为中国对于结盟的意志很弱。但是为了应对美国亚太再平衡战略的压力，中俄两国战略协作活动将不断提升。在非结盟不足以维护中俄两国核心利益的情况下，两国关系也有可能发生质变。

专家们观点中出现越来越多共识性的内容，这表明，中俄美三角关系中的一般性规律正在被越来越多的学者专家们所认识。

2. 2017年4月7—9日，南开大学俄罗斯中亚研究中心主任杨雷应新加坡国立大学亚洲与全球化中心的邀请赴新加坡参加名为“亚太地区合作倡议与新欧亚地缘政治的形成”国际学术会议。参会者包括来自新加坡、俄罗斯、英国、德国、中国、印度和美国的20多位学者。

在21世纪的头二十年里，人们目睹了亚太地区重塑欧亚地缘政治空间的一系列举措，一些大国提出了创造新经济，维持国际和平与发展的战略构想。美国实施亚太再平衡战略之后，中国和俄罗斯先后推出了发展新的区域性合作的大战略。俄罗斯的“转向东方”政策加速了其远东和西伯利亚地区的发展，现在它与中国的“一带一路”倡议要实现对接。在乌克兰危机的背景下，这些区域的发展直接关系到俄罗斯和中国与欧洲的关系。与此同时，日本尽管受到来自美国的压力，也继续表示有兴趣加强日俄合作。韩国是该地区另一个越来越多表现出参与欧亚大陆合作的国家。这些新的欧亚大趋势和“非西方化”的合作提供了稳定、繁荣与和平的愿景，同时也带有冲突的潜力。正是在这一形势下，此次国际会议的举办具有突出的前瞻性和时代挑战性。此次会议分设地区倡议与全球化转型，中国“一带一路”倡议：动机、挑战与影响，俄罗斯“转向东方”、中俄关系与大欧亚，“一带一路”、欧亚经济联盟、欧盟与其他合作倡议之间的一致与分歧四个分会场。现场气氛热烈，不时出现俄欧学者之间不同观点的碰撞。杨雷主任在分会场上做了题为“‘一带一路’与大欧亚伙伴关系倡议的比较研究”的英文发言，向各国学者详细、系统地介绍了中俄两大倡议之间的相同和差异之处。

3. 2017年4月28日，接受杨雷主任的邀请，莫斯科大学教授尤金娜访问南开大学俄罗斯中亚研究中心，并为南开大学本科学生做了一场题为“俄罗斯版‘一带一路’”的专题报告。尤金娜指出，俄罗斯政府将北方海航道和西伯利亚大铁路视为自己的“丝绸之路经济带和海上丝绸之路”，将会投入力量推动开发和建设。这一新颖的观点引起了同学们的极大兴趣。两位俄罗斯专家此行是来天津出席由天津社科院和俄罗斯科学院远东研究所主办的“2017年第十届中俄东北亚安全与合作学术研讨会”。杨雷主任也同时参加了在天津社科院举行的这场国际学术研讨会。

4. 杨雷主任赴莫斯科参加俄罗斯国际事务委员会的国际研讨会并发表演讲。俄罗斯国际事务委员会与俄中友好交流协会在2017年5月29—30日在莫斯科举办第三届“俄罗斯与中国：提升双边关系到一个新水平”国际学术会议。接受俄罗斯国际事务委员会的正式邀请，杨雷主任在“欧亚地区多边协调的规则”分论坛上用俄语做了题为“第二轨道协调与‘一带一盟’对接”的发言。

俄罗斯国际事务委员会由俄罗斯外交部、教育部、科学院、企业家协会和媒体共同创建，是迄今为止俄罗斯政治、经济、国际关系研究领域规模最大的、开放性的、非营利性的学术组织。其研究成果服务于俄罗斯最高决策层，因而具有较高权威性和国际影响力。南开大学俄罗斯中亚研究中心与俄罗斯国际事务委员会的合作有助于提升自身的国际知名度。

5. 受国家留学基金委的资助，杨雷主任2017年8月至2018年8月前往美国北卡罗来纳大学（UNC）教堂山分校斯拉夫欧亚东欧研究中心做访问学者。除了学习该中心的一些课程，参与相关的学术研究活动之外，2017年11月8—11日，他还参加了在北卡罗来纳州夏洛特召开的美国南部斯拉夫研究协会学术年会。杨雷主任参与和旁听了UNC举行的多场学术会议和学习工作坊，如：Teacher Workshop，Writing Group，“Food as a Weapon in Man–Made Famines: Examining the Holodomor in Ukraine as a Case Study”等。杨雷主任此行对于建立南开大学俄罗斯中亚研究中心与美国同行之间的学术联系具有重要意义，今后双方将进一步探寻有效的合作模式。

6. 2018年10月28日，印度学者Rajeev Ranjan Chaturvedy访问南开大学俄罗斯中亚研究中心。双方就中巴经济走廊的建设，海上安全，印度对中国“一带一路”的态度等进行了深入、坦诚的交流。Rajeev Ranjan Chaturvedy目前在新加坡南洋理工大学拉惹勒南国际研究所做访问学者，在此之前他是位于印度新德里的发展中国家研究与信息系统访问学者。他应邀出席2018年10月24日至26日在北京国际会议中心举行的第8届北京香山论坛，该会议由中国军事科学学会和中国国际战略学会共同举办，主题为“打造平等互信、合作共赢的新型安全伙伴关系”国际安全会议。会议结束后，他顺道来南开大学访问。

7. 南开大学俄罗斯中亚研究中心接待29人的大型俄罗斯学术访问团并主办“中俄人文交流的现状与前景”研讨会。2019年5月23日，俄罗斯联邦布拉戈维申斯克国立师范大学组织的中国访问团莅临天津，并在南开大学八里台校区与周恩来政府管理学院和外国语学院的部分教师举行了学术座谈会。中俄双方的专家、教师就两国人文交流、教育合作等问题进行了深入的交流。

俄罗斯科学院远东研究所研究员叶甫根尼·彼得罗夫斯基在发言中表示，中俄两国在外交政策和国际行为等领域的协调可以用一个特别的公开宣言加以概述，在此基础上，可以编写一份战略协作文件，将正在进行的中俄外交政策和国际活动的协调工作转向长期计划中，这些努力应当体现为远景性的战略规划。南开大学俄罗斯中亚研究中心主任杨雷用俄文发表演讲“Роль гуманитарных обменов в формировании партнёрских отношений между КНР и РФ”，他认为，在中俄关系的发展中，民心相通是最终的目标。中俄关系在政治上已经搭好框架，经济合作全面推进，在文化领域却存在着较大差距，这成为双方关系继续发展的短板所在。两国民众间存在的互信感不足主要源于文化上的差异。对于已经明确互视为战略协作伙伴的中俄两国来说，加强双方之间的人文交流是两国可行的选择，它所产生的正面促进作用将远远超过相互了解有可能带来的负面影响。俄罗斯圣彼得堡国立大学教授列克修题娜·亚娜认为，2014年乌克兰危机以来，俄罗斯开始更加重视与中国的经济合作。这反映在取消中国对俄投资的非正式限制方面。中国开始被视为俄罗斯远东地区的主要投资者之一。俄罗斯科学院东方学研究所研究员谢列克·I. N.认为，中国、巴基斯坦在中巴经济走廊框架内的合作以及俄罗斯联邦的积极参与，有助于实施俄罗斯关于欧亚区域合作的构想。在遭受美国制裁的背景下，俄罗斯联邦对中巴联合经济项目的实施特别感兴趣。俄罗斯、中国和巴基斯坦的外交政策趋近，应当以双边或三边合作的形式扩大联系，这不仅可以促进在运输、能源、军事技术、人道主义等领域的合作增长，而且可以促进可持续的社会经济发展，减少影响局势紧张的因素，并实现该地区的和平。与会的其他学者还就中俄社会价值观，中俄第四代大学，中国与澳大利亚经济关系，俄罗斯文学等话题发表了演讲。宾主双方商定，今后每年都举行类似的国际学术交流活动。

五、人才培养

南开大学俄罗斯中亚研究中心始终将日常教学视为重要工作内容，积极做好俄罗斯中亚研究人才的培育工作。自2015年到2018年，在南开大学周恩来政府管理学院国际关系系通过论文答辩取得法学硕士学位，且论文内容集中于俄罗斯中亚区域研究的学生名单如下：

姓名	论文题目	答辩时间	导师	导师单位职务
张旭艳	《中亚跨境水资源管理制度有效性研究》	2018–05–08	杨雷	周恩来政府管理学院副教授
白伊那	《中国“一带一路”倡议与蒙古国的参与》	2018–05–08	刘丰	周恩来政府管理学院教授
Yavuz Celik	《“一带一路”对中亚的战略影响》	2018–05–15	刘兴华	周恩来政府管理学院副教授
赵达然	《中国欧亚战略视阈下的丝绸之路经济带建设》	2017–05–13	吴志成	周恩来政府管理学院教授
刘云超	《美俄日科技外交战略与中国的实践》	2017–05–13	杨雷	周恩来政府管理学院副教授
赛力克·物散	《中国和中亚国家经贸关系》	2017–05–13	杨雷	周恩来政府管理学院副教授
Guzel Karimova	《大众媒体，舆论操纵与俄罗斯的外交政策》	2017–05–10	韩召颖	周恩来政府管理学院教授
董桂娇	《能源安全在欧俄关系中的作用》	2017–04–26	刘丰	周恩来政府管理学院教授
阿辽娜	《俄欧夹缝中的乌克兰外交及其走向》	2016–05–21	杨雷	周恩来政府管理学院副教授
王旭隆	《欧亚经济联盟成员国入盟战略的形成与实践》	2016–05–21	徐振伟	周恩来政府管理学院副教授
罗纯	《地缘政治视角下的中美俄中亚政策比较分析》	2016–05–20	韩召颖	周恩来政府管理学院教授
宋荣	《土耳其加入上海合作组织前景分析》	2015–05–18	刘丰	周恩来政府管理学院教授
艾卡	《中俄关系中的合作与竞争》	2015–05–18	杨雷	周恩来政府管理学院副教授
艾则孜	《土中在丝绸之路经济带建设上的合作研究》	2015–05–18	赵龙跃	广东外语外贸大学教授
李京	《吉尔吉斯斯坦与欧亚经济联盟的关系研究》	2015–05–18	杨雷	周恩来政府管理学院副教授

除上述15名俄罗斯中亚区域政治方向的硕士毕业生外，南开大学外国语学院、历史学院、经济学院也培养了数量不等的俄罗斯中亚研究人才。此外，各学院还有若干博士生从事与俄罗斯中亚内容相关的研究。

本科学生是俄罗斯中亚研究中心研究成果的最大受益者。俄罗斯中亚研究中心在南开大学开设的全校通选课《中俄美关系》和在各学院开设的俄罗斯中亚课程受到学生的广泛欢迎，很多学生因为课程满员而不得不推迟选修。杨雷主任主讲的《俄罗斯政府与政治》激发了学生们对于研究俄罗斯问题的兴趣。他们自发组建项目团队或者兴趣小组在这一领域进行尝试性研究。经过半年的理论构思和资料准备后，在杨雷老师的亲自联系和指导下，项目组成员于2019年8月前往黑龙江哈尔滨市、绥芬河市与东宁市调研。他们走访了商务厅、农科院、口岸海关等单位，实地调查了一些企业、市场和农户，通过专家访谈、发放问卷等形式收集一手数据，为项目的成功进行奠定了基础。

南开大学俄罗斯中亚研究中心成立不久就如雏鸟一般振翅欲飞，与此同时，中心成员将继续秉持沉稳、扎实的研究态度，甘坐冷板凳，积累真知识，以过硬的研究成果说话。他们将弘扬“允公允能，日新月异”之南开精神，为中国的俄罗斯东欧中亚研究事业奉上自己的一份力量。

陕西师范大学“一带一路”建设与中亚研究协同创新中心

The Collaborative Innovation Center for “the Belt and Road” and Central Asian Studies of Shaanxi Normal University

一、重要沿革

陕西师范大学中亚研究所于2004年12月成立，是教育部直属、世界一流学科建设高校，国家培养高等院校、中等学校师资和教育管理干部以及其他高级专门人才的重要基地——陕西师范大学设立的专门研究中亚问题，以科研、教学和咨政为一体的实体机构。2015年12月获批陕西省首批哲学社会科学重点研究基地，启用陕西师范大学“‘一带一路’建设与中亚研究协同创新中心”名称。2015年入选中国社会科学院“新疆智库”合作单位，2016年12月入选“中国智库索引CTTI”来源智库；2017年2月入选“中俄战略协作高端合作智库”常务理事单位；2017年6月，陕西师范大学中亚研究所下属的乌兹别克斯坦研究中心和阿富汗研究中心获批教育部国别与区域研究培育基地。2018年6月入选中国对外友好协会“中国中亚友好协会”常务理事单位。

二、研究团队

陕西师范大学党委、校领导高度重视中亚研究学科的队伍建设，不仅做出陕西师范大学“‘一带一路’建设与中亚研究协同创新中心”实体化的决定，而且确定了10个编制指标。

目前专职科研教学人员7人；行政、学术和教学秘书1人。专职教学科研人员均具有博士学位。在校博士、硕士研究生35人（包括阿富汗、俄罗斯和中亚国家的外籍留学研究生4人）。博士研究生大都是来自我国西部地区高校和科研院所的青年教师和研究人员，构成本中心科研工作的重要力量。

研究团队具有良好的学缘结构，队伍由多民族、多语种、高层次人员组成，年龄、学历、专业知识结构合理，呈现出多元化特色。成员大都有出国研修和在俄罗斯、中亚和美欧国家学习、工作和调研的经历，具备熟练的俄语、英语、阿拉伯语及当地民族语言的能力。这为查阅和采集多种语言的文献材料、统计数据，以及深入俄罗斯和各中亚国家进行实地调查研究奠定了良好的基础。

研究团队成员具有扎实的理论功底、接受过严格的学术规范训练，拥有一定的科研历练，积累了大量田野调查经验和长期的科研和实际工作经验；具备了围绕中亚区域和国别，以及中国与俄罗斯、中亚、阿富汗等国家关系等学科领域展开协同创新研究的能力和水平。

李　琪　主任（所长，2004年至今）历史学博士，教授，博士研究生导师；

黄达远　副主任（2016年至今）历史学博士，教授，博士、硕士生导师；

韩中义　塔吉克斯坦研究中心主任，语言学硕士，历史学博士，教授，硕士、博士研究生导师；

李如东　吉尔吉斯斯坦研究中心主任，法学博士，副研究员，硕士研究生导师；

陈东杰　教育部国别与区域培育基地乌兹别克斯坦研究中心，副主任，法学博士，讲师；

龙国仁　哈萨克斯坦和土库曼斯坦研究中心主任，法学博士，历史学博士后，讲师；

金　欣　中亚法律法规研究室主任，法学博士，历史学博士后，讲师（日本、加拿大留学回国）；

张华清　行政办公室主任，学术教学秘书；

为了进一步推动内涵建设，以学科建设和人才培养为依托，以强化基础研究和咨政服务为宗旨，全面服务国家和地方对外战略需求和社会经济的发展，2018年11月和2019年5月，“一带一路”建设与中亚研究协同创新中心相继聘任了2名资深俄罗斯国际问题专家、经济学家和东方学家作为兼职授课教授，2名乌兹别克斯坦授课专家，7名乌兹别克斯坦科学院和高校的合作研究兼职专家，以及3名吉尔吉斯斯坦资深兼职专家。均由陕西师范大学校长和主管校长颁发荣誉证书，由学校人事处配给相应待遇。

三、学科建设

中亚研究是陕西师范大学重点培育的特色学科。陕西师范大学通过搭建平台、科学引导、政策倾斜、机制创新、资金支持等措施，努力为“一带一路”建设与中亚研究协同创新中心的发展奠定扎实的基础。在此方面，学校力求汇聚高端科研人才，开拓学术路径，致力于培养一批中亚问题研究的学术专家，推出一批对学校学科建设和西北地区乃至国家决策具有重要学术价值和现实意义的科研成果，以形成具有鲜明区域特色中亚学科领域的研究方向。学校已将“一带一路”建设与中亚研究协同创新中心的建设和发展列入“十三五”规划重点建设学科，旨在使中亚研究真正成为陕西师范大学理论探索和学科建设的聚焦点、创新点和立足点，力争把中亚研究所办成海内外有影响力的中亚问题综合研究机构。

（一）学术研究

中亚研究所研究团队主持、参与和完成国家社科基金重大、重点、一般项目，教育部、陕西省等省部级重大项目，中国高校项目，中国社会科学院“新疆智库”重点项目，国家统战部项目等32项，其中2016—2019年12项。2013—2019年出版专著7部。2018—2019年9月在权威、核心和重要期刊发表学术论文10余篇。多项研究成果获得陕西省人民政府和陕西高校哲学社会科学优秀成果奖。另外，研究成果获陕西省高校人文社会科学优秀成果一等奖、2018年陕西省哲学社会科学优秀成果专著三等奖。

研究团队开展了一系列学术活动，主办高质量的国际、国内学术会议。“一带一路”倡议提出六年来（2013—2019年）主办国内会议1次，国际会议、圆桌会议、小型座谈20次。

（二）政策咨询

“一带一路”倡议提出六年来，“一带一路”建设与中亚研究协同创新中心研究团队不断深入中亚国家的智库、高校和科研机构、城市社区、偏远地区，深入中国和陕西在中亚落地企业园区进行田野调查，并建立了调研点，确定了联系人作为“一带一路”建设与中亚研究协同创新中心的外聘教授和研究员，提升了研究团队的国际化水平，为科学研究和现实问题研判的真实性和准确性提供了重要保障。

为中央和地方提供高质量的决策咨询报告是“一带一路”建设与中亚研究协同创新中心学科发展和智库建设的目标之一。团队成员提交中共中央办公厅、中共中央宣传部、教育部、中国社会科学院新疆智库、统战部、国务院侨务办公室、陕西省委办公厅、陕西省委宣传部31份咨政报告，有些报告得到国家和地方相关部门采纳和领导批示。其中2016—2019年提交陕西省委宣传部6篇舆情报告，采用4篇；2017年中共中央宣传部采用1篇，由陕西省委宣传部报送；2018年12月至2019年3月中共中央办公厅采用2篇、陕西省委办公厅采用3篇。

四、国际交流与合作

陕西师范大学中亚研究所与乌兹别克斯坦共和国总统直属战略与地区研究所、乌兹别克斯坦共和国对外政策协调与分析中心、乌兹别克斯坦撒马尔罕国立大学、乌兹别克斯坦国立民族大学、乌兹别克斯坦塔什干国立师范大学、哈萨克斯坦共和国科技教育部科学院东方学研究所、哈萨克斯坦共和国图兰大学、吉尔吉斯斯坦国家战略研究所、吉尔吉斯斯坦比什凯克人文大学，吉尔吉斯斯坦科学院东干学与汉学研究所、塔吉克斯坦共和国科学院、塔吉克斯坦共和国总统战略研究所、塔吉克斯坦国立师范大学、塔吉克斯坦国立民族大学、俄罗斯独联体研究所、亚美尼亚国立经济大学、联合国教科文组织设在乌兹别克斯坦撒马尔罕的“中亚国际研究所”、美国乔治·华盛顿大学艾利略特国际事务学院、德国国家政策和安全研究所、阿富汗战略研究所、阿富汗喀布尔大学等国外高校和科研机构建立了良好的交流合作关系，与其中部分单位签署了合作备忘录。

1. 2013—2019年“一带一路”建设与中亚研究协同创新中心12人次应中亚国家邀请参加高端智库和高校举办的国际会议。

2. 2018—2019学年应乌兹别克斯坦塔什干尼扎米国立师范大学邀请，“一带一路”建设与中亚研究协同创新中心通过双方协商、材料审核和教学人员资格审查，获批乌兹别克斯坦教育部国际合作办学项目。“一带一路”建设与中亚研究协同创新中心陆续派出教学人员5人承担乌兹别克斯坦塔什干尼扎米国立师范大学历史系外国史专业本科生1—4年级的教学任务，并采用俄语、英语讲授相关课程。教学任务和课程由该校历史系外国史教研室统一安排。除了完成列入计划的教学任务外，还应乌方要求开办关于中国历史文化、中国改革开放40周年历史发展、从丝绸之路到“一带一路”、中国历史文献关于中亚历史的记载，以及中亚史、南亚史等内容的专题讲座。这是本中心践行习近平主席提出“一带一路”倡议以来与沿线国家开展教育合作、人文交流取得的初步成果。

3. 2019年9月根据陕西师范大学与乌兹别克斯坦撒马尔罕国立大学签署的人文交流与教育合作协议，“一带一路”建设与中亚研究协同创新中心两名博士研究生赴乌兹别克斯坦撒马尔罕国立师范大学承担汉语教学工作。

4. 2019年7月陕西师范大学组团对乌兹别克斯坦撒马尔罕大学进行访问，并与乌兹别克斯坦撒马尔罕大学达成在该校建立中国文化研究院，及与该校以2+2模式，进行历史学专业合作办学的协议。2019年8月初陕西师范大学在乌兹别克斯坦历史专业的招生工作已经完成。2019年9月，首批乌兹别克斯坦历史学专业的学生已经入学。

5. 2019年7月乌兹别克斯坦撒马尔罕大学为陕西师范大学提供了一个楼层的办公场所已装修完毕。根据协议陕西师范大学教育部区域与国别研究基地乌兹别克斯坦研究中心海外研究基地：中国—乌兹别克斯坦文化教育研究中心的办公场所正在筹备和建设之中。

6. 与乌兹别克斯坦历史学家合作编辑出版《乌兹别克斯坦历史文化研究》丛刊，目前外文文稿已全部翻译完成，将于2019年年底由中国社会科学文献出版社出版。

7. 2019年10月26日，我所协办在湖北召开“‘一带一路’沿线国家茶文化研究”国际学术研讨会。目前乌兹别克斯坦和其他中亚国家的邀请工作正在进行之中。

8. 2019年11月1日举办第三届“一带一路”与乌兹别克斯坦国际学术研讨会。

五、人才培养

“一带一路”建设与中亚研究协同创新中心兼具教学和科研功能，招收一级学科民族学“跨境民族与地缘政治”方向的硕士、博士研究生以及一级学科世界史下中亚史专业“中亚历史与现状研究”“中亚区域发展史”“中亚区域社会文化研究”“中亚国别史研究”方向的博士和硕士研究生。同时招收教育部特批专项计划：1.“以边疆安全为核心的中国西部地区经济社会发展重大问题研究”博士生高层次人才培养专项计划（“1023”计划）；2.“一带一路”建设与沿线国家战略对接重大问题研究高层次人才培养专项计划；3.“总体国家安全观专项计划”的博士研究生；4. 外国留学生“一带一路”专项奖学金项目计划的研究生。截至2019年，“一带一路”建设与中亚研究协同创新中心已培养毕业和在读博士研究生25名、硕士研究生41名；俄罗斯、中亚国家和阿富汗博士、硕士研究生4人。2018—2019年，“一带一路”建设与中亚研究协同创新中心根据陕西师范大学的各项政策，积极推动研究生出国进修，派出博士后2人、博士研究生12人，硕士研究生4人分别赴中亚国家和美国、日本学习进修和调查。派出博士研究生4人、硕士研究生1人赴乌兹别克斯坦担任历史学和国际汉语教学工作。他们产出了专著、学术论文、咨政报告等研究成果，主持和参与完成国家和教育部以及省、区、市哲学社会科学重大、一般及青年项目。

六、研究目标

“一带一路”建设与中亚研究协同创新中心的研究团队注重国际形势的宏观性和中亚各国国情独特性的研究，历史观照现实，着眼于对新形势下的新问题、新动向、新特点作及时、深入的研究，服务新时代中国特色社会主义大国外交战略和“一带一路”，服务国家和地方社会经济发展。

西北大学丝绸之路研究院

Institute of "Silk Road" Studies of Northwest University

一、重要沿革

（一）成立

西北大学丝绸之路研究院是2013年12月在西北大学西北历史研究所基础成立，并于当月在省长办公会上作为专项议题给予研究，省长办公会明确支持研究院建设和发展。2014年1月时任陕西省副省长庄长兴为西北大学丝绸之路研究院揭牌。

西北大学丝绸之路研究院是国内第一家实体丝绸之路研究机构。研究院设立了丝绸之路战略研究中心、丝绸之路历史地理研究中心、丝绸之路文化遗产研究中心、丝绸之路社会经济发展研究中心、丝绸之路文明交往研究中心、丝绸之路艺术研究中心等研究机构。西北大学丝绸之路研究院在丝绸之路历史地理、民族宗教问题、文明交往等领域有深厚的研究传统和成果积累。

（二）发展

1. 各研究中心、联盟成立

（1）哈萨克斯坦研究中心

2016年4月16日，哈萨克斯坦总统办公室主任、哈萨克斯坦首任总统图书馆馆长、纳扎尔巴耶夫中心主任卡瑟姆别科夫一行到访西北大学丝绸之路研究院，并代表纳扎尔巴耶夫中心和哈萨克斯坦首任总统图书馆与研究院签署合作备忘录。

2017年，丝绸之路研究院被教育部确认为国别和区域研究中心（备案）。

2017年10月12日，哈萨克斯坦首任总统图书馆副馆长铁木尔·沙伊梅尔格诺夫及哈萨克斯坦中国研究中心古丽娜尔·沙伊梅尔格诺娃到访我院，并签署了《信息资料共享协议》及《“一带一路”与“光明之路”对接研究协议》。

2018年5月在“中国—中亚—西亚国际经济走廊之‘一带一路’与‘光明之路’对接国际研讨会”上，哈萨克斯坦研究中心发布成果《2027中亚发展趋势》，以及“一带一路”与“光明之路”对接研究报告。丝绸之路研究院聘请了哈萨克斯坦的中国研究中心主任古丽娜尔·沙伊梅尔格诺夫为研究院哈萨克斯坦研究中心的哈方主任，聘请中国社科院俄罗斯东欧中亚研究所张宁为研究院哈萨克斯坦研究中心的中方主任。

（2）高校智库联盟

2017年5月，丝绸之路研究院联合陕西各个高校成立了陕西高校“一带一路”智库联盟，并当选常务理事单位。

2019年5月，丝绸之路研究院牵头成立“一带一路”大学智库联盟，并当选为常务理事单位。

（3）除上述机构外，丝绸之路研究院还牵头成立了“一带一路”与欧亚经济联盟研究中心、“一带一路”与哈萨克斯坦国际联合研究中心、软科学研究基地、尼泊尔研究中心、巴基斯坦研究中心、民族文化研究中心。

此外，丝绸之路研究院于2014年12月被中联部牵头的“一带一路”智库机构联盟吸纳为常务理事单位，研究院专家被吸纳为常务理事；2019年5月，作为西部地区唯一的智库机构，丝绸之路研究院被新华社研究院发起的“一带一路”智库合作委员会吸收为成员单位。

2. 课程设置多元化，学生培养国际化

丝绸之路研究院自2013年12月成立至今主要培养中国史和专门史的硕士研究生，2018年恢复中国宗教史博士点，2019年开始招收海外硕士研究生和博士研究生，现有来自俄罗斯、乌兹别克斯坦、韩国和越南等国的硕、博士生若干名。

3. 完善体制

研究院于2018年新设院长助理、各研究中心主任等岗位，提高各岗位效率，使研究团队人员更加集中精力做好科研工作，产出更多成果，增速研究院发展。

（三）影响力扩大

在2017年10月《“一带一路”大数据白皮书》对中国高校“一带一路”智库排名中，西北大学丝绸之路研究院位居第四位（北京大学、清华大学、中国人民大学的智库机构居前三位）。在2018年1月浙江工业大学中国高校智库排名中，西北大学丝绸之路研究院居全国高校1000家智库中第38位、西北地区第1位。

2019年4月26日，在第二届“一带一路”国际合作高峰论坛上，哈萨克斯坦中国研究中心主任古丽娜尔非常重视西北大学丝绸之路研究院给予的专家身份，在身份信息中给予注明。在新华社拍摄的《“一带一路”上的智者》纪录片中，第一位国外专家就是古丽娜尔，古丽娜尔讲到和国际智库合作时，用的视频是与西北大学丝绸之路研究院签署合作协议的镜头。

2019年4月24日，“一带一路”智库国家合作委员会在北京成立，在智库论坛现场，国内10余家智库机构展示研究成果，西北大学丝绸之路研究院和哈萨克斯坦中国研究中心合作的“一带一路”与“光明之路”对接研究（中俄文）成果引起关注。这是以全新的合作模式完成的智库成果。

2019年4月，西北大学丝绸之路研究院专家应邀参加“一带一路”国际合作高峰论坛。

2019年9月11日上午，正在中国进行国事访问的哈萨克斯坦共和国总统托卡耶夫在北京中国社会科学院发表演讲。演讲前，托卡耶夫总统接见了丝绸之路研究院卢山冰教授。

二、研究方向

第一，中国史，历史地理、专门史、丝绸之路方向；

第二，“一带一路”沿线国家政策研究；

第三，俄罗斯欧亚经济联盟与“一带一路”对接研究；

第四，“一带一路”与哈萨克斯坦光明之路对接研究；

第五，中亚历史文化；

第六，纳扎尔巴耶夫治国思想研究。

三、人员情况

（一）历任领导

1. 方光华，男，汉族，1965年1月生，现任陕西省人民政府副省长，省工商联主席。2014年4月，任西北大学校长，兼任西北大学丝绸之路研究院首任院长。2015年2月，当选为西安市副市长，不再担任西北大学校长与丝绸之路研究院院长。

2. 郭立宏，男，汉族，1962年3月生，西北大学党委副书记、校长，教授、博士生导师。2015年5月至2017年12月，兼任西北大学丝绸之路研究院院长。

（二）现任领导

1. 卢山冰，男，汉族，1966年11月生，双博士后，经济学教授、博士生导师，省级教学名师。2014年5月，兼任西北大学丝绸之路研究院常务副院长，2017年12月至今，任研究院院长。

2. 蔡艳彬，男，汉族，1977年10月生。2016年迄今，任西北大学丝绸之路研究院副院长。

（三）科研团队

1. 首席专家

首席考古学家，王建新，男，1953年6月生。现任西北大学文化遗产学院教授，博士生导师。兼任中国考古学会理事、中国社会科学院古代文明研究中心客座研究员、北京大学中国考古研究中心兼职教授。主要研究方向为游牧文化聚落考古、秦汉考古、西部考古、东北亚考古。

首席艺术家，岳钰，男，1953年生，陕西西安人。著名画家，西北大学艺术学院教授、硕士生导师，香港国际影视学院教授，Asmara Acabemy of Erierea教授，中国美术家协会会员、中国翻译工作者协会会员、中国包装技术协会设计委员会全国委员、中国工艺美术学会展示艺术设计专业委员会常务理事。主要研究方向为宗教艺术。

首席经济学家，白永秀，男，1955年生，陕西清涧人，西北大学经济管理学院原院长、教授、博士研究生导师，西北政法大学经济管理学院名誉院长，陕西省委、省政府咨询委员，省突出贡献专家和“三五人才”，中共中央党校国情国策研究中心特邀研究员以及多所高校的客座教授，中国企业管理研究会常务理事、中国工业经济研究与开发促进研究会副理事长、陕西省区域经济研究会会长，陕西省经济学会、陕西省外国经济学说研究会、陕西省宏观经济研究会、陕西省工商管理学会、陕西省农业经济研究会、陕西省战略研究会等多家学会副会长，陕西省咨询业协会、西安市咨询业协会副理事长，西安市、铜川市、榆林市等地方政府的顾问。主要研究方向为社会主义市场经济理论、现代企业制度。

特聘外籍专家：亚历山大·卢金（Alexander Lukin），俄罗斯高等经济研究大学国际关系学院教授，俄罗斯莫斯科国立国际关系学院东亚与上海合作组织研究中心主任，原俄罗斯外交学院副院长。牛津大学政治学博士，俄罗斯联邦外交部外交学院历史学博士，哈佛大学博士后。主要研究方向为国际政治经济关系。

特聘教授：张宁，中国社科院俄罗斯东欧中亚研究所中亚研究室主任，中国社科院“一带一路”研究中心副主任。个人专著5部，其中2部合著（个人写作均占其中80%）；主持2项国家社科基金课题；主持部委委托课题5项；在社科院要报（内部报告）发表文章85篇。

2. 丝绸之路研究院院内研究人员

卢山冰：教授，博士生导师。主要研究方向为产业经济学。

李海波：教授，博士生导师。主要研究方向为佛教哲学、佛教史、生命伦理学。

席会东：副教授，硕士生导师，兼任复旦大学中国研究院客座研究员、中国地理学会历史地理专业委员会专业委员。主要从事地图史、城市史、边疆史地、中外交流史、丝绸之路等学术领域的研究与教学工作。

赵斌：副研究员，硕士生导师，研究方向为中国民族史与中外文化交流，尤其偏重于中国民族文化。

王静：副教授，硕士生导师，研究方向为中国基督教史、中国边疆民族史、民族学。

张健：副教授，硕士生导师，西北大学“青年学术英才”，中国地理学学会会员。主要研究志趣包括历史地理及其信息技术、环境史、时空数据分析与数字丝路、社会文化地理等。

李刚：讲师，主要研究方向为中外关系史、西北边疆民族。

李冀：讲师，主要研究方向为历史地理。

王晶：讲师，主要研究方向为敦煌学。

任宝磊：讲师，主要研究方向为西北民族史、边疆史。

于佳彬：讲师，主要研究方向为中国佛教思想史。

王蕾：博士后，合作导师卢山冰教授，主要研究方向西北历史地理。

万翔：讲师，主要研究方向为古代中外交流历史与考古、丝绸之路沿线经济史。

张濯清：博士后，主要研究方向为中国史。

郑红翔：讲师，主要研究方向为隋唐史、西北历史地理。

张婉婷：讲师，主要研究方向为欧亚区域一体化、欧亚国际问题、“一带一路”研究。

四、主办刊物

《丝绸之路通讯》由西北大学丝绸之路研究院主办，用于研究机构及智库平台交流沟通、实现信息共享，且为社会大众普及丝绸之路及“一带一路”知识提供指导工作。自2014年创刊以来，以其鲜明的针对性、独有的权威性、较强的指导性和可读性作为特色，得到研究机构、政府机关及社会大众的一致认可。刊物定期向政府相关部门有关领导报送，并得到直接指导与支持。

《丝绸之路通讯》积极宣传研究院交流学术活动，发表院内专家具有权威性、指导性的学术成果，积极整合全国专家关于“一带一路”政策的最新诠释，展示全国权威专家最新研究成果。该刊几经更新改版，现设有主要栏目：丝绸之路研究交流与学术活动、丝绸之路研究媒体传播、丝绸之路研究项目及成果、“一带一路”建设专家观点与建议。

五、学术活动

1. 华东师范大学教授李向平到访西北大学丝绸之路研究院

2019年6月30日晚，中国社会学学会宗教社会学专业委员会主任、中国社会学会常务理事、上海市宗教学会副会长、华东师范大学二级教授李向平做客西北大学丝绸之路研究院“丝路讲坛”，做了题为“身份的焦虑与中国人的理想人格”的学术讲座。本次讲座由西北大学丝绸之路研究院李海波教授主持，研究院师生以及校内外诸多学友聆听了本次讲座。

李海波教授就本次讲座进行了全面的总结，她对李向平教授运用社会学方法，从社会变迁的角度探讨学术问题表示高度赞赏和肯定。李海波教授就本次讲座内容“身份焦虑”的问题，认为李向平教授博通中西、纵观古今的视角值得大家学习，李向平教授站在人类文明发展的角度讨论中国人心态问题，从身份认同延伸到公私关系，延续至现实中关注的社会焦虑问题，乃至上升到人类终极性话题——神圣层面，这样的学术报告不仅对学术研究深入拓展，而且对现实生活的思考都有极具重要意义。

李利安教授受邀对本场报告予以回应，高度赞扬了李向平教授的思考，他从身边问题谈起，从人生现实角度对“焦虑问题”进行思考，延展至人类的命运走向，反思当代社会的焦虑问题，并从文化学和思想根基层面对李向平教授报告中提出的问题进行了解读，一气呵成，深刻而精彩。

报告结束后，现场的师生与李向平教授进行了互动。丝绸之路研究院王静副教授提出了“身份焦虑回归中国文化探源”的问题。对此，李向平教授从中国历史上的身份职业差异校对予以回应。此外，西北大学学生提出“不同阶层对身份焦虑的看法是不一样”的问题，李向平教授从“儒释道三教关系角度以及对现实的反思层面”予以回答，现场交流氛围浓厚活跃。对提问者的相关问题，李向平教授一一耐心解答。

2. 巴基斯坦白沙瓦大学教授法胡鲁·伊斯拉姆到访西北大学丝绸之路研究院

2019年6月28日上午，巴基斯坦白沙瓦大学巴基斯坦研究中心主任法胡鲁·伊斯拉姆及西北大学中东研究所李玮副教授到访西北大学丝绸之路研究院，并为研究院师生做了题为“巴基斯坦与中国关系”的讲座。会议由蔡艳彬副院长主持。

法胡鲁·伊斯拉姆教授的讲座以中巴关系为主旨展开，他认为中巴关系亲密无间，对此提出了六个增强双边关系的决定性因素：共同边界、双边贸易及经济利益、共同的战略利益、处理国际事务才采取的相似策略、中巴经济走廊项目及两国人民的友爱，并加以详细阐释。伊斯拉姆教授还通过调查问卷的方式以四个问题为例，得出结论：任何一种国际关系都会经历起起落落，但是对于中巴关系来说总体还是处于上升趋势，这完全得益于六大决定性因素，尤其是中巴经济走廊项目的发展。最后，他对双边关系寄予了美好的期望，希望未来可以在更多领域开展紧密合作。

随后，中东研究所及历史系学生以及丝绸之路研究院师生分别就中巴的政治、文化等问题与来访客人进行了亲切友好的交流，现场互动气氛热烈。本次活动得到了广大师生的一致好评。

3. 新疆社会科学院副院长刘国防带领《西域研究》编辑部到访西北大学丝绸之路研究院

2019年6月1日下午，新疆社会科学院副院长刘国防带领《西域研究》编辑部一行四人莅临丝绸之路研究院进行学术交流，并与研究院师生举行学术座谈会。会议由研究院副院长蔡艳彬主持，首席考古学家王建新教授、历史地理学家李健超教授等20余名师生出席。会上，刘国防院长受聘为丝绸之路研究院兼职研究员。

刘国防院长首先介绍了《西域研究》近年的发展情况，并结合当前政策和热点问题对稿件在选题、写作上的新要求做了阐释。刘国防院长表达了与丝绸之路研究院在学术上开展长期合作与交流的意愿，并欢迎研究院师生向编辑部踊跃投稿。随后研究院师生分别就新疆的历史、宗教、文化遗产等问题与来访客人进行了亲切友好的交流，现场互动气氛热烈。本次活动得到了广大师生的一致好评。

4. 赴陕博士团到访西北大学丝绸之路研究院

2019年5月11日，中组部、团中央第19批赴陕西省博士服务团（以下简称“赴陕博士团”）前往西北大学丝绸之路研究院，对其“一带一路”智库建设进行了专题调研。调研发现，西北大学以开放的视野建设智库，构建起了

“一带一路”研究互利合作网络、新型合作模式和多元合作平台，并积极转化研究成果，服务于当地“一带一路”建设。

以开放为动力，汇聚海内外智库资源。丝绸之路研究院牵头成立了“一带一路”大学智库联盟，同时举办了“一带一路”大学智库联盟国际研讨会，来自11个国家30多所大学和研究机构的校长和专家参加了会议，共商大学智库合作路径和模式。

以服务为导向，促进研究成果落地转化。陕西自由贸易试验区申报和建设方案，一直有丝绸之路研究院的专家参与其中；2018年形成的“关于西安开放第五航权”“加强指定口岸申请和建设”“积极争取申办和举办更多国际论坛”三个建议被有关部门采纳。

以合作为纽带，共谋“一带一路”高质量发展。“我们建设‘一带一路’，靠的是异而生存、和而同存、人而温存、通而长存、共而旺存。”赴陕博士团团长、陕西省人民政府副秘书长姚建红说，这次调研，赴陕博士团成员从定位、平台、主题等方面为丝绸之路研究院提出了相关建议，希望今后赴陕博士团能够与西北大学全方位、多角度开展合作，助推西北大学发展。

5. 伊朗专家塞义德·贾瓦德·胡塞尼到访西北大学丝绸之路研究院

2019年5月23日，伊朗专家塞义德·贾瓦德·胡塞尼一行到访丝绸之路研究院并与研究院专家开展关于“中国与‘一带一路’沿线国家——伊朗文明对话”的主题交流。丝绸之路研究院副院长蔡艳彬主持此次活动。

胡塞尼先生认为，不仅伊朗，西亚地区均在“一带一路”框架中面临或多或少的问题，这些国家普遍缺乏对于中国“一带一路”政策的了解。以伊朗为例，他们获取信息的主要途径是通过西方国家的文献资料，缺乏一定的客观性。随后他介绍了伊朗的巴扎文化，他认为巴扎作为宗教、商业的结合体，是丝绸之路文化给予伊朗的一笔宝贵的财富，也为丝绸之路研究院专家提供了一个全新的深度了解伊朗的视角。

胡塞尼先生表示，希望这次交流成为一个新的开始，中伊双方可以加强交流沟通，为未来的合作打下坚实的基础。

丝绸之路研究院专家也对相关问题展开热烈讨论与交流，现场互动氛围热烈。本次活动得到广大师生的一致好评。

6. 举办“一带一路”大学智库联盟国际研讨会

2019年5月12日，“一带一路”大学智库联盟国际研讨会于西北大学太白校区西大宾馆萃园多功能厅举行。这一会议由陕西省人民政府主办、陕西省教育厅承办、西北大学协办，并由西北大学丝绸之路研究院、西北大学哈萨克斯坦研究中心、“一带一路”与哈萨克斯坦国际联合研究中心、陕西高校“一带一路”智库联盟、陕西省“一带一路”软科学研究基地、西北大学尼泊尔研究中心、西北大学巴基斯坦研究中心共同作为具体实施单位。

中共中央宣传部国际传播局副局长管萍、中共中央对外联络部当代世界研究中心战略研究处处长李鼎鑫、陕西省委教育工作委员会委员冀映秋、陕西省委宣传部对外宣传处处长刘志彬、陕西省外事办港澳处处长邓集成出席国际研讨会开幕式。

来自西北大学、中国社会科学研究院、西安交通大学、陕西师范大学、西安电子科技大学、华东师范大学、西北政法大学、西安财经大学、吉尔吉斯斯坦国立阿拉巴耶夫大学、俄罗斯圣彼得堡国立经济大学、韩国忠南大学等30余家单位的校长、专家出席了本次研讨会，哈萨克斯坦驻华大使馆、哈萨克斯坦驻上海总领事馆也派人员出席本次研讨会。

7. 张宁教授到访丝绸之路研究院做“哈萨克斯坦安全委员会和纳扎尔巴耶夫辞职分析”主题讲座

2019年4月28日上午，丝绸之路研究院特聘教授张宁教授为师生做主题为“哈萨克斯坦安全委员会和纳扎尔巴耶夫辞职分析”的讲座，研究院副教授王静老师主持了本次活动。

张宁教授从哈萨克斯坦当前的局势出发，层层深入。讲座以欧亚地区政权交接的模式类型为切入点开始探讨纳扎尔巴耶夫的政治生涯并详细阐释哈萨克斯坦安全委员会的运行机制。张宁教授通过对哈萨克斯坦安全委员会的组成部门、机构设置、工作机制、机构职能等方面的介绍，引出自己对于哈萨克斯坦国情及政权的认识。他认为，中哈关系不会因为纳扎尔巴耶夫的辞职而有大的变化。虽然政局趋势总体没有受到影响，但具体到个体或是个人，肯定会有影响。古今中外，政局的动荡，肯定会使有些人得利，有些人失利。国家也应根据不同的应对方式和应对能力，提前采取预防措施。

参加讲座的还有丝绸之路研究院蔡艳彬副院长、赵斌老师、李刚老师和学院学生，随后听众就讲座主题踊跃提问，张宁教授一一作答，场面互动氛围热烈。本次报告得到广大师生的一致好评。

8. 哈萨克斯坦专家塔伊洛夫·拉非克·安瓦罗维奇到访丝绸之路研究院

2019年4月27日下午，哈萨克斯坦军事战略研究中心副主任塔伊洛夫·拉非克·安瓦罗维奇先生到访丝绸之路研究院，受聘为丝绸之路研究院兼职研究员，并发表"哈萨克斯坦在维护安全稳定领域所面临的风险类型"的演讲。研究院副院长蔡艳彬主持了本次活动。

首先，丝绸之路研究院副院长蔡艳彬致欢迎辞，为塔伊洛夫·拉非克·安瓦罗维奇先生颁发了西北大学丝绸之路研究院兼职研究员聘书，双方共同签署合作备忘录。

其次，塔伊洛夫·拉非克·安瓦罗维奇先生的讲座以中亚以及中亚国家的具体情况为中心展开，主要通过十个可进行统计的参数（人口、失业率、青年失业率、贫穷国家、腐败、宗教信仰、清真寺数量、移民、恐怖主义、军事力量）建立一个评估模式，围绕四方面问题进行详细阐释：一是中亚地区的稳定性和可预测性；二是现下哈萨克斯坦国家的情况，包括地区外和地区内个别国家的情况，如何对哈萨克斯坦国家的安全造成影响；三是中亚地区包括哈萨克斯坦在内的单独国家的状况；四是中亚地区面临哪些共同挑战。

最后，塔伊洛夫·拉非克·安瓦罗维奇先生表示，为了消除网络上关于两国或者多国发展不利信息的散播和影响，我们应向政府建议在大众传媒上传播相关信息，对哈萨克斯坦人民展示中国文化和中国状况，以及在中国展示哈萨克斯坦的民情和文化。虽然，中亚现在分成了一些国家，但从历史渊源和未来看，我们都是亲人。

9. 中俄作家文学创作研讨会在丝绸之路研究院成功召开

2018年12月9日，中俄作家文学创作研讨会在丝绸之路研究院成功召开。来自俄罗斯的著名诗人尼古拉·兹维亚津采夫受邀到访丝绸之路研究院并参加此次研讨会。研讨会由中国前驻苏联大使馆译员，中国前驻乌兹别克斯坦、哈萨克斯坦等国大使姚培生积极推动，丝绸之路研究院组织协调。来自陕西省文联、省政协、省艺术研究院、西安曲江影视、西安财经学院等十余名作家学者参加了此次研讨会。研讨会由丝绸之路研究院副院长蔡艳斌主持。

此次研讨会由开幕致辞、学术报告和互赠作品三部分组成。丝绸之路研究院院长卢山冰教授和姚培生大使分别进行了开幕致辞。随后，与会作家学者一一进行主题发言。

10. 卢金教授到访丝绸之路研究院并作“一带一路与中俄合作”专题讲座

2018年11月29日，亚历山大·弗拉基米诺维奇·卢金教授到访西北大学丝绸之路研究院，作“‘一带一路’与中俄关系”专题讲座。丝绸之路研究院卢山冰院长、研究院部分师生参加了此次讲座。

会议开始，卢山冰院长对亚历山大·弗拉基米诺维奇·卢金教授到访表示热烈欢迎。卢金教授首先向卢山冰院长赠送了俄文杂志《国际组织学报》（《国际组织学报》属于俄罗斯顶级国际问题研究专业期刊，Scopus检索核心期刊、RSCI、ESCI），该杂志刊登有卢院长的署名论文，同期刊登的还有来自上海合作组织秘书长阿利莫夫、俄罗斯著名国际关系研究学家塞拉万先生以及其他知名学者的学术论文。

卢金教授表示俄方成立了研究大欧亚问题的研究中心，且丝绸之路研究院也展开了非常积极的关于大欧亚理念的研究，他非常希望在这个背景框架下，可以和西北大学丝绸之路研究院开展更加积极的合作。

卢金教授的报告主题围绕大欧亚问题展开。首先，他提出了大欧亚的概念，以及目前呈现出来的最新发展趋势。他认为，随着国力的逐渐增强，俄罗斯逐渐走向正常的发展轨道。同时随着中国、印度、巴西等国的飞速发展，世界进入了多极化的发展阶段，将会形成若干个中心，亚洲就是中心之一。卢金强调，大欧亚合作伙伴关系不是一个结盟，也不是一个具体的组织，它甚至不是一个提前商议好的计划，它更多的是一种合作关系，是一种合作机构，国家之间的合作关系应该建立在现有的组织基础上。其次，他基于大欧亚伙伴发展的认识，将大欧亚经济战略伙伴关系解构为三环：第一环是欧亚经济联盟，它与中国相关的发展对接，使国家之间能够看到更紧密的成员国关系；第二环是上海合作组织，它相对于第一环略微松散；第三环则是亚太经合组织及东盟。正如俄罗斯外长拉夫罗夫指出的，它构成的是层级性的蓝图。卢金教授强调，大欧亚的建立和发展，成员国应该吸取欧盟发展的相关教训，在合作的基础上充分考虑成员国的意愿，尊重文化多元性，真正做到和而不同。

最后，卢山冰院长对卢金教授关于大欧亚计划、大欧亚发展、欧亚经济联盟和上海合作组织做了最新的解读表示了感谢，他强调研究院也在集中力量做这个领域的研究，并希望今后在这些领域及“一带一路”的对接上可以和卢金教授加强合作，继续传承中俄双方友谊。

11. 原国家宗教局办公室主任陈红星到访丝绸之路研究院并做报告

2018年11月22日原国家宗教局办公室主任、哲学博士、国务院特殊津贴专家陈红星研究员作客西北大学由丝绸之路研究院和社科处合办的“名家讲坛”，为广大师生做了题为“丝绸之路与文化交流”的报告，此次报告由丝绸之路研究院李海波教授主持。

陈红星研究员从丝绸之路的重要性入手，结合多年的工作和研究经验，从文化交流角度做了宏观而深入的梳理。丝绸之路的文化交流之中宗教文化的互动构成主要交流面。陈红星研究员对我国宗教的发展历史和现状进行了简要的概括梳理，总结了我国不同历史阶段的各宗教的不同特点，并就宗教交流中存在的现实问题进行了深入解读。报告结尾，李海波教授进行了精彩点评，陈红星研究员和师生进行了良好互动。

12. 中共中央对外联络部当代世界研究中心主任金鑫教授到访丝绸之路研究院并做专题报告

2018年11月23日，中共中央对外联络部当代世界研究中心主任、“一带一路”国际智库合作联盟理事会秘书长金鑫教授到访西北大学丝绸之路研究院并做专题报告。丝绸之路研究院院长、“一带一路”国际智库合作联盟理事会常务理事卢山冰教授，西北大学附属中学教师发展中心周宏老师，丝绸之路研究院赵斌副教授、王静副教授、李刚老师，以及丝绸之路研究院的博士和硕士研究生参加了会议，会议由卢山冰院长主持。

金鑫主任首先简要介绍了中联部、当代世界研究中心和“一带一路”国际智库合作联盟理事会的基本情况。然后重点就“一带一路”建设情况，做了题为“打造‘一带一路’升级版”的报告。

报告主要包括以下几方面内容：一是正本清源，从八个方面驳斥了国际上一些关于“一带一路”倡议的错误论调，为我们树立了正确的舆论导向；二是从四个方面介绍了“一带一路”所取得的成绩，即“通、共、实、暖”；三是阐述了“一带一路”作用，“三好”（即对中国好、对沿线国家好和对世界好）及“四大考虑”；四是明确了下一步“一带一路”建设如何走深走实，以及需要重点把握的问题。

新华社、凤凰网、《陕西日报》、西安电视台等多家媒体记者也应邀参加座谈会。

13. 中国维和警察培训中心何银副教授到访丝绸之路研究院并做专题讲座

2018年11月21日，中国人民警察大学中国维和警察培训中心副主任、国际关系学博士、维和学硕士研究生导师、中国联合国协会理事何银先生到访丝绸之路研究院，就“维和行动与国际文物安全保护”做专题讲座。丝绸之路研究院卢山冰教授、赵斌博士，西北大学中东研究所黄民兴教授、王猛副研究员，信息学院刘宝英教授，文化遗产学院赵丛苍教授、梁云教授、刘卫红副教授等相关专家参加会议，并进行深入交流，会议由中国西部发展研究中心“一带一路”研究院李韬先生主持。

会上，何银博士做了主题为“维和行动与国际文物安全保护”的报告，报告分为三个部分：一是维和行动理念与实践演进，二是中国的维和外交，从反对到引领，三是维和中的文物安全保护问题。

报告中，何银博士结合自己在海外维和的亲身经历，生动地阐述了联合国维和行动与国际文物安全保护的重要性，并指出国际维和行动在发展，中国将在国际维和行动中越来越积极。国际文物安全保护绝不能主要依靠维和力量的武力保护，国际组织里权力的核心在民事，在国际文物保护方面，中国一定要向文物安全、文化延伸，这才是整个中国维和事务更加全面的蓝图。报告结束后，西北大学丝绸之路研究院卢山冰院长对何银博士在维和工作上的贡献表示了敬意，并对何银博士这一次搭建平台，使西北大学在文化遗产保护和维和工作紧密结合的推动上表示了感谢。

在随后的专家自由座谈环节中，文化遗产学院赵丛苍教授、梁云教授、刘卫红副教授均认为维和工作和文物安全是有智慧的人提出的智慧理念，也是世界社会发展阶段中会出现的理念，他们也表示可以把此次座谈作为双方合作的新起点，建立共通的安全体制。

14. 俄罗斯国际关系专家莉哈切娃到访丝绸之路研究院

2018年10月23日下午，俄罗斯国际关系专家莉哈切娃访问丝绸之路研究院，受聘为丝绸之路研究员，并发表“北海航道”主题的演讲。研究院副院长蔡艳彬主持了本次活动。

在聘任仪式上，丝绸之路研究院副院长蔡艳彬发表欢迎辞，并为莉哈切娃颁发了西北大学丝绸之路研究院兼职研究员聘书。

莉哈切娃的主题演讲主要围绕北海航道的路线、历史、发展潜力、存在问题、未来前景及合作展开。她认为陆上丝绸之路建立了中亚中欧之间的密切联系，北海航道同样在海运方面也为国际之间的交流与沟通提供了便利的条件。目前，中日韩等国家都建立了友好合作关系，合作投资项目包括港口投资、铁路建设及能源资源的开发。

15.“一带一路”建设五周年成果发布会

2018年9月5日下午，陕西高校“一带一路”智库机构联盟和西北大学丝绸之路研究院共同主办的“‘一带一路’建设五周年成果发布会”在丝绸之路研究院成功举行。本次发布会由丝绸之路研究院院长卢山冰主持。发布会伊始，卢山冰院长首先对出席此次会议的嘉宾和媒体表示欢迎，并表示此次成果发布会是对“一带一路”建设五年来的回顾，同时也是对中国、陕西高校“一带一路”智库研究机构的深度研究。

西北大学党委常委、副校长常江在发布会上致辞。常江校长首先对到来的领导、专家和各媒体表示感谢；其次对西北大学的历史做了一个简单讲解，西北大学将“公诚勤朴”的办学理念与“一带一路”精神相契合，在全国高校“一带一路”智库排名中西北大学丝绸之路研究院位列第四。常校长表示，此次成果发布会非常有意义，希望“一带一路”相关智库能够继续努力，积极推进“一带一路”建设。

西安市发改委副主任赵寅科表示：西北大学作为老牌名校，影响力全国闻名，而且西北大学为全省乃至全国培养了大量的高质量人才。在“一带一路”西安高校智库机构中，西北大学丝绸之路研究院更是起到领头羊的作用。西安市发改委与西安建设“一带一路”办公室可以与西北大学就“一带一路”发展建设方面加强合作，并希望与西北大学展开全方位合作，希望西北大学能尽快成立“一带一路”智库平台，为大西安建设建言献策。

最后，卢山冰对陕西“一带一路”建设五年来所出成果进行发布并对发布会做了总结。

六、科研成果

（一）著作

1. 卢山冰：《“一带一路”国家新区发展报告（2016—2017）》，西北大学出版社，2018年版。

内容摘要：本书从发展规划、经济数据、政策出台等多角度对现已批复的国家级新区的基本状况进行了梳理，了解各国家级新区在基础条件、新区架构、规划战略、发展路线、产业选择、建设推进等方面的普遍做法、一般规律和相互差异，找出每个国家级新区建设上的创新之处、独特之处和先进做法，以期为各个国家级新区建设，尤其是西咸新区的战略决策、规划调整、产业引导、效率提升、效益提高等提供切实可行的对策和建议。

2. 赵斌：《汉唐胡服研究》，西安交通大学出版社，2018年版。

内容摘要：汉唐胡服，系指汉唐时期中国古代北方及西北诸族的服饰文化而言。因其曾对东、西方服饰文化，尤其是中原服饰的发展多次产生过类似“胡服骑射”等重大而具有变革性的影响，在中国古代文化发展中具有十分重要的影响和地位。本书在以往研究成果的基础上，选择汉唐胡族服饰为研究对象，采取历史文献与考古材料相结合的方法，在广泛收集正史、类书、文集和传世画作等各类图文资料的基础上，充分利用壁画、陶俑及出土服装实物等相关文物考古资料，以图像研究为切入点，力求以小见大，尽可能地还原这些民族的服饰情态，进而从文化学、社会学和心理学的角度深入分析和讨论汉唐时期胡服与中原服饰文化的交流互动及相互作用，从理论的高度认识其对中国古代服饰的影响与地位。

（二）论文

1. 卢山冰：《文化产业助力“一带一路”的机理与路径》，《文化产业研究》2019年6月。

2.《“互联网+”驱动下的产业变革分析》，《人文杂志》2019年4月。

内容摘要：“互联网+”是新一代信息技术产业和传统产业融合的标志，是对要素资源的优化配置，是与实体经济的深度融合。本文总结了“互联网

+”与传统产业相互融合的主要类型，对“互联网+”驱动下的产业变革机理进行分析，提出“互联网+”在我国未来发展的路径选择。在“互联网+”驱动下引起的产业变革，将推动新常态下我国未来经济走向新的征程，促进我国经济实现和谐、可持续、健康发展。

3.《“一带一路”战略背景下开展国际经济与贸易专业OBE教育的新要求与对策》,《科技风》2019年1月。

内容摘要：自“一带一路”倡议提出以来，我国对外经济与贸易发展呈现出许多新特点，对国际经济与贸易专业人才实践能力的培养提出了新的要求，包括语言沟通与交流的实践能力，国际贸易人文地理知识运用的实践能力，互联网知识学习与运用的实践能力以及创新意识与创新创业实践能力等。在本科教育教学中深入推行OBE教育，正是适应这一新要求的有效举措，为此，文章提出以OBE教育理念为指导，开展适应国际化需求的课程体系改革、借力互联网的多样化学习方式探索、“一带一路”战略和“创新创业”需求的师资队伍建设和积极融入国家创新知识体系建设等对策建议。

4.《中国乘用车市场需求及兼并重组福利效应模拟》,《系统工程》2018年12月。

内容摘要：为探究汽车产业兼并重组的市场影响和社会福利效应，本文将数值模拟方法应用于经济分析，建立Logit模型，利用中国乘用车市场2008—2017年的数据，进行市场需求估计、价格弹性计算和边际成本估计，以此为基础，对五大主要乘用车企业兼并重组效应进行数值模拟，并将模拟并购结果同实际并购进行对比分析。数值模拟结果表明，产品的边际成本与价格正相关，与市场份额负相关；兼并重组企业的价格涨幅高于非兼并重组企业，重组前市场份额高低将会影响重组后价格涨幅；兼并重组后企业利润水平会上升，但消费者福利将下降。文章据此对中国汽车产业兼并重组从供求、边际成本及社会福利等不同层面提出政策建议，力求为新一轮兼并重组政策的制定和实施提供有益参考。此外，模拟过程体现了Logit模型的稳定性和可靠性。

5.《西北大学智库专家服务“一带一路”》,《中国社会科学报》2018年12月。

6. 卢山冰：《主动融入“一带一路”推进陕西对外经贸合作与人文交流》，《陕西日报》（理论版）2018年9月10日。（第二作者）

7. 卢山冰：《FDI、R&D对中国汽车制造业技术创新能力的影响——加入滞后效应的考量》，《科研管理》2018年11期。

内容摘要：基于中国汽车制造业2001—2012年的数据，根据分布滞后（ADL）模型和库伊克模型的思想，以AIC、SC信息准则为标准选择最优滞后阶数，研究加入滞后效应考量的情况下，FDI、R&D对中国汽车制造业技术创新能力的影响。研究表明：FDI对中国汽车制造业技术创新能力的影响随着时间累积整体表现出增强趋势，即存在滞后效应，且主要体现为对创新竞争力的正向影响较显著，对核心技术水平和技术创新产出能力的影响始终不明显；R&D对中国汽车制造业技术创新能力的提升具有显著的正向影响，影响强于FDI且存在滞后效应。中国汽车制造业应积极引导外资流向产业研发机构，提高外资用于创新投入的比例；加大R&D投入，着重依靠自主创新，从根本上提升技术创新能力。

8.《中国的北极政策和与北极国家合作基础研究》，《新西部》2018年11月20日。

内容摘要：本文概述了北极区域的界定，阐述了中国政府的北极政策。中国愿意和有关各方更好地参与北极治理，与国际社会一道共同维护和促进北极的和平、稳定和可持续发展。文章认为中国与北极国家已经有了很好的合作基础：中国在科学考察领域已经与北极国家有了合作基础；与相关国家达成了开展合作的战略意向和声明；北极相关国家领导人明确表示希望和中国加强合作的愿望；中俄两国在“北极航道”和“冰上丝绸之路”上达成了重要共识并开展了积极探索和试航。

9. 卢山冰：《主动融入“一带一路”推进陕西对外经贸合作与人文交流》，《陕西日报》（理论版）2018年9月10日。（第二作者）

10. 席会东：《中世纪的新图景：维斯孔特世界地图》，《地图》2018年第5期。

内容摘要：中世纪欧洲的世界地图往往由教会神父和神学家编绘，多以宗教书籍附图的形式存在。9世纪以后，地图才开始单独收藏编目并日益专门化。意大利热那亚地理学家和制图学家维斯孔特（Pietro Vesconte）是欧洲最早编绘独立地图，并在图上署名的职业地图学家。他在威尼斯编绘了一系列世俗性城市图、区域图集和世界地图，开创了反映中世纪晚期欧洲航海实践的波特兰海图，对14—15世纪意大利和加泰罗尼亚的地图编绘产生了重要影响。

11. 席会东:《宋元明地图中的西域观》,《学术月刊》(CSSCI)2018年第11期。

内容摘要：古地图不仅是古代地理状况的反映，也是政治权力和地理观念的表达。汉代张骞凿空西域以来，中原王朝对西域的政治关怀、中原士人对西域的历史书写和知识关注从未中断。汉唐时期的西域地理图籍因年代久远、写本时代文献传存不易而未能流传至今。宋元明时期，中原王朝和西域民族政权都有西域图籍传世，分别表现了不同的西域景观和西域观念。并未实际掌控西域的宋、明王朝在其疆域图中往往表现汉唐时期的西域历史镜像，突出中原王朝经营西域的文治武功，彰显西域是中原王朝故土的政治观念，寄托中原王朝“徕远人、致殊俗”的政治理想。元代西域地图受中国地图和阿拉伯地图的双重影响，表现西域突厥化、蒙古化的地理现实。明代西域行程图重在表现明代广义西域的交通、城镇、物产与族群地理现状，反映元明时期西域突厥化和伊斯兰化的现实情景。宋明学者的知识关怀和元明王朝的政治经略是该时期西域地理图籍传承和发展的主要动力，而西域也在不同朝代、不同类型、不同知识体系的地图中呈现出历史与现实、故土与异域相互交错的地理景观。

12. 席会东:《古都西安与丝绸之路》,《中国古都研究》2018年第2辑。

13. 席会东:《图绘俄罗斯与内陆亚洲——1584〈俄罗斯与鞑靼地图〉》,《地图》2019年第2期。

内容摘要：16世纪开始，随着欧洲的地理大发现和对外扩张以及科技的进步.欧洲人也开始扩展自己的地理知识边界，以奥特柳斯（Abraham Ortelius）为代表的地图学者编绘《寰宇大观》等百科全书式的地图集，整理欧洲古典时期和中世纪的地图遗产，并反映欧洲最新的地理发现，欧洲地图上旧大陆的地理空白和盲区被补齐和重新建构，并与新大陆地理知识相衔接，形成了相对完整的世界拼图。

14. 席会东:《宋代都城图中的盛世记忆与故国幽思》,《地图》2019年第5期。

内容摘要：宋人编绘的都城图既有描绘当朝都城的地图，如《京城图》，又有表现前朝都城或文化圣城的历史地图，如《长安城图》《东京旧城之图》《鲁国之图》。当朝城图主要描绘代表皇权和中央权力的都城宫阙、衙署布局、城防，历史城图则主要描绘前朝都城宫殿、古迹、山水、盛景，或用于展示都城繁华，或用于通经明史、追忆盛世、缅怀圣贤，寄托政治理想。这些地图在一定程度上也反映出宋代地图学的发达与文化的繁荣。

15. 席会东:《帝国盛景：文艺复兴时期的〈亚历山大大帝远征图〉》,《地图》2019年第5期。

内容摘要：亚伯拉罕·奥特柳斯（Abraham Ortelius，1527—1598年）是16世纪尼德兰地图学派的开创者和尼德兰地图黄金时代的奠基人，他所编绘的《寰宇大观》（Theatrum Orbis Terrarum）是西方第一部近代地图集和尼德兰地图学的奠基之作，在西方地图史上具有极其深远的影响，就如同《广舆图》在中国地图史上的地位一样。

16. 王晶:《敦煌图经中的景观与权力》,《中国历史地理论丛》2019年第2辑。

内容摘要：敦煌遗书P. 2005号《沙州都督府图经卷第三》地理要素之间存在着互现、连动关系，借助这种互现关系可以对P. 2005号中的缺失部分以及《沙州归义军图经》进行复原。敦煌图经在修撰过程中，增删变化突出的是两个部分，一是官员的政绩景观，二是地方人文景观。官员对图经的渗透作用较为明显。随着图经的不断修订，政绩景观逐渐隐退，人文景观得以长久存续。“图”未能全面逐一绘制“经”中的地理条目，也无法对“经”内部的权力关系进行地图式的转写与表达。“经”彰显地方社会权力的功能是“图”无法实现的。

17. 王蕾:《河陇丝路北线景泰县境内关津的古今交通》,《景泰文化》2018年第6期。

内容摘要：河陇丝路北线的景泰县位于甘肃省白银市西北端，北临内蒙古自治区大片的腾格里沙漠；东北直通宁夏回族自治区的中卫市；西接武威市的古浪县与天祝藏族自治县；南通兰州市的永登县、皋兰县；东面同是位于白银市的靖远县，两县以黄河为界。考虑黄河两岸的地形与交通情况，论述北周、隋唐时期兴盛的乌兰关，会宁关，以及明清时期兴盛的索桥堡，在景泰县境内丝绸之路东西交通上起到了重要的沟通作用。

18. 郑红翔:《20世纪90年代以来英语学界对“丝绸之路”中国段的研究》,《国际汉学》2019年第3期。

内容摘要:“丝绸之路”作为一个长时段、多领域的研究专题，在国内外受到众多学者的关注。本文收集了20世纪90年代以来与中国史相关的重要英文成果，按研究对象分类，对各成果的主要内容、贡献和不足分别予以评述。通过对这部分西方研究成果的梳理，可以看到近年来多数研究集中在考古、艺术、宗教和文化交流领域,“物质文化”的研究也开始增多。

（三）资政报告

1.《我省应尽快制定“一带一路”行动方案升级版，推动“三个经济”高质量发展》，2019年1月获西安市人大常委会胡润泽主任的批示。

2.《关于西安建设成“一带一路”倡议践行区和示范城市的建议》，2019年1月获西安市人大常委会胡润泽主任的批示。

3. 卢山冰，张婉婷，陈珊:《哈俄日美媒体关于纳扎尔巴耶夫总统辞职的原因、后纳扎尔巴耶夫时代研判》，2019年3月省委办公厅采纳。

4.《托卡耶夫的简介及和中国领导人的交往》，2019年3月省委办公厅采纳。

七、教学成果

研究院的招生层次包含硕士研究生和博士研究生，目前在校生共29人，其中来自俄罗斯、韩国、乌兹别克斯坦和越南等国的学生6人。2018年9月至2019年7月开设课程共12门，其中中国民族史、中外关系史、中国历史地理、丝绸之路与边疆学专题、民族学概论和宗教与生死学专题为研究院精品课程。

李海波教授开设的课程“宗教与生死学”探讨宗教如何在解决人类终极问题的同时给人类提供针对个体乃至群体跨越死亡的帮助。课程让学生在掌握各宗教原理的基础上，了解各宗教对死亡的解读，熟悉各宗教的死亡理论，理解各个宗教超越死亡的具体实践之后的理论支撑；理解各宗教对中国生死视域的改变和对死亡处理方式的影响；结合现代死亡学的发展，思考宗教和死亡学的关系。学生学习该课程后，能够对各个宗教有关生死的理论以及实践有宏观了解，深刻理解中国死亡观的形成和演变过程以及中国死亡文化的主要内容。能够运用历史学、宗教学、生死学、心理学、哲学、社会学等多学科的方法进行跨学科研究。

席会东副教授开设的课程“中国历史地理专题”主要阐述古都西安三千年建城史，周丰镐、秦咸阳、汉长安、唐长安四大盛世王朝都城的兴起与选址、形态与功能、规划与遗产；丝绸之路历史地理，设计绿洲之路、海上丝路、草原之路和高山峡谷之路的开辟、发展与繁荣，包括周秦时期的玉石之路、青铜之路、黄金之路，汉唐宋元时期的丝绸之路、陶瓷之路、香料之路，明代的银瓷之路等；东西方古地图的交流与比较，欧亚非大陆和新大陆地理知识的传播等。

赵斌副教授和任宝磊讲师开设的课程“中国民族史”主要讲授中国古今各民族的起源、形成和发展历史，各民族的政治、经济与文化专史，以及民族关系与文明交往等内容。学生通过学习本课程，得以了解各民族相互依存、相互交流，共同创造中华民族的历史过程，增进学生对中国多民族统一国家形成、发展，并不断巩固的历史过程的认识，进而树立中华民族多元一体发展格局的观念，把握中国历史发展的整体性，增进民族自豪感和国家认同感，自觉维护民族团结和国家统一。此外，教学中侧重培养研究生系统学习本专业基本史料、理论和方法，打下坚实、宽广的业务基础；具备独立从事中国民族史教学和研究的能力。

王晶讲师教授的课程“丝绸之路与边疆学专题”以汉唐为主，借助丝绸之路这条明线，并辅以边疆学这条暗线，通过系统介绍丝绸之路与边疆的历史、经济、民族、宗教、文化、制度以及相关研究热点，使学生能够较为全面地把握丝路历史与文化。课程介绍汉唐丝绸之路的基本文献与碑刻资料，通过专题研究的形式，让学生掌握丝绸之路研究的基本内容与方法。在授课过程中，注重运用基本文献来进行史学分析，对于典型史料进行解读，训练提取知识与信息的能力。

西北师范大学中亚研究院

Institute of Central Asian Studies of
Northwest Normal University

一、机构概述

西北师范大学中亚研究院（以下简称“中亚研究院”）成立于2016年4月，是学校重点建设的人文社会科学基地之一，也是学校服务“一带一路”倡议的重要智库。

西北师范大学地处丝绸之路黄金段，在中亚研究方面具有良好的学科基础。西北师大中亚研究院成立三年多来，主要集中开展东干语言与文化研究、中亚法律翻译与研究、中国与中亚跨境旅游开发与研究、中亚历史与丝绸之路文明史研究，成果突出，在学术界享有良好声誉。

2019年西北师范大学中亚研究院学术委员会研究讨论，对其下设的研究中心进行了优化调整。目前，中亚研究院共设五个研究中心，分别是中亚政治与法律研究中心、中亚经贸与旅游研究中心、中亚语言与跨文化研究中心、中亚民族与历史研究中心、中亚汉语国际教育中心。

中亚研究院主办《中亚研究通讯》，定期发布有关中亚研究的学术动态和最新研究成果，搭建学术交流平台。

二、学术活动

1. 第二届中国与中亚人文交流与合作国际论坛

2018年9月7—10日，第二届中国与中亚人文交流与合作国际论坛在甘肃敦煌召开，该论坛是2018年丝绸之路（敦煌）国际文化博览会系列活动之一。

论坛由西北师范大学与中国社会科学院中国边疆研究所、敦煌研究院、吉尔吉斯斯坦国立民族大学、哈萨克斯坦塔拉斯师范大学联合主办，西北师范大学中亚研究院、敦煌学院，敦煌研究院丝绸之路与敦煌研究中心、《中国边疆史地研究》编辑部、吉尔吉斯斯坦国立民族大学吉中“一带一路”研究中心承办。来自吉尔吉斯斯坦国立民族大学、吉尔吉斯斯坦比什凯克人文大学、哈萨克斯坦塔拉斯国立师范大学、哈萨克斯坦塔拉斯大学、乌兹别克斯坦国立塔什干东方学院、俄罗斯冬宫博物馆中亚与高加索馆和北京大学、中国人民大学、南京大学、复旦大学、北京师范大学、中央民族大学、华东师范大学、兰州大学、华南师范大学、陕西师范大学、新疆大学、西北师范大学、北方民族大学、中国社会科学院、国务院发展研究中心、敦煌研究院、甘肃省简牍博物馆、人民日报社、光明日报社等5个国家50余所高校和科研机构、媒体的140多名专家学者参会。

西北师范大学副校长田澍教授主持开幕式。西北师范大学校长刘仲奎教授、敦煌市副市长成兆文、中国社会科学院中国边疆研究所所长邢广程研究员、吉尔吉斯斯坦国立民族大学校长Kanat Sadykov教授、哈萨克斯坦塔拉斯国立师范大学历史系主任Tokbergenova Zagira博士、敦煌研究院副院长张先堂研究员出席开幕式并分别致辞。

刘仲奎校长指出，“一带一路”倡议的实施，使中亚研究成为新的学术热点。2016年，西北师范大学整合校内外研究力量组建成立中亚研究院，已成为学校与中亚国家开展人文交流与合作的重要平台。学校和敦煌市人民政府在敦煌联合建立的西北师范大学敦煌学院，在敦煌壁画临摹与敦煌舞教学方面成效显著。2017年12月，西北师范大学与吉尔吉斯斯坦国立民族大学在比什凯克共同主办了首届“中国与中亚人文交流与合作国际论坛”，形成了一些重要成果。衷心希望本次国际论坛，通过深入研讨，在彼此尊重文化多样性、平等性、包容性的基础上，架起中国与中亚国家人文交流合作的桥梁，成为开放、包容、均衡、普惠的人文交流合作的重要学术平台，并以此为契机，探索“一带一路”沿线国家人文交流合作的新途径，促进各国人民相互理解和相互欣赏，实现互信互敬、民心相通、合作共赢。

中国人民大学王子今教授、南京大学刘迎胜教授、张先堂研究员、邢广程研究员、西北师范大学中亚研究院李建民研究员、俄罗斯冬宫博物馆中亚分馆长Pavel Lurje研究员、北京大学希腊学研究中心Elene Avrami Dou教授、中国社会科学中国边疆研究所李大龙研究员、中国人民大学刘后滨教授、首都师范大学张萍教授、甘肃简牍博物馆张德芳研究员、国务院发展研究中心许涛研究员和西北师范大学中亚研究院王宗礼教授、武和平教授等14位专家分别作了主旨报告。

与会专家还分组围绕“丝绸之路历史文化与文明交流”“当代中国与中亚人文交流”主题，就“丝绸之路”历史演进和发展轨迹、历史影响和现实意义，地理历史考察、考古与文化遗产保护、文化旅游，“一带一路”欧亚合作，中国和中亚关系，“一带一路”机遇与挑战等开展了研讨，阐述了“丝绸之路”对欧亚文明交融的重大影响和“一带一路”倡议对沿线国家人文交流的现实意义，分析了当前中国与中亚人文交流的机遇与挑战，提出了进一步拓展中国与中亚人文交流合作的思考、见解和观点，形成了诸多共识。

田澍副校长在闭幕式致辞中表示，西北师大中亚研究院将继续秉持开放、创新、合作的理念，立足学校学科优势，重点在中亚法律、中亚旅游、东干语言文化、丝绸之路文明等方面开展工作，努力将中亚研究院打造成为以中亚为核心，面向丝绸之路沿线国家和地区，集科学研究、人才培养、社会服务为一体的高端智库，成为中国与中亚国家开展人文交流与合作多学科交融的重要平台。

2. 第二届“一带一路”高校联盟国际书画展

2018年9月8日，甘肃省文博局、甘肃省教育厅主办，西北师范大学中亚研究院和美术学院承办的第二届“一带一路”高校联盟国际书画展在甘肃省敦煌市开展。

该画展也是第三届丝绸之路（敦煌）国际文化博览会系列活动之一。西北师范大学校长刘仲奎教授、副校长田澍教授和甘肃省文化博览会展策划处处长何毅、敦煌研究院美术研究所所长马强和国内外嘉宾200余人参加开幕式。

开幕式上，哈萨克斯坦塔拉斯师范大学潘萨耶夫教授将他的油画作品《馕》赠给西北师范大学收藏。展览以“丝路·敦煌·大学”为主题，旨在加强“一带一路”沿线国家的文化艺术交流，增进世界各国之间的友好往来。书画展共展出了来自哈萨克斯坦塔拉斯国立师范大学、日本京都造型艺术大学、乌克兰基辅工艺美术学校、乌克兰基辅美术与建筑大学、乌克兰美术家协会和我国新疆师范大学、石河子大学、陕西师范大学、西北大学、宁夏大学、青海师范大学等14所高校教师创作的中国画、油画、水彩画、水粉画、书法、综合媒材等60余幅作品。

3. 哈萨克斯坦国家历史研究院院长阿亚汗教授来访交流

2018年9月28日，中亚研究院特邀哈萨克斯坦国家历史研究院院长阿亚汗教授、卡里耶娃教授来西北师大中亚研究院访问，并与学校师生进行座谈交流。座谈会由历史文化学院副院长刘再聪教授主持，西北师范大学社科处李玉璧教授，历史文化学院李并成研究员、张玉霞副教授、张荣副教授、鲁宸伊老师以及中亚研究院研究生、哈萨克斯坦留学生等60多人参加了座谈会。

阿亚汗院长对学校在中亚研究领域取得的成就给予了肯定，他指出："中国是哈萨克斯坦旁边的一个大国，哈萨克斯坦有一句老话，一个友好的邻居是十分重要的。"李并成研究员谈道：中国也有句老话，远亲不如近邻。中哈两国间向来睦邻友好联系紧密，那扎尔巴耶夫总统曾在北京奥运会火炬传递期间担任火炬手。哈萨克族作为跨境民族在中国西北地区分布广泛，甘肃省就有一个阿克塞哈萨克族自治县，哈汉两个民族团结友好，和睦共处。哈萨克斯坦境内分布着诸多古丝绸之路的遗址，对于丝绸之路相关研究具有重要价值，李并成研究员希望双方能够联合对哈方境内的丝绸之路遗址展开考察。

阿亚汗院长对李并成研究员的发言表示了认同，并从国际关系角度谈道："历史上中哈两国从来没有爆发过冲突，两国也没有领土冲突。哈方羡慕中国在经济建设上取得的巨大成就。"阿亚汗院长还详细了解了哈萨克斯坦留学生的学业水平与就业情况等相关问题。座谈会最后，阿亚汗院长与卡里耶娃教授代表哈萨克斯坦国家历史研究院向中亚研究院和历史文化学院赠送了学术著作与木雕徽章。

4. 丝绸之路与西北城市史学术论坛

2018年10月20—21日，由西北师范大学中亚研究院、甘肃省历史学会主办，西北师范大学历史文化学院承办的"丝绸之路与西北城市史学术论坛"在兰州召开。来自首都师范大学、中国地方志指导小组办公室、天津大学、天津师范大学、新疆师范大学、兰州大学、西北民族大学、甘肃省社科院、甘肃省博物馆、敦煌研究院、《学术研究》编辑部和西北师大历史文化学院等高校科研机构的80余位专家学者参会。

西北师范大学副校长田澍教授在“新时代丝绸之路城市史研究的重要意义”主旨发言中称，丝绸之路的历史是一部城市发展的历史，城市在丝绸之路的发展中发挥着重要的作用。“丝绸之路与西北城市史研究”不是“丝绸之路”研究与“西北城市史”研究二者之间的简单并列，这就要求我们从丝绸之路的宏大视野来观察西北城市的演进脉络，从西北城市史中的具体问题切入进而深化丝绸之路的研究。

揭示西北城市史的特色，是与会学者共同探讨的话题。首都师范大学张萍在“明代‘府卫同城’城池形态及其职能分工：以陕西布政司为中心”的发言中，提出了明代西北城市出现“府卫同城”的特点，认为这与西北地处边疆和民族地区的政治形势紧密相关。天津师范大学张献忠比较天津和兰州在城市发展中的异同，认为国家—市场视域的理论有助于解读城市史发展中的诸多问题。

扩充史料和更新研究方法，是推动城市史研究的重要基础。甘肃省社科院郝树声研究员从敦煌市悬泉置遗址出土简牍所载丝绸之路上的驿站管理和使者接待的“细节”入手，认为官方和政府力量的介入是丝绸之路保持畅通和繁荣的保证，展现出出土简牍材料在城市史研究中的重要性。西南大学周勇教授在其报告《影像史与城市史的交叉融合：以战时美国影片〈苦干〉中的西北城市为例》中认为，影像资料的使用是当下城市史研究的必然趋势，一方面补充了史料的不足，另一方面提供了从外在视角观察中国城市“景观”的新路径。将有关长城的文字文献与实地调查所得进行数据化处理，可以有效地推进相关课题的深入展开，天津大学张玉坤教授讲授《明长城防御体系与军事聚落》向与会者展示了信息统计技术在长城和城市史研究中的具体使用情况。

5. *新闻媒体联合采访中亚研究院*

2018年12月3日，新华网、人民网、中国社科学术网、中国教育报、中国社会科学报、《甘肃日报》、甘肃广播电视总台等新闻媒体联合采访报道了西北师范大学中亚研究院近年在打造特色鲜明智库，用“教育的声音”讲好中国故事方面所取得的显著成绩。西北师范大学副校长、中亚研究院院长田澍教授、国际交流合作处权晓辉处长、旅游学院院长把多勋教授、国际文化交流学院院长武和平教授、中亚研究院李玉璧研究员、历史文化学院马玉凤博士等参加了本次联合采访。

6. 嘉峪关与明代丝绸之路高层论坛

2019年7月26—28日，由中亚研究院、《中国边疆史地研究》编辑部、甘肃省历史学会主办，西北师范大学历史文化学院、天津大学建筑学院、嘉峪关长城博物馆承办的“嘉峪关与明代丝绸之路高层论坛”在嘉峪关举办。来自中国社会科学院、南开大学、中国人民大学、故宫博物院、天津大学、暨南大学、吉林省社会科学院、西北师范大学等单位的专家学者80余人参加论坛。

嘉峪关市副市长邓曙光教授，甘肃省历史学会会长、西北师范大学副校长田澍教授，《中国边疆史地研究》主编李大龙研究员，天津大学建筑学院张玉坤教授先后致辞。

田澍副校长在致辞中说，举办此次研讨会，进一步突出了嘉峪关在丝绸之路安全方面所发挥的独特作用，进一步突出了嘉峪关在明代陆路丝绸之路上的特殊地位，进一步突出了这一时期嘉峪关的世界形象。

廊坊师范学院、南开大学南炳文教授作了题为“明代开展朝贡活动的三点评论”的报告，西北师范大学田澍教授作了题为“嘉峪关：明代绿洲丝绸之路上的设防门户”的报告，安徽理工大学、澳门科技大学柏桦教授作了题为“明‘私出外境及违禁下海’律例与对外贸易”的报告，吉林大学王剑教授作了题为“从嘉峪关内到山海关外：晚明时代的中国北部治理”的报告，故宫博物院章宏伟研究员作了题为“《蒙古山水地图》的性质及绘制年代”的报告，暨南大学刘正刚教授作了题为“嘉靖前期甘肃卫所与朝贡贸易的变化：以律例为中心”的报告，长江师范学院张明富教授作了题为“明代商人的行为模式”的报告，天津大学张玉坤教授作了题为“明长城军事聚落的层次体系和GIS数据库构建”的报告，西北师范大学李并成研究员作了题为“关于嘉峪关旅游业发展的若干思考和建议”的报告。

与会专家学者围绕嘉峪关与明长城研究、明代丝绸之路研究、陆路与海上丝绸之路比较研究等专题进行了讨论，就嘉峪关历史资源如何服务于“一带一路”建设提出了建设性意见。

7. 中亚国家法官代表团来访交流

2019年8月12日，由乌兹别克斯坦和摩尔多瓦14名法官组成的代表团在甘肃省高级人民法院、甘肃省法官学院领导陪同下，来到西北师范大学中亚研究院和法学院进行访问交流。此次活动是在全面推进“一带一路”倡议，深化司法领域国际合作形势下，由商务部国际商务官员研修学院和国家法官学院举办的中亚国家法官研修班的系列活动之一。

访问期间，代表团参观了西北师范大学校史馆、博物馆，对学校的悠久历史和发展现状以及优美的校园环境给予了高度评价，在座谈交流环节，法学院党崇武副院长代表学院向两国法官介绍了学校法学教育的发展历史、学院发展现状以及法律人才培养方面相关情况。摩尔多瓦最高法院副院长薇耶鲁·塔吉亚娜女士介绍了本国法院的基本情况、法官的选拔、培训、考核机制以及法院的信息化建设等情况。乌兹别克斯坦最高司法委员会法官穆扎发尔·阿赫穆迪亚诺维奇先生对本国司法现状和法官遴选、培训等方面情况做了较详细的介绍。

在互动中，师生围绕“一带一路”倡议、法治建设和法学教育主题与两国法官进行了深入交流和探讨，现场气氛热烈、发言踊跃，良好效果。

8. 第三届中国与中亚人文交流与合作国际论坛

2019年9月20日，由哈萨克斯坦塔拉斯国立师范大学、吉尔吉斯斯坦国立民族大学和西北师范大学中亚研究院联合举办的第三届“中国与中亚人文交流与合作国际论坛”在哈萨克斯坦塔拉斯国立师范大学成功举办。

哈萨克斯坦江布尔州副州长库尔曼别科娃·苏卢莎什·萨特别科夫娜（Курманбекова Сулушаш Сатбековна）、塔拉斯国立师范大学校长耶尔然（Ержан Әмірбекұлы）、吉尔吉斯斯坦国立民族大学校长助理奥尔穆舍夫·卡尔努尔·克尔季别科维奇（Ормушев Калнур Келдибекович）和西北师范大学国际交流高级顾问权晓辉分别在论坛开幕式上致辞。来自德国、吉尔吉斯斯坦和哈萨克斯坦的专家学者300余人参加论坛开幕式和小组讨论。

本届论坛围绕“一带一路”倡议与人类命运共同体建设、当代中国与中亚国家文化教育合作、丝绸之路上的历史与文化交流主题，对中国与中亚国家文化及教育合作的机遇和途径进行了深入研讨，提出了惠及参与各方人文交流的构想与合作框架。与会各国代表一致认为，连续三年举办的“中国与中亚人文交流与合作国际论坛”已成为促进中亚丝路沿线国家人文交流和教育合作的重要平台。

三、编译出版《吉尔吉斯斯坦常用法律》

编译出版“中亚国家法律文本翻译丛书”是西北师范大学中亚研究院服务“一带一路”倡议的重大举措，是发挥高校人才和智力优质，主动服务国家战略的具体体现，是在推进基础设施“硬联通”的同时，加强政策、规则和标准“软联通”的务实之举，是对“一带一路”建设从“大写意”到“工笔画”的具体落实。

“中亚国家法律文本翻译丛书”由西北师范大学副校长、中亚研究院院长田澍教授总体策划、主编。项目实施中得到了西北师范大学党委书记张俊宗教授、校长刘仲奎教授的大力支持和悉心指导。甘肃省委书记林铎在听取汇报后，对该项目给予了充分肯定。甘肃省政协主席欧阳坚一直关注该项目的进展情况。教育部副部长钟登华来校调研时，对学校组织翻译中亚五国法律的工作给予了高度评价。

《吉尔吉斯斯坦常用法律》是该丛书中的第一部中译本，包括吉尔吉斯斯坦共和国家庭法、移民法、劳动法、公司经营法、投资法、矿产资源法、税法、海关监管法、许可证制度法、民事诉讼法等10部常用法律。《吉尔吉斯斯坦常用法律》中文版的出版发行，对于我国企业和人员了解当地法律规定和法律环境、有效防范法律风险、依法依规开展投资贸易和民间交往意义重大，对“一带一路”建设走深走实、行稳致远必将发挥长久的基础性作用。

2019年4月19日，西北师范大学和中国政法大学出版社在京举行了该书的首发式。来自吉尔吉斯斯坦驻华使馆、中国外交部欧亚司、商务部欧亚司、中国社会科学院俄罗斯东欧中亚研究所、中国现代国际关系研究院、中国国际问题研究院、中央民族大学、中国政法大学及新华社、人民网、光明网、中国社会科学网等单位的40多位专家和媒体代表参加首发式。

在首发式上，与会专家学者对“中亚国家法律文本翻译丛书”项目给予了高度评价，认为西北师范大学中亚研究院作为高校智库，承担了国家层面的基础性工作，利用与中亚国家长期交往优势，联合国内和中亚国家法律专家，投入大量人力物力，精心谋划，久久为功。《吉尔吉斯斯坦常用法律》中译本的出版，填补了我国对中亚国家法律关注不够的不足，标志着中国和中亚国家法律交流与国际合作迈出了实质性步伐。

《吉尔吉斯斯坦常用法律》中译本的出版，也得到了吉尔吉斯斯坦国内的高度关注。吉尔吉斯斯坦驻华大使巴克特古洛娃指出，吉尔吉斯斯坦是最早支持“一带一路”倡议的国家之一，该书的出版不仅有助于在吉尔吉斯斯坦的中国公民和企业的工作和生活，而且对进一步发展吉中两国经贸文化关系具有重要意义。

吉尔吉斯斯坦外交部网站对该书的出版进行了专门报道，认为《吉尔吉斯斯坦常用法律》是中国翻译出版的第一部中亚国家常用法律文本，具有特殊意义。该书旨在扩大法律管理领域的交流，加强“一带一路”参与国的法律事务合作，使中国投资者能从中找到所有必要的法律信息。

按照“中亚国家法律文本翻译丛书”项目推进计划，中亚研究院将组织更为强大的翻译团队，力争在较短时间内完成哈萨克斯坦、塔吉克斯坦、乌兹别克斯坦、土库曼斯坦四国常用法律的编译工作。

四、智库研究成果

1. 西北师范大学中亚研究院研究员、旅游学院院长把多勋教授撰写的《建设“中国丝绸之路河西走廊国际文化旅游廊道”的初步构想》被甘肃省委办公厅《甘肃信息·今日上报》2019年第466期单篇采用，中共甘肃省委办公厅专此给学校发来感谢信。

“中国丝绸之路河西走廊国家文化旅游廊道”建设智库成果分析了中国丝绸之路河西走廊国家文化旅游廊道构建的优势，定位中国丝绸之路河西走廊国家文化旅游廊道的建设目标，并较为系统地提出了中国丝绸之路河西走廊国家文化旅游廊道的构建内容及政策建议。该成果被甘肃省委《甘肃信息·今日上报》单篇采用，标志着中亚研究院旅游研究团队的智库水平以及对国家文化旅游深度融合发展的有效影响和推动。

2. 西北师范大学中亚研究院研究员、法学院教授李玉璧主持完成的《“一带一路”甘肃地方支点建设知识产权保护工作方案与具体措施》，2019

年5月被甘肃省市场监督管理局采纳，作为“甘肃省丝绸之路国际知识产权港”建设相关政策制定的重要参阅资料使用。

该成果认为，甘肃发展的最大机遇在于“一带一路”。甘肃作为“一带一路”建设重要地方支点，如何管控和应对海外投资贸易知识产权风险，直接关系着我国与沿线国家经贸合作的成败。从政府层面，建议与沿线国家签署双边或多边投资保护协定，实现沿线国家的法制协同，为海外投资创造良好的知识产权法治环境；定期编制沿线国家投资贸易国别知识产权指导目录，加强知识产权风险评估和预警研究；建立海外投资贸易知识产权风险保险制度；建立健全知识产权保护海外维权援助机制，运用云计算、大数据和人工智能等现代科技手段，改善知识产权保护信息管理方式。从企业层面，建议加强对沿线国家知识产权法律的学习和研究，提高知识产权创造、运用、保护、管理水平；制定科学有效的海外知识产权战略，加快知识产权战略布局，为国际经贸合作赢得先机；善于利用中介机构，加强知识产权保护尽职调查；重视知识产权国际争端解决机制。大力培养既懂国际经贸管理，又懂国际知识产权保护规则的高层次人才。

3. 西北师范大学中亚研究院研究员、法学院教授李玉璧主持完成的《“一带一路”背景下我国与中亚国家投资贸易中的知识产权风险识别及应对策略》，2018年5月被甘肃省知识产权局采纳，作为甘肃省制定“一带一路”知识产权保护政策和地方性法规的重要参阅资料使用。

4. 西北师范大学中亚研究院研究员、法学院教授王兰、李玉璧合作完成的《甘肃企业“走出去”的政策法律风险研究》，得到了中共甘肃省委秘书长王嘉毅、甘肃省政府唐仁健省长的批示。该智库成果对甘肃省制定“一带一路”沿线国家开展经贸合作相关政策具有重要的参考作用。

5. 西北师范大学中亚研究院研究员、文化学院教授胡小鹏、博士生常成撰写的《开发历史文化特色资源，推动我省全域旅游发展——以永登县连城镇鲁土司衙门为例》，以及文学院雷黎明副教授、硕士生王欢撰写的《整合地方历史文化资源，探索“融合型”旅游模式——谈甘南藏族自治州旅游文化的开发》两篇智库成果（载《西北师大智库》第11期）被省委领导批示。

五、重要研究成果

1. 田澍、孙文婷:《概念史视野下的“丝绸之路”》,《新华文摘》2018第9期。

2. 田澍:《敦煌文化：丝路文明交流互鉴的典范》,《中国社会科学报》2018年12月14日。

3. 徐婧:《“一带一路”多边合作贸易互补性测度与贸易拓展研究——以中亚贸易伙伴国为例》,《上海经济研究》2019年第3期。

4. 张学鹏、路凤敏、孙玉娇:《中亚对中国贸易结构与其产业结构变化关系实证分析》,《上海经济》2019年第3期。

5. 马玉凤:《多学科视野下的中国与中亚人文交流——第二届中国与中亚人文交流与合作国际论坛综述》,《中国边疆史地研究》2018年第4期。

6. 冯玉雷:《冯雅颂新时期敦煌文学的建构与发展》,《兰州大学学报》（社会科学版）2018年第3期。

7. 侯宇:《中亚东干语言文字研究综述》,《重庆交通大学学报》（社会科学版）2019年第2期。

8. 刘利平:《丝绸之路艺术学》,《中国社会科学报》2019年7月30日。

9. 魏鹏:《丝绸之路国内段非物质文化遗产空间分布特征与格局》,《兰州文理学院学报（社会科学版）》2019年第2期。

10. 张哲玮:《我国高校丝绸之路文化传播教学的可行性探索》,《中国包装》2018年第10期。

11. 李并成:《河西走廊：站在新的历史起点上》,《中国民族报》2018年9月28日。

12. 罗润:《中国对中亚地区区域性公共产品的供给创新研究述评》,《兰州工业学院学报》2018年第3期。

13. 武和平:《变迁中的中亚语言景观》,《中国社会科学》2018年11月23日。

14. 王晶:《由中亚东干族留学生语言状况看汉语认同》,《中国社会科学报》2019年8月20日。

15. 杨鹏飞:《俄罗斯中亚战略的现实基础与政治使命》,《中国社会科学报》2018年12月14日。

16. 梁姗姗:《走向中亚：中国域外历史地理研究的新空间》,《中国社会科学报》2018年11月24日。

六、重要研究课题

1. 2019年国家社科基金项目:《中亚地区汉语继承语学习者语料库建设研究》，主持人：赵焕改，研究期限：2019年6月—2022年6月。

2. 2019年国家社科基金项目:《多元文化视野下的中亚华裔跨文化经济行为研究》，主持人：雍琳，研究期限：2019年6月—2022年6月。

3. 2019年甘肃省社会科学规划项目:《“一带一路”倡议在西亚实施的法律风险识别及应对策略研究》，主持人：王兰，研究期限：2019年8月—2020年8月。

4. 2019年甘肃省社会科学规划项目:《从犍陀罗到敦煌——丝绸之路视域下的佛教美术交流与比较研究》，主持人：岳锋，研究期限：2019年8月—2021年8月。

5. 2019年甘肃省社会科学规划项目:《敦煌瓷语——“一带一路区”背景下敦煌艺术瓷艺化传承路径研究》，主持人：孙立丰，研究期限：2019年8月—2021年8月。

6. 2019年甘肃省社会科学规划项目:《清代丝路行记中的甘肃形象研究》，主持人：邱林山，研究期限：2019年8月—2021年8月。

7. 2019年甘肃省社会科学规划项目:《丝路文化交流视野中的辞赋研究》，主持人：马晓舟，研究期限：2019年8月—2021年8月。

西南政法大学俄罗斯法研究中心

Russian Law Research Center, Southwest University of Political Science & Law

一、重要沿革

西南政法大学俄罗斯法研究中心，是经西南政法大学校长办公会议批准成立的校级科学研究机构，是我国西南地区第一个系统研究俄罗斯法学的专门性学术机构。

研究中心成立12年来，全体同仁团结一致，开拓进取，深挖特色，提升优势，已发展成为“特色鲜明、优势突出、西部一流，在国内具有重要影响力的俄罗斯法研究基地”。

二、研究方向

西南政法大学俄罗斯法研究中心重点研究方向包括：

第一，十月革命前和苏联解体后的俄罗斯私法理论与实践；

第二，1993—2006年俄罗斯联邦民法典编纂工作；

第三，自2008年以来启动的俄罗斯联邦民法典完善计划；

第四，俄罗斯（个人）信息法学；

第五，独联体示范（民）法典运动；

第六，独联体示范信息法典。

三、人员情况

西南政法大学俄罗斯法研究中心现有研究人员11人，其中教授4人，副教授7人，均具有博士学位，已形成规模严整、结构合理的研究团队。

（一）领导成员

研究中心主任：张建文（任期：2007年至今）

研究中心执行主任：张力（任期：2007年至今）

研究中心副主任：淡修安（任期：2007年至今）

研究中心副主任：涂咏松（任期：2009年至今）

研究中心副主任：刘新（任期：2013年至今）

研究中心副主任：刘秋岑（任期：2019年至今）

（二）研究团队

1. 淡修安：研究中心副主任，四川外国语大学教授，主要研究方向：俄罗斯文化、俄罗斯文学。

2. 涂咏松：研究中心副主任，西南政法大学副教授，主要研究方向：俄罗斯民法理论与实践。

3. 刘新：研究中心副主任，西南政法大学副教授，主要研究方向：国际法、欧盟法、国际航空法和国际空间法研究。

4. 刘向文：研究中心研究员，郑州大学教授，主要研究方向：俄罗斯联邦宪法与行政法。

5. 刘颖：研究中心研究员，西南政法大学副教授，主要研究方向：俄罗斯信息法学。

6. 魏磊杰：研究中心研究员，厦门大学副教授，主要研究方向：比较私法。

7. 杨艺：研究中心研究员，西南政法大学副教授，主要研究方向：俄罗斯语言文学研究。

8. 杨兴权：研究中心研究员，律师，主要研究方向：俄罗斯国家法理论与实践。

9. 张健华：研究中心研究员，法官，主要研究方向：俄罗斯私法理论与实践。

10. 刘秋岑：研究中心副主任，主要研究方向：俄罗斯法理学、俄罗斯人权法学。

四、主办刊物

西南政法大学俄罗斯法研究中心自2011年11月以来，坚持学期内每周举办一期毓秀湖畔读书会，至今共编撰《毓秀湖畔读书会参考资料》224期，供与会学生讨论学习。会后总结《毓秀湖畔读书会新闻稿》至111期，公布于俄罗斯法研究中心，为学界同仁提供交流争鸣之平台，共同推进法学研究。

五、学术活动

（一）重要学术讲座

2019年5月18日，“论道西南”十二年纪念讲座由西南政法大学民商法学院团委主办，由民商法学院副院长张力教授担任主持人。

张建文主任作为主讲人，发表了题为“阿西莫夫机器人学法则的贡献与局限：对当前人工智能的发展和意义”的演讲。张建文主任指出：阿西莫夫的机器人学三法则并非法律，更非法律原则或者法律规范，而是建立人类与机器人关系的伦理原则，体现了在机器人发展给人类带来难以清楚预估的影响面前突出和保障人类个体乃至人类整体的安全的优先价值。阿西莫夫透过机器人学三法则的警告和教诲，在人工智能发展面临革命性突破的今天并未过时，而是应当成为创制规范人工智能研发、资助、产品制造、商业化与应用等方面人类与机器人关系中的伦理规范和法律规范的基础。没有安全保障的发展，很难有真正有意义的发展。重申人类尊严和安全的优先价值，重新确立人类中心主义的伦理与立法价值，并非是不合时宜的。侯东德教授等五位评议人各自对演讲内容作出点评。

（二）参加学术会议

1. 张建文主任应邀参加第七届亚太地区隐私保护学者联盟国际会议

2018年10月19日，第七届亚太地区隐私保护学者联盟国际会议在南京邮电大学举行。会议由亚太地区隐私保护学者联盟主办，南京邮电大学信息产业发展战略研究院、南京邮电大学科研院承办，西南政法大学中国信息法治研究所等单位协办，张建文主任受邀参会并作“从隐私权的立法与司法实践看新兴权利保护的综合方式”主题发言。

张建文主任提出，从新兴权利保护的角度看，隐私权在我国逐渐引入、被接受、被发展的历程，是研究新兴权利保护方式的最佳标本。从最初的附属于既有人格权的方法、值得法律保护的合法利益的方法、援引宪法基本权利条款的方法、司法判决创设权利的方法，到民事立法上的法定权利、宪法上的隐私权、行政法上的隐私等实在法权利的方法，纷繁不一，杂然有序。由于隐私权规范的立法局限，直到现在，隐私权的保护方法问题仍未定型，不断有以新兴权利面目作为隐私权内容的或与隐私权紧密相关的诸如个人信息、被遗忘权等“隐私”利益出现，而且对于隐私权、个人信息、被遗忘权等相关利益之间的关系，及其是否应予保护以及如何保护的问题，无论是法学理论还是司法实践仍处于多样化探索之中。

2. 张建文主任应邀出席首届中俄比较法论坛

2019年4月11日，由河南大学主办，河南大学法学院/知识产权学院、河南大学中俄比较法中心承办的“首届中俄比较法论坛”在河南大学金明校区顺利召开。西南政法大学俄罗斯法研究中心张建文主任受邀出席论坛，并提交了《建设以阿西莫夫机器人学法则为基础的现代人工智能伦理——以〈机器人学与人工智能示范公约〉的解读为基础》会议主题论文。

张建文主任在文章中指出：阿西莫夫机器人学法则，属于较为抽象和概括的建构人类与机器人关系的伦理原则，既不是法律原则，也不是法律规范，也不是伦理规范，其可以作为构建现代人工智能发展伦理的基础原则和核心原则。特别是其中的不伤害原则，最为精准地体现了人类对机器人（包括人工智能）的安全焦虑和担忧，《机器人学与人工智能示范公约》的作者将不伤害原则最为淋漓尽致地也最为全面地体现在公约文本中，但是不伤害原则所蕴含的机器人应当以自己的积极行为救助人类（个体或者整体）免遭伤害的内容没有得到体现；服从原则尽管在公约文本中得到体现的条款较少，但是整个公约的意图和构架实现了要求人类直接或者间接地控制机器人的要求；唯有自我保护原则，在公约文本中付之阙如。

张建文主任被河南大学法学院/知识产权学院聘请为河南大学中俄比较法中心研究员（聘期五年），河南大学法学院院长蔡军教授向张建文主任颁发了聘书。

3. 张建文主任应邀参加第二届上海合作组织法治论坛

2019年6月29日，“第二届上海合作组织法治论坛”在中国—上海合作组织基地国际会议中心顺利举行。会议由上海政法学院，中国—上海合作组织法律服务委员会交流合作基地等共同主办，西南政法大学俄罗斯法研究中心作为会议合作单位参与会议工作。

俄罗斯研究中心主任张建文主任担任《俄罗斯法治建设》《乌兹别克斯坦法治建设》《塔吉克斯坦法治建设》《吉尔吉斯斯坦法治建设》等国别年度法治化建设报告的评议人。针对在该会议单元所提出的国别法治报告，提出意见和建议。特别建议报告的起草人关注俄罗斯和中亚各国法学高等教育的状况与发展，同时希望增加有关上海合作组织其他成员国的发展报告以及关于独联体法治化建设和欧亚经济联盟法治化建设的报告。特别希望进一步加强国内研究俄罗斯、独联体和欧亚经济联盟等的学术机构的合作，建立撰写该区域各国法治化建设报告的联合机制，鼓励国内各学术机构深度参与相应国别年度法治报告的工作，将上海合作组织法治论坛建成全国一流的俄罗斯、中亚各国和独联体、欧亚经济联盟法律的研究基地。

在该次会议上，张建文主任被聘请为中国—上海合作组织国际司法交流合作培训基地上海合作组织国家法治研究中心专家咨询委员会委员（聘期五年）。

六、科研成果

（一）项目

1. 张建文主持“新兴权利的基本问题研究”，教育部2016年度人文社会科学重点研究基地重大项目，编号：16JJD820031，2019年5月顺利结项。

2. 张建文主持“新生权利的理论与实践研究”，司法部2016年度国家法治与法学理论课题一般项目，编号：16SFB2001，2019年3月顺利结项。

3. 张建文主持“未成年人网络空间权益保护机制研究——以最高院发布的利用互联网侵犯未成年人权益的10起典型案例为基础展开”，共青团中央2019年度“青少年发展研究”重点课题，2019年7月获准立项，批准号：19ZD048。

（二）著作

1. 张建文等著:《新时代领导干部法治概论》，人民出版社，2018年版。

内容摘要:《新时代领导干部法治概论》分为总论和分论两大部分。总论部分共三章，分别介绍法治、德治和党内法规的基本知识。分论部分共九章，主要阐释中国特色社会主义法律体系七大法律部门的主要内容，以及关于国家安全和生态法治的基本知识，力图构建领导干部法治知识基本体系。

《新时代领导干部法治概论》坚持问题导向，力求深入浅出、通俗易懂和实用好用。每章内容既在篇首有“内容导读”，又在篇尾设计了“拓展阅读”和“思考题”，并在基础理论以外的全部章节按“相关基本知识”“重点立法解读”和“典型案例透视”的逻辑体系及领导干部学法用法需求展开，以满足广大领导干部对法治基本知识的学习和使用需要。

2. 张建文副主编:《人工智能法学研究》，社会科学文献出版社，2018年版。

内容摘要：针对人工智能法领域的法律问题进行讨论，主要发表人工智能法律规范、人工智能伦理规范、人工智能政策体系、人工智能技术标准和知识产权、人工智能安全、人工智能监管等领域的学术研究成果，包括人工智能理论争鸣、从部门法的视野研究人工智能法治的完善、人工智能对传统部门法的挑战和法律回应、人工智能学界与法学界跨界对话、人工智能在法律领域的应用、国外对人工智能法律的理论研究及实践成果、人工智能法治实践的案例分析等。

（三）论文

1. 张建文:《阿西莫夫的教诲：机器人三法则的局限与贡献——以阿西莫夫短篇小说〈汝竟顾念他〉为基础》，载《人工智能法学研究》，社会科学文献出版社，2018年版。

内容摘要：阿西莫夫的机器人学三法则并非法律，更非法律原则或者法律规范，而是建立人类与机器人关系的伦理原则，体现了在机器人发展给人类带来难以清楚预估的影响面前突出和保障人类个体乃至人类整体的安全的优先价值。阿西莫夫透过机器人学三法则的警告和教诲在今天并未过时，而是应当成为在人工智能发展面临革命性突破的今天创制规范人工智能研发、资助、产品制造、商业化与应用等方面的人类与机器人关系中的伦理规范和法律规范的基础。没有安全保障的发展，难谓真正的有意义的发展。重申人类尊严和安全的优先价值，重新确立人类中心主义的伦理与立法价值，并非是不合时宜的。

2. 张建文译:《独联体成员国议会间大会所有权及其保护示范法》,《中国不动产法研究》2018年第2期。

内容摘要：本法规定所有权的内容，所有权产生、终止和保护的方式，也是关于物权的其他法律的基础。

3. 张建文:《阿西莫夫的意图：机器人学三法则的完整教诲——以短篇小说〈双百人〉为基础的思考》，载《人工智能法学研究》，社会科学文献出版社，2019年版。

内容摘要：阿西莫夫通过《双百人》展示了人格的丰富的内在含义，特别是其中所包含的财产、自由、生命和人格尊严的基本内容。作者通过揭示在以罗马法为基础的现代英美法框架下，机器人安德鲁获得法律上的主体资格的过程，或明或暗地提出了机器人学三法则说内含的矛盾问题，但是作者并没有对机器人学三法则进行任何文本的修订，这是因为在作者的意图中通过对机器人安德鲁独一无二之特性的丧失，隐晦地告诉潜在的立法者对普遍赋予机器人法律主体资格之可能性与必要性的否定性倾向。阿西莫夫从机器人学的终极发展进行思考，将《双百人》作为他最喜爱也是自认为写得最好的机器人短篇作品，以不那么刺耳和令人反感的方式，提醒和警告在人工智能发展的时代，重申保障人类整体和个体的安全是而且必将是人类立法者的最高义务和最高价值。

4. 张建文：《如何规制数字金融资产：加密货币与智能契约——俄罗斯联邦〈数字金融资产法〉草案评述》，《上海政法学院学报》2018年第5期。

内容摘要：数字金融资产的法律规制，重点在于规定加密货币和代币的法律地位，核心问题是是否赋予其货币的属性和职能，即是否具有法定支付手段的资格和功能，还是仅仅赋予民法上普通财产的地位，承认其可流通性。代币的发行及其交易程序也是法律规制的重点，即如何降低代币发行和流通中给代币持有人可能带来的风险，降低对整个金融秩序的冲击。数字金融资产的技术特性使其更容易被用于洗钱和资助恐怖主义活动，其本身的法律规制与反洗钱法、银行业立法以及货币立法的协调，也是值得高度关注的。俄罗斯立法者试图将数字金融资产定位为普通财产，既不是本国货币，也不是外汇，不属于法定支付手段；代币的发行具有准有价证券发行的特点，同时特别注意保护非合格投资者的利益；对于数字金融资产的流通问题，特别是兑换为本国货币、外币以及其他加密货币或者代币等，引入了“数字金融资产交易业者”的制度。

5. 张建文：《新兴权利保护的合法利益说研究》，《苏州大学学报（哲学社会科学版）》2018年第5期。（《高等学校文科学术文摘》2019年第1期转载；人大复印报刊资料《民商法学》2019年第1期全文转载）

内容摘要：由于关于权利本质的利益说在我国权利保护司法实践中的强大影响以及我国民事立法的结构性特点，合法利益说成为我国新兴权利保护司法实践的主流观点。在司法实践中，合法利益首先面临的是我国权利法定主义的检验；其次是利益的合法性判定的四要件检测，即利益的直接相关性、利益的非类型化性、利益的正当性和利益保护必要性检测。利益的正当性分析最为关键最具决定性。对作为具有准权利地位的合法利益的保护同样要考虑遵守权利行使的原则和要求。

6. 张建文：《从新修订〈宗教事务条例〉看宗教不动产的类型化及其法律地位》，《中国宗教》2019年第1期。

内容摘要：从新修订《宗教事务条例》新增而来的第四十九条和承袭原有第三十二条而来的第五十四条的意义而言，除了第五十四条所规定的禁止处分的用于宗教活动的不动产和用作宗教教职人员生活用房的不动产之外，还存在不适用该条例第五十四条之处分禁止的其他不动产。原则上，对于前者所适用的对象应当严格限定于“宗教活动场所用于宗教活动的房屋、构筑物”和辅助性的与前述不动产具有附属性质的“宗教教职人员生活用房”，但禁止处分的行为则不局限于“转让、抵押或者作为实物投资”，原则上所有可能导致前述财产脱离宗教性用途的处分行为皆在禁止之列，以此保全和贯彻该条款的立法意图；对于后者，则以不属于用于宗教活动的房屋构筑物和附属性的宗教教职人员生活用房的不动产为其适用对象，原则上应当允许宗教团体、宗教院校、宗教活动场所自主决定是否将其重新设定宗教用途的负担，在不为宗教活动或者宗教教职人员生活用房所需的情况下，允许拥有其所有权或其他拥有处分权能的财产权者在不违背宗教教义教规和信教群众的宗教感情的前提下进行处分。

7. 张建文:《立德树人　课程育人　培养具有政法特色的高素质法治人才》,《法学教育研究》2019年第2期。

内容摘要：党的十九大报告把“依法治国”作为新时代坚持和发展中国特色社会主义的基本方略之一，我们要深入领会全面依法治国的精神实质和丰富内涵，要建设中国特色法治体系和社会主义法治国家，离不开高素质法治队伍的培养和高水平的法学教育。新时代中国特色法学教育路径的探索，西南政法大学从思想政治课程建设、分类培养、创新创业教育四个方面作为重要抓手，培养法学专业学生德法兼修，根据学生发展和法学教育特点，凝练出分类培养和以培训比赛为主要手段的新时代中国特色法学教育路径。

8. 张建文:《作为新兴权利司法保护方法的一般人格权》,《法学杂志》2019年第6期。

内容摘要：在我国司法政策和司法解释中不同于德国法的一般人格权观念，尽管并非出于保护新兴权利的考虑，但奠定并催生了一般人格权的立法化进程。《民法总则》第109条和第110条，既是我国既有司法解释所规定进路的合理发展，也是对我国民法人格权体系的重构。需要重新认识一般人格权的性质及其与具体人格权的关系，重新认识一般人格权与其他人格利益概念在制度功能和实现方法的分野与衔接。以人身自由和人格尊严为基本内涵的一般人格权，其能够以权利身份的方式解决其意义射程之内的人格利益保护问题，但也受到其基本内涵的局限。保护或不保护一般人格权和具体人格权之外的人格利益问题仍然绕不开司法解释所创造的“其他人格利益”的范畴和机制。

七、教学成果

以“毓秀湖畔读书会”为载体的导师制教学工作法

1. 成果简介

“毓秀湖畔读书会”以法学学科专业教育为背景，以民法学研究为基本范畴，以隐私权、个人信息、被遗忘权、网络与数据法等前沿主题为抓手，以拓展眼界、加深民法学理论深度为目标，择取民法学中极具专业性的主题为专题研究内容，并以博士研究生、硕士研究生为主要参与者，在导师的指导下始终保持着自身的专业特性。坚持选择民法学研究领域前沿问题作为主要研究对象，以此为契机拓宽学生的视野，提升学生的眼界。第一时间接触到世界上最新的理论能够使读书会始终与世界接轨，保持理论的先进性。

“毓秀湖畔读书会”自2011年11月5日成立至今已举办111期，涵盖本科生2个年级、硕士研究生3个年级、博士研究生3个年级。共8个年级，累计132名学生参与其中学习，参与人次达2000人左右。通过读书会的学习和研究，在核心期刊上发表论文56篇，其中5篇被全文转载；所指导的学生发表期刊论文95篇，其中核心期刊论文58篇，3篇文章被全文转载，出版专著1本，报纸专栏文章36篇。

2. 解决的教学问题

解决了学生“眼界窄”“读书难”“写作难”等普遍问题；通过搭建兼具展示、学习、共享三重功能的互动交流平台，形成以长期阅读与深度思考为目标的良好学习机制，建立以人的尊严和价值为基础的专题研究模式，有效解决了目前广泛存在于研究生与导师之间的“交流难”问题和学生在开展学习研究时存在的“方法难”问题。

附　件

Appendix

中国俄罗斯东欧中亚学会
第九届理事会名单

学会领导：

会　长：李永全

副会长：孙壮志、季志业、于文秀、宁　琦、程　伟、刘文飞

高级顾问（按姓氏笔画排序）：

万成才、王海运、冯绍雷、李凤林、李英男、李静杰、杨　恕、吴恩远、陆南泉、苗华寿、赵常庆、潘大渭、潘志平

秘书处：

秘 书 长：王晓泉

副秘书长：张　冰、杨　波、王晨星

常务理事（按姓氏笔画排序）：

于文秀、王加兴、王晓泉、宁　琦、邢广程、刘　军、刘　娟、刘　爽、刘文飞、刘显忠、关雪凌、许　宏、孙　力、孙壮志、李少捷、李中海、李永全、李进峰、李志强、吴大辉、汪金国、张　宁、张树华、张恒龙、季志业、庞大鹏、赵会荣、柳丰华、柴　瑜、徐坡岭、高　歌、常　波、程　伟、靳会新、薛福岐、戴桂菊

理事（按姓氏笔画排序）：

丁晓星、于文秀、马风书、马蔚云、王加兴、王晓泉、王晓菊、王维然、贝文力、石洪生、卢山冰、田　澍、冯玉军、宁　琦、邢广程、曲文轶、刘　军、刘　娟、刘　爽、刘文飞、刘再起、刘华芹、刘军梅、刘显忠、关贵海、关雪凌、许　宏、许勤华、孙　力、孙壮志、李　兴、李　琪、李　新、李少捷、李中海、李永全、李自国、李进峰、李志强、李建刚、杨　波、吴　军、吴大辉、吴晓都、汪金国、沈莉华、宋　红、张　宁、张　冰、张　昕、张建文、张树华、张恒龙、张惠芹、林跃勤、季志业、周伟萍、庞大鹏、庞昌伟、赵会荣、赵秋野、柳丰华、钟建平、段秀芳、姜占民、姜振军、顾　炜、柴　瑜、徐向梅、徐坡岭、殷　红、高　歌、高晓慧、郭小丽、黄　玫、常　波、崔　铮、隋　然、程　伟、童　伟、曾向红、靳会新、薛福岐、戴桂菊、欧阳向英

荣誉理事（按姓氏笔画排序）：

王宪举、尹树广、田永祥、朱显平、朱晓中、许　涛、李建民、吴宏伟、汪　宁、张健荣、张盛发、陈学惠、陈新明、郑　羽、赵华胜、董晓阳、程亦军

中国俄罗斯东欧中亚学会第九届理事会理事名单及所在单位

（按姓氏笔画排序）

序号	姓名	单位/职务（职称）
1	丁晓星	中国现代国际关系研究院欧亚研究所所长
2	于文秀	黑龙江大学副校长
3	马风书	山东大学俄罗斯与中亚研究中心主任
4	马蔚云	黑龙江大学俄罗斯语言文学与文化研究中心教授
5	王加兴	南京大学俄罗斯学研究中心主任
6	王晓泉	中国社科院俄欧亚所科研处处长
7	王晓菊	中国社科院世界历史研究所俄罗斯东欧史研究室
8	王维然	新疆师范大学商学院副院长
9	贝文力	华东师范大学白俄罗斯研究中心主任
10	石洪生	安徽大学俄罗斯研究中心主任
11	卢山冰	西北大学丝绸之路研究院院长
12	田　澍	西北师范大学副校长
13	冯玉军	复旦大学国际问题研究院副院长
14	宁　琦	中国俄罗斯东欧中亚学会俄语教学研究会会长
15	邢广程	中国社科院学部委员、边疆研究所所长
16	曲文轶	华东师范大学俄罗斯研究中心教授
17	刘　军	华东师范大学中东欧研究中心教授
18	刘　娟	北京师范大学俄罗斯研究中心主任
19	刘　爽	黑龙江省俄罗斯东欧中亚学会会长
20	刘文飞	中国俄罗斯文学研究会会长
21	刘再起	武汉大学俄罗斯乌克兰研究中心
22	刘华芹	商务部研究院欧洲与欧亚研究所所长
23	刘军梅	复旦大学经济学院副院长
24	刘显忠	中国社科院俄欧亚所俄罗斯历史与文化研究室主任
25	关贵海	北京大学国际战略研究院执行副院长

续表

序号	姓名	单位/职务（职称）
26	关雪凌	中国人民大学—俄罗斯圣彼得堡大学俄罗斯研究中心主任
27	许　宏	上海外国语大学俄罗斯东欧中亚学院院长
28	许勤华	中国人民大学国家发展与战略研究院副院长、俄罗斯东欧中亚研究所所长
29	孙　力	中国社科院俄欧亚所副所长
30	孙壮志	中国社科院俄欧亚所所长
31	李　兴	北京师范大学俄罗斯研究中心学术委员会主任
32	李　琪	陕西师范大学中亚研究所所长
33	李　新	上海政法学院中国—上海合作组织国际司法交流合作培训基地欧亚研究所所长
34	李少捷	国务院发展研究中心欧亚社会发展研究所
35	李中海	中国社科院俄欧亚所编辑部主任
36	李永全	中国社会科学院大学国际关系学院院长
37	李自国	中国国际问题研究院欧亚所代所长
38	李志强	四川大学当代俄罗斯研究中心主任
39	李进峰	中国社科院民族文学研究所党委书记
40	李建刚	山东大学外国语学院副院长
41	杨　波	上海外国语大学俄罗斯研究中心副主任
42	吴　军	对外经贸大学俄罗斯中亚研究中心主任
43	吴大辉	清华大学欧亚战略研究中心主任
44	吴晓都	中国社科院外国文学研究所副所长
45	汪金国	兰州大学国际关系学院院长
46	沈莉华	黑龙江大学俄罗斯语言文学与文化研究中心教授
47	宋　红	中国社科院图书馆国际分馆馆长
48	张　宁	中国社科院俄欧亚所中亚研究室主任
49	张　冰	中国俄罗斯东欧中亚学会俄语教学研究会秘书长
50	张　昕	华东师范大学俄罗斯研究中心副主任
51	张建文	西南政法大学俄罗斯法研究中心主任
52	张树华	中国社科院政治学研究所所长
53	张恒龙	上海大学上海合作组织公共外交研究院副院长
54	张惠芹	北京第二外国语大学白俄罗斯研究中心主任
55	林跃勤	中国社会科学杂志社国际二部主任

续表

序号	姓名	单位/职务（职称）
56	欧阳向英	中国社科院世界经济与政治研究所马克思主义世界政治经济理论研究室主任
57	季志业	中国现代国际关系研究院学术委员会主任
58	周伟萍	吉林省社科院俄罗斯研究所所长
59	庞大鹏	中国社科院俄欧亚所俄罗斯政治社会文化研究室主任
60	庞昌伟	中国石油大学（北京）马克思主义学院副院长
61	赵会荣	中国社科院俄欧亚所乌克兰研究室主任
62	赵秋野	哈尔滨师范大学斯拉夫国家研究中心主任
63	柳丰华	中国社科院俄欧亚所俄罗斯外交研究室主任
64	钟建平	黑龙江省社会科学院俄罗斯研究所研究室主任
65	段秀芳	新疆财经大学中国与中亚区域经济合作研究中心主任
66	姜占民	黑龙江省俄罗斯东欧中亚学会副会长
67	姜振军	黑龙江大学俄罗斯语言文学与文化研究中心副主任
68	顾　炜	上海社会科学院国际问题研究所欧亚研究室副主任
69	柴　瑜	中国社科院俄欧亚所副所长
70	徐向梅	中共中央党史和文献研究院第四研究部编辑四处处长
71	徐坡岭	中国社科院俄欧亚所俄罗斯经济研究室主任
72	殷　红	辽宁大学转型国家政治经济研究中心教授
73	高　歌	中国社科院俄欧亚所中东欧研究室主任
74	高晓慧	中国社科院俄欧亚所《欧亚经济》主编
75	郭小丽	河北师范大学中俄远东研究中心主任
76	黄　玫	北京外国语大学俄语学院党委书记
77	常　波	国务院发展研究中心民族发展研究所所长
78	崔　铮	辽宁大学转型国家经济政治研究中心副主任
79	隋　然	首都师范大学外国语学院俄语系系主任
80	程　伟	辽宁大学转型国家经济政治研究中心学术委员会主任
81	童　伟	中央财经大学俄罗斯东欧中亚研究中心主任
82	曾向红	兰州大学国际关系学院副院长
83	靳会新	黑龙江大学《俄罗斯学刊》主编
84	薛福岐	中国社科院俄欧亚所战略研究室主任
85	戴桂菊	北京外国语大学俄语学院院长

中国俄罗斯东欧中亚学会会员名单

（按姓氏笔画排序）

丁　超、丁立群、丁晓星、于文秀、于卓超、万　翔、万成才、万青松、马　强、马友君、马风书、马蔚云、王　龙、王　永、王　超、王　静、王加兴、王鸣野、王树春、王彦庆、王洪庆、王宪举、王桂香、王晓泉、王晓菊、王海运、王海滨、王晨星、王铭玉、王维然、王湘穗、贝文力、牛义臣、文　丰、尹树广、邓　军、古　棕、古丽燕、石　岚、石洪生、卢山冰、田　澍、田永祥、白晓红、包　毅、冯玉军、冯绍雷、宁　琦、邢广程、曲　岩、曲文轶、吕　萍、吕　静、朱　宇、朱红根、朱显平、朱晓中、任　冲、任晶晶、刘　丹、刘　旭、刘　军、刘　宏、刘　勇、刘　娟、刘　爽、刘　淼、刘　新、刘文飞、刘亚丁、刘再起、刘华芹、刘军梅、刘佐艳、刘显忠、刘洪钟、刘博玲、关贵海、关雪凌、安兆祯、许　华、许　宏、许　涛、许文鸿、许传华、许勤华、农雪梅、孙　力、孙　超、孙长栋、孙壮志、孙辰文、把多勋、苏　畅、苏晓宇、李　东、李　冰、李　兴、李　昂、李　琪、李　新、李少捷、李中海、李丹琳、李凤林、李玉璧、李世辉、李立凡、李永全、李亚洲、李自国、李进峰、李志强、李丽娜、李英男、李建民、李建刚、李冠群、李勇慧、李雅君、李福川、李静杰、李睿思、杨　可、杨　成、杨　进、杨　波、杨　烨、杨　恕、杨　雷、杨发建、杨鹏飞、肖　甦、肖　斌、吴　伟、吴　军、吴大辉、吴宏伟、吴晓都、吴恩远、邱　强、邱运华、何　颖、余建华、邹秀婷、汪　宁、汪金国、沈莉华、宋　红、宋黎磊、张　宁、张　弘、张　冰（北大）、张　冰（北师大）、张　昕、张　梅、张友国、张文茹、张文莲、张永安、张百春、张红侠、张宏莉、张昊琦、张国有、张变革、张建文、张树华、张恒龙、张艳璐、张晓涛、张健荣、张盛发、张淑兰、张惠芹、张聪明、陆齐华、陆南泉、陈　余、陈　瑛、陈小沁、陈玉荣、陈学惠、陈秋杰、陈积银、陈新民、陈新明、武和平、耶斯尔、苗华寿、林跃勤、欧亚向英、尚宇红、季志业、周伟萍、周国长、周爱保、庞大鹏、庞昌伟、郑　羽、郑春荣、封　帅、封安全、赵　刚、赵　隆、赵　斌、赵　臻、赵玉明、赵华胜、赵会荣、赵青松、赵明仁、赵秋野、赵爱国、赵常庆、郝　赫、胡　冰、胡　颖、胡红萍、胡国良、柯　静、柳丰华、钟建平、段秀芳、侯艾君、涂咏松、姜　琍、姜　睿、姜　毅、姜占民、姜振军、贺　婷、聂茹萍、贾　放、夏忠宪、原帼力、顾　炜、柴　瑜、倪保志、徐　刚、徐　琪、徐向梅、徐向梅、徐志明、徐坡岭、徐洪峰、徐振伟、徐曼琳、殷　红、高　歌、高际香、高国翠、高晓慧、高焓迅、郭　锐、郭小丽、郭晓琼、席会东、黄　玫、黄达远、黄登学、曹　进、戚文海、盛世良、常　波、崔　铮、章自力、梁　强、隋　然、彭文钊、董文柱、董晓阳、蒋　菁、韩　爽、韩　璐、韩克敌、程　伟、程　红、程云洁、程亦军、程红泽、童　伟、曾向红、游　涵、谢晓光、强晓云、靳会新、蒲公英、臧秀玲、谭继军、潘大渭、潘志平、薛福岐、戴桂菊、鞠　豪

中国俄罗斯东欧中亚研究优秀论文（2019）

（按作者姓氏笔画排序）

1. 邢广程：《俄罗斯与西方关系：困境与根源》，《国际问题研究》2016年第5期。

内容摘要：俄罗斯与西方关系具有结构性矛盾。俄罗斯希望与西方国家，尤其是美国，在平等基础上发展关系，但却得不到积极回应，这就使俄罗斯与美西方关系处于不断产生矛盾和分歧的状态。在可预见的未来，美国依然不会将俄罗斯视为平等伙伴，而将其视为“异质国家”。俄美关系的不平等很大程度上是由冷战、苏联解体和冷战结局造成的。西方国家认定俄罗斯是冷战的输家，通过各种方式挤压俄罗斯，迫使俄罗斯进行战略反制和抗争。防止俄罗斯在独联体空间重建苏联式的超级大国是美国等西方国家的战略底线。俄罗斯与西方国家在独联体空间的博弈将来会越来越激烈。尽管俄罗斯与西方关系存在结构性矛盾，但俄罗斯与西方国家不会重回冷战高度对抗状态。俄罗斯在捍卫自身国家利益的基础上会尽可能缓和与西方国家的关系。西方国家也需要与俄罗斯合作共同应对面临的各种挑战。俄罗斯倡导的世界多极化思想明显带有反对美国单极世界的意图。俄罗斯今后会更加主动地发展与新兴国家的关系。作为新型大国关系典范的中俄关系以全面战略协作伙伴关系为特征，为后冷战时代的世界提供了一个处理大国关系的恰当模式。

作者系中国社会科学院学部委员、边疆研究所所长。

2. 许华：《俄罗斯社会舆论中的中国形象——基于2017年俄罗斯涉华舆情的分析》，《国外社会科学》2018年第4期。

内容摘要：本文从媒体文本和民意调查数据两方面着手，选取俄罗斯主流媒体中具有代表意义的《俄罗斯报》《独立报》《生意人报》，以及智库“国际事务委员会”的网站发布的报道和研究报告等资料，对有关媒体和机构在2017年相关时间内围绕中俄关系、中俄美三边关系、中国的经济和社会发展、中国科技发展、中印边境冲突等问题发布的报道进行统计和整理，并结合同期俄罗斯的民意调查数据，分析俄政府和机构的官方表态、媒体意见、智库观点及民众的对华态度。在本文数据采集的时间段中，俄罗斯涉华报道兼具正面与负面内容，但观察角度较为实际和客观，甚少因政治偏见与意识形态差异对中国形象进行歪曲、贬低和丑化，整体上对中国形象、中国在国际舞台上的作用持肯定态度。媒体报道以政治经济新闻为主，中俄政治交流和经贸往来的信息尤其受到关注。中国在民意调查中保持良好形象，俄罗斯对华友好的民意基础在增强。促使这种局面形成的因素来自政治和经济两方面。两国高层政治互信的程度、政府机构互动的机制化影响着涉华舆论场的导向，而不断增强的对外经济影响力使中国故事的吸引力大大增加，中国的经济大国形象得到丰富和凸显。

作者系中国社会科学院俄罗斯东欧中亚研究所俄罗斯历史与文化研究室副主任、研究员。

3. 庞大鹏:《俄罗斯的“大欧亚伙伴关系”》,《俄罗斯学刊》2017年第2期。

内容摘要：俄罗斯官方与智库互相配合，有计划、有步骤地提出了“大欧亚伙伴关系”，智库在其中发挥了桥梁和引导的作用。“大欧亚伙伴关系”具有“二轨外交”的特点。从“大欧洲”到“大欧亚”的历史脉络表明，“大欧亚伙伴关系”实际上反映了俄罗斯在国际格局中战略定位的发展变化，本质上是俄罗斯欧亚战略思想的延续和现实表达，这既是对俄罗斯国际定位和身份认同的最新解读，也是俄罗斯对当前形势和面临挑战的积极应对，意在经济发展、国家安全、外交突围与摆脱危机。从中俄关系的大局着眼，以我为主，既要积极争取自身的经济利益，更要考虑中俄共同发展的整体利益和长远利益，全面客观地审视“大欧亚伙伴关系”对“丝绸之路经济带”的影响。

作者系中国社会科学院俄罗斯东欧中亚研究所俄罗斯政治社会文化研究室主任、研究员。

4. 赵华胜:《评俄罗斯“转向东方”》,《俄罗斯东欧中亚研究》2016年第4期。

内容摘要:“转向东方”是俄罗斯的重大战略，也是学术界的重大话题。它的焦点问题是俄罗斯会不会和能不能真正转向东方。俄罗斯转向东方是外交和经济的转向，不是文明文化的转向，因此，俄罗斯的文明文化定位不是它的障碍。转向东方的目标不是离开欧洲，它没有以亚洲代替欧洲之意，而是在继续发展与欧洲关系的同时提高亚洲的地位。因此，欧洲在俄罗斯经济结构中的突出地位不是转向东方的阻碍，相反，在一定意义上，对欧洲的过重依赖是促使俄罗斯向东发展的因素，以此形成相对平衡和多样化的对外经济结构。乌克兰危机对俄罗斯转向东方起到了推动作用，不过，乌克兰危机不是俄罗斯转向东方的起因，也没有改变它的方向。“转向东方”不是单纯的外交政策，它包含有国内和国际两个层面的内容。在国内层面，转向东方的内容是开发远东和西伯利亚。在国际层面，“转向东方”的经济内容是融入亚太经济，它的政治目标是与亚洲国家发展更密切的关系。转向东方没有感情的成分，它是俄罗斯根据本国利益而制定的战略，不是出于对亚洲的向往和喜爱。中国是俄罗斯转向东方的重要部分，它也为中俄合作提供了更多可能和机会。但转向东方不等于是转向中国，俄罗斯所希望的是在与亚洲国家的关系中形成一个较为平衡的框架。转向东方将是长期的过程，它也必将伴随着曲折和挫折。转向东方的主要挑战和困难来自俄罗斯本身。俄罗斯要真正转向东方，在对亚洲的认识上需要有整体性的改变；俄罗斯各级政府机构的工作需要革除弊端，提高效率；在发展思路上需要有真正的创新，还需要俄罗斯国内经济发展以提供不断增加的可能性。

作者系复旦大学俄罗斯中亚研究中心教授。

“中国俄罗斯东欧中亚研究优秀论文（2019）”入围论文

注：按作者姓氏笔画排序

序号	作　者	题　目	期刊信息	推荐期刊/理事
1	于　滨 封　帅	《十月革命百年之后——世界秩序与西方认同的解体与重构》	《俄罗斯研究》2018年第1期	《俄罗斯研究》
2	马得懿	《俄罗斯应对美国“航行自由行动”对策的得失及其国际法解析》	《国际论坛》2018年第5期	《国际论坛》
3	王海运	《“结伴而不结盟”：中俄关系的现实选择》	《俄罗斯东欧中亚研究》2016年第5期	《俄罗斯东欧中亚研究》
4	孔寒冰	《社会转型、新国家构建和社会发展——“原苏东地区”近30年状况的研究》	《国际政治研究》2018年第3期	《国际政治研究》
5	冯绍雷	《大历史中的新定位——俄罗斯在叙事—话语建构领域的进展与问题》	《俄罗斯研究》2017年第4期	《俄罗斯研究》
6	邢广程	《俄罗斯与西方关系：困境与根源》	《国际问题研究》2016年第5期	《国际问题研究》
7	朱永彪 魏月妍	《上海合作组织的发展阶段及前景分析——基于组织生命周期理论的视角》	《当代亚太》2017年第3期	《当代亚太》
8	朱建刚	《“官方民族性”与19世纪初俄国民族主义的崛起——以谢尔盖·乌瓦罗夫为例》	《俄罗斯学刊》2017年第1期	《俄罗斯学刊》
9	刘昌明 姚仕帆	《“一带一路”倡议下中国的欧亚一体化战略与大西洋主义》	《太平洋学报》2016年第11期	《太平洋学报》
10	官晓萌	《俄罗斯地区选举与地区政治新发展——兼论2018年地区选举》	《俄罗斯研究》2019年第2期	隋　然

续表

序号	作　者	题　目	期刊信息	推荐期刊/理事
11	许　华	《俄罗斯社会舆论中的中国形象——基于2017年俄罗斯涉华舆情的分析》	《国外社会科学》2018年第4期	《国外社会科学》
12	苏　畅	《中亚国家社会稳定影响因素探析——基于基础性因素和冲击性因素的综合分析》	《俄罗斯东欧中亚研究》2019年第3期	徐坡岭
13	李自国	《扩员背景下对上海合作组织的再认识》	《俄罗斯学刊》2018年第2期	《俄罗斯学刊》
14	李自国	《大欧亚伙伴关系：重塑欧亚新秩序？》	《国际问题研究》2017年第1期	《国际问题研究》
15	汪　宁 韦进深	《俄罗斯文化战略评析》	《国际观察》2018年第4期	《国际观察》
16	汪　乾	《北冰洋海冰范围缩减与俄罗斯海权消长》	《俄罗斯学刊》2018年第3期	《俄罗斯学刊》
17	沈志华 余伟民	《斯大林是怎样掉入“修昔底德陷阱”的——战后美苏从合作走向对抗的路径与原因》	《俄罗斯研究》2019年第1期	《俄罗斯研究》
18	张　丽 闵融融	《中俄东北跨境铁路运输走廊构建刍议》	《东北亚学刊》2019年第1期	《东北亚学刊》
19	张　杰 石　泽	《莫迪政府的中亚政策》	《国际论坛》2019年第4期	《国际论坛》
20	张昊琦	《思想之累：东西之争之与俄罗斯国家认同的意义》	《俄罗斯学刊》2016年第5期	《俄罗斯学刊》
21	张恒龙 方　远	《“一带一路”倡议下中国—乌克兰自贸区建设的前瞻性研究》	《欧亚经济》2018年第5期	《欧亚经济》
22	欧阳向英	《构建新型国际关系——以中国与吉尔吉斯斯坦关系的地缘政治经济学分析为视角》	《俄罗斯学刊》2018年第3期	《俄罗斯学刊》
23	周　明	《乌兹别克斯坦新政府与中亚地区一体化》	《俄罗斯研究》2018年第3期	《俄罗斯研究》、杨　恕
24	庞大鹏	《俄罗斯的“大欧亚伙伴关系”》	《俄罗斯学刊》2017年第2期	靳会新
25	郑　羽	《当前国际热点的快速转换与中俄美三国的政策互动》	《俄罗斯东欧中亚研究》2016年第4期	《俄罗斯东欧中亚研究》

续表

序号	作　者	题　目	期刊信息	推荐期刊/理事
26	赵华胜	《评俄罗斯转向东方》	《俄罗斯东欧中亚研究》2016年第4期	《俄罗斯东欧中亚研究》
27	姜　琍	《中东欧国家在欧盟的利益诉求和利益博弈》	《国外理论动态》2018年第8期	《国外理论动态》
28	费海汀	《当代俄罗斯政治思想的研究方法：现象与挑战》	《俄罗斯研究》2018年第3期	《俄罗斯研究》
29	侯艾君	《“丝绸之路经济带”：地缘构想的当代起源及其再认识》	《俄罗斯学刊》2016年第4期	王晓菊
30	徐向梅	《结构性难题与进口替代——俄罗斯经济发展前景分析》	《国外理论动态》2018年第1期	《国外理论动态》、童　伟
31	徐坡岭 那振芳	《贸易潜力与中俄经贸合作的天花板及成长空间问题》	《上海大学学报（社会科学版）》2018年第4期	李永全
32	黄登学	《美俄关系拟“再重启”的逻辑、领域与限度》	《当代亚太》2017年第6期	《当代亚太》、马风书
33	程　伟	《普京的选项：经济颓势下的外交强势》	《俄罗斯东欧中亚研究》2017年第1期	《俄罗斯东欧中亚研究》
34	傅梦孜	《对古代丝绸之路源起、演变的再考察》	《太平洋学报》2017年第1期	《太平洋学报》
35	焦一强	《“继承”还是“决裂”？——“后卡里莫夫时代”乌兹别克斯坦外交政策调整》	《俄罗斯研究》2017年第3期	薛福岐
36	童　伟 宁小花	《全民健康覆盖视角下的俄罗斯医疗卫生筹资分析及启示》	《经济社会体制比较》2019年第3期	徐向梅
37	曾向红	《欧亚秩序的套娃模式：地区分化及其影响》	《世界经济与政治》2019年第5期	杨　成
38	潘志平	《对丝绸之路经济带与中俄合作研究的评估》	《俄罗斯东欧中亚研究》2017年第1期	《俄罗斯东欧中亚研究》
39	娜塔莎 魏　玲	《务实制度主义：中国与中东欧国家的合作》	《世界经济与政治》2018年第7期	《世界经济与政治》

图书在版编目（CIP）数据

中国俄罗斯东欧中亚学会年度报告. 2019 / 李永全主编. —北京：世界知识出版社，2020.7

ISBN 978-7-5012-6271-7

Ⅰ. ①中… Ⅱ. ①李… Ⅲ. ①俄罗斯—研究报告—2019②东欧—研究报告—2019③中亚—研究报告—2019 Ⅳ. ①D751②D736

中国版本图书馆CIP数据核字（2020）第136914号

书　　名	中国俄罗斯东欧中亚学会年度报告（2019） Zhongguo Eluosi Dongou Zhongya Xuehui Niandu Baogao (2019)
主　　编	李永全
副 主 编	王晓泉　刘　娟　王晨星
责任编辑	汪　琴
责任出版	王勇刚
责任校对	陈可望
出版发行	世界知识出版社
地址邮编	北京市东城区干面胡同51号（100010）
网　　址	www.ishizhi.cn
电　　话	010-65265923（发行）　010-85119023（邮购）
经　　销	新华书店
印　　刷	北京虎彩文化传播有限公司
开本印张	710×1000毫米　1/16　21¾印张
字　　数	352千字
版次印次	2020年8月第1版　2020年8月第1次印刷
标准书号	ISBN 978-7-5012-6271-7
定　　价	96.00元